中等职业教育国家规划教材
全国中等职业教育教材审定委员会审定
(电子电器应用与维修专业)

U0791872

电子电器产品市场与营销

（第5版）

韩永刚 主 编
刘金英 谌国良 副主编
周 伟 李丽君 宁书苑 参 编

電子工業出版社
Publishing House of Electronics Industry
北京 · BEIJING

内 容 简 介

本书对电子电器产品的营销环境、消费者市场等方面进行了分析，对电子电器产品市场营销机会的选择做了介绍；对电子电器产品市场营销的产品策略、价格策略、渠道策略、促销策略，分别结合当前的市场实际做了专门讲述；通过对绿色营销、定制营销、数据库营销和网络营销的讲述，介绍了针对电子电器产品的新颖营销理念和营销方式。本书还对电子电器产品的营销战略、市场营销机会分析、市场营销实务做了叙述，书中还安排了实训内容可供学生练习之用。

本书配有教学指南、电子教案及习题答案（电子版），以方便教师教学使用。

本书可作为职业院校电子电器应用与维修专业的教材，也可以作为市场营销等专业培训班的培训教材或自学参考书。

图书在版编目（CIP）数据

电子电器产品市场与营销 / 韩永刚主编. —5 版. —北京：电子工业出版社，2022.11（2025.7 重印）

ISBN 978-7-121-44426-5

Ⅰ. ①电… Ⅱ. ①韩… Ⅲ. ①电子产品—市场营销学—中等专业学校—教材②电器—市场营销学—中等专业学校—教材 Ⅳ. ①F764.5

中国版本图书馆 CIP 数据核字（2022）第 193488 号

责任编辑：蒲　玥
印　　刷：三河市兴达印务有限公司
装　　订：三河市兴达印务有限公司
出版发行：电子工业出版社
北京市海淀区万寿路 173 信箱　邮编　100036
开　　本：880×1230　1/16　印张：12　字数：276 千字
版　　次：2002 年 1 月第 1 版
2022 年 11 月第 5 版
印　　次：2025 年 7 月第 5 次印刷
定　　价：36.90 元

凡所购买电子工业出版社图书有缺损问题，请向购买书店调换。若书店售缺，请与本社发行部联系，联系及邮购电话：（010）88254888，88258888。

质量投诉请发邮件至 zlts@phei.com.cn，盗版侵权举报请发邮件至 dbqq@phei.com.cn。

本书咨询联系方式：（010）88254485，puyue@phei.com.cn。

前　言

本书是根据职业院校电子电器应用与维修专业“电子电器产品市场与营销教学大纲”的要求，为适应职业院校人才培养和全面素质教育的需求，配合教育部规划职业教育工作的实施意见而编写的。

在当前电子电器产品市场迅速发展、市场竞争日趋激烈的形势下，本书在第 4 版的基础上，根据课程改革的要求，结合多所学校对原教材的使用意见，对教材内容进行了较多的修订，修订后的教材更加符合以知识为基础，以能力为本位，以培养创新精神和创造能力为重点，以满足社会经济发展为核心的学校教学内容改革要求，努力实现职业教育的培养目标。在编写过程中力求体现“宽、浅、用、新”的特色，将实施素质教育的要求贯穿于全书。

本书由韩永刚任主编，刘金英、谌国良任副主编，其他编写人员有周伟、李丽君、宁书苑，并得到很多同人的帮助，在此一并表示感谢。

由于编者水平有限，本书尚有不足之处，敬请广大读者予以指正。

为了方便教学，本书还配有教学指南、电子教案及习题答案（电子版），请有此需要的教师登录华信教育资源网免费注册后再进行下载，有问题时可与电子工业出版社联系（E-mail: hxedu@phei.com.cn）。

编　者

目　　录

模块一

电子电器产品与经营概述

目前电子电器产品已迅速地进入人们的生活，成为耐用消费品的重要组成部分。它在衣、食、住、行方面，在通信、文化、娱乐、体育、卫生保健方面，给人们带来了极大的方便，正使人们从繁重的、低效的、零散的劳动中逐步解放出来。尤其是伴随着计算机技术的发展与应用，电子电器产品正在向组合式、多功能、全自动、智能化的方向发展。电子电器产品不但为人类创造更为舒适的生活和工作环境，改善了人们的物质生活，而且丰富了人们的精神生活。电子电器产品已经成为人们生活中不可缺少的一部分。

项目一　电子电器产品概述

学习目标

1. 了解电子电器产品的概念。
2. 了解电子电器产品的不同分类。

学时安排　1 学时

知识模块结构图

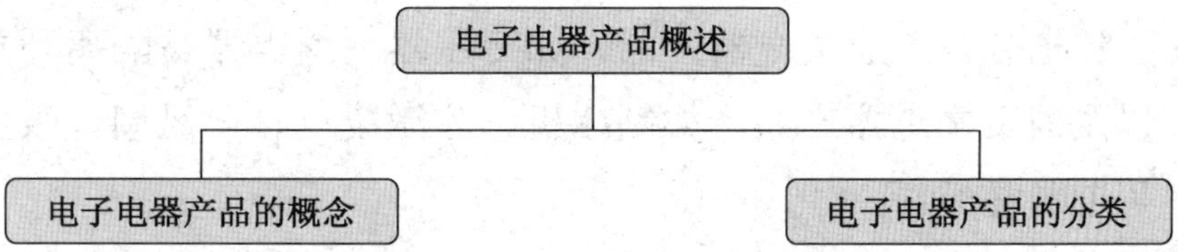

案例导入

曾经有人对“假如没有电子电器产品的日子”进行模拟体验，结果发现如果没有电子电器产品的生活那是无法想象的，生活质量下降，生活不便。因为电子电器产品已经遍布到我们生活的每个角落。你可以设想一下，如果生活中没有电子电器产品会是怎样的？

基础理论知识介绍

一、电子电器产品的概念

1. 电子电器产品的定义及分类

（1）电子电器产品是指企业生产出的全部或主要部分由电子器件和电子线路构成的电气元件或装置的产品总称。

电子电器产品具有产品门类多品种繁杂、专业性强、成套性和成系列、投资巨大和综合产业链的特点。

产品门类多品种繁杂。如电子工业部（现为工业和信息化部）发布的标准号为 SJ/T 11144-1997 的《电子产品分类编码》中，除集成电路外的电子元器件产品就达 206 个大类，含 2519 个小类。其中电真空器件又分为 13 大类，含 260 个小类；半导体分立器件达 18 类，含 379 小类。

专业性强。电子电器产品设计和生产是多学科的集合，生产技术与设备和测试技术与设备之间有很大差异，几乎一种或一代电子元器件就需由一种生产线生产。

成套性和成系列。电子电器产品生产的整机电子线路、频段和频率特性、精度、功能、功率、储存和使用条件与环境、使用寿命决定了其具有成套性和成系列的特点。

投资巨大。电子电器产品的设计与生产由于生产条件、生产环境要求高，特别是应用高新技术，规模化大生产的产品投资巨大。

综合产业链。各种电子元器件及产业的发展规律不同，但与电子技术、整机结构、电装工艺技术的发展息息相关。

（2）电子电器产品的分类。

电子电器产品分为电子类产品和电器类产品。电子类产品是指应用电子技术以电能为工作基础的相关产品；电器类产品是指使用电能工作运转的器具相关产品。电子类产品大体又分为工业类电子产品，如电阻类、电容类等相关企业使用的电子产品，以及消费类电子产品，如数码相机、手机、视频游戏设备等以消费为主的电子产品两类。

电器类产品大体也分为工业类电器产品，如变压器、继电器、隔离开关等相关企业使用的电器产品，以及消费类电器产品，如制冰机、冰激凌机、电风扇、吸尘器、抽油烟机及家庭所用电器等电器两类。

但随着科学技术的进步和创新，电子产品正以飞快的速度向电器产品渗透，特别是智能产品的兴起，二者已经结合为一体，统称电子电器产品。如自动洗衣机、电视机、个人计算机等。

（3）家用电子电器是指在家庭及类似场所使用的各种电子器具和民用电器，以及与电子电器相结合的产品。家用电子电器为人类创造了更为有利于身心健康的舒适生活、工作环境。

电子电器产品众多，与我们每个人密切相关的是家用电子电器产品。本教材介绍的电子电器产品主要指家用电子电器产品。

2. 现代电子电器产品的特点

1）节能化：降低电子电器产品的能量消耗和使用费用

在满足使用要求的前提下，把节能作为提高电子电器产品性能和效益的重要因素，这一点对于长期运行的电子电器产品，如电冰箱、空调器等，意义较大。因此，这类电子电器产品适合广泛采用廉价的新能源。

2）新型材料化：使用新型的材料提高产品的性能

按照电子电器产品的不同特点，使用能同金属一样满足产品性能和结构上要求的新型材料，以减轻电子电器产品的质量，降低成本，提高电器绝缘性能和耐腐蚀性等。

3）微型化：开发新型电子电器产品和一机多能电子电器产品

随着人们生活水平的提高，适时开发新型电子电器产品和一机多能电子电器产品，可以提高电子电器产品的利用率，减少用具在室内的占用面积，还可以降低成本。如音像产品和视听一体化产品，录像与摄像一体化产品等。

4）智能化：提高电子电器产品的自动化程度

采用数字技术，使电子电器产品的操作过程程序化，提高效能，更加方便实用。能够自动完成预设的功能与操作；能够与互联网连接，实现远程控制；能够与用户互动，为用户提供相关反馈信息，甚至能通过日常使用习惯等形成一定的设置，在特殊条件下可进行特殊操作并通知用户，或只有获得用户授权才可操作等。

5）绿色化：节约能源，环境友好

在电子电器产品生命周期过程中要符合环境保护要求，对生态环境和人体健康无害或危害小。使用材料及使用产品过程中要减少污染，甚至无污染；资源能源消耗少，品质高；废旧电子电器产品垃圾可回收再利用。

6）安全第一：电子电器产品是为人类服务的

保证使用安全是第一位的，尤其是涉及儿童少年使用的电子电器产品更是如此。

除以上六点以外，现代电子电器产品还具有技术先进、功能强大、更新换代快、品种多等特点。

二、电子电器产品的分类

家用电子电器产品的分类在全球市场尚无统一分类，大体有如表 1-1 所示几种分类。通常按照产品的功能、用途等分类。

表 1-1 家用电子电器产品的分类

分类标准	种 类	实 例
按电子电器产品操作的难易程度分类	人工操纵的电子电器产品	机械类的洗衣机
	半自动操纵的电子电器产品	半自动类的洗衣机
	全自动的电子电器产品	全自动类的洗衣机
	智能化电子电器产品	采用模糊理论制造的洗衣机
按电子电器产品的大小分类	超大型电子电器产品	大型中央空调
	大型电子电器产品	大型卫星影院、电视机背投
	中型电子电器产品	电冰箱、彩色电视机
	小型电子电器产品	笔记本电脑、加湿器
按电子电器产品的用途分类	制冷产品	电冰箱、冷冻箱
	空调产品	空调器、冷风机
按电子电器产品的用途分类	取暖产品	远红外电取暖器、空间加热器
	厨房产品	电饭锅、消毒碗柜
	清洁产品	洗衣机、干衣机、吸尘器
	整容产品	电吹风、电动剃须刀
	熨烫产品	电熨斗
	电声产品	收音机、录音机
	视频产品	电视机、摄像机
	娱乐产品	电动玩具、电子游戏机
	保健产品	脉冲治疗器、电动按摩器
	照明产品	吊灯、吸顶灯
	通信类产品	手机
	其他产品	电动缝纫机、电动自行车
按电子电器产品的能量转换方式分类	能够将电能转换成机械能的产品。凡带有电动机的产品都可将电能转换为机械能，可划为此类	这种产品的特点是，电动机直接带动机械装置，如洗衣机、电风扇等
	能够将电能转换为热能的产品	电炉、电饭锅
	能够获得制冷能量的产品	利用电能获得制冷效果，如电冰箱
	能够将电能转换为光能的产品	各种形式的台灯、壁灯、吸顶灯
	能够将电能转换为声音和图像的产品	收音机、电视机、录像机、手机、MP4
按电子电器产品经营目录分类	家用电器产品	电冰箱、电吹风、电剃须刀
	家用电子产品	电视机、摄像机、个人计算机、微波炉

除以上分类外，国内家电行业还有将家电按白色家电、黑色家电、厨房家电、小家电分为 4 个细分类别的分类。白色家电指可以减轻人们劳动强度、改善生活环境的家电，这类家电一般体积较大、不需外部信号接入。早期出于收缩视角、减少能量散失、工艺成本较低的考虑，均为较单调的白色，所以被称为白色家电。黑色家电指可以为人们提供视听娱乐，丰富人们精神需求的家电，需要外部信号接入。黑色边框设计与面板相协调，有利于散热。厨房家电是指需要安装的体积较大的厨房电器，如集成灶、消毒柜等。小家电是指除以上三种外的家电，体积较小、功率较小，适应更多细分生活场景而衍生出的众多品类，作为改善型家电提升生活质量。

小贴士：

国外经销商把家电分为白色家电、黑色家电、米色家电与绿色家电4类。

白色家电是指可减轻人们从事家务强度的电器，如洗衣机、洗碗机、电烤箱等，以及提高居家舒适环境、生活水平的电器，如空调、电冰箱等。由于早期开发的这些电器内设的电动机体积较大，为使产品的外壳在视觉上看起来扁平些，所以基本以白色调出现，而得白色家电之名。白色家电主要是通过电机将电能转换为热能、动能进行工作的家电。

黑色家电是由于当时采用珑管显示器的电视机外缘是黑色的，故而得名。黑褐色外壳不易让观看者产生视觉反差，同时黑色机身容易散发热量。随后开发的电视机与衍生产品如游戏机、录像机等也就设计成黑色，由此人们把用于娱乐、休闲的家电称为黑色家电。黑色家电主要是通过电子元器件、电路板等工作运行的家电。

米色家电是指计算机类产品。

绿色家电是指生产、使用中不会对自然环境造成污染和对人体造成伤害，高效节能，且可以回收再利用的家电产品。

课外活动建议

请同学3～5人结成小组，进行市场调研，了解电子电器产品的种类及社会对家电还有哪些需求。

项目二　电子电器产业现状

学习目标

1. 了解电子电器产业的发展概况。
2. 了解几种主要电子电器产品的现状及特点。

学时安排　1学时

知识模块结构图

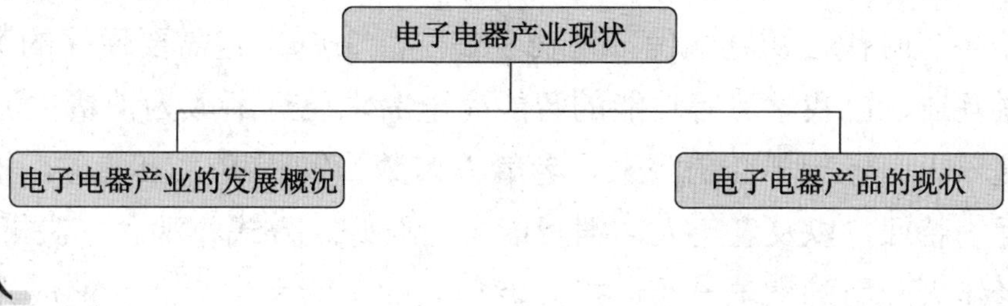

案例导入

绿色、健康、低碳、节能已经成为当代家电消费的方向，面对绿色经济、低碳经济的国家战略需求，全球最大的家电生产企业之一的海尔公司提出了“绿色设计、绿色制造、绿色营销、绿色回收”的新型战略经营模式，与国家、世界的可持续发展紧密结合。

海尔公司在上海世博会期间推出的50多款绿色低碳产品都打上了绿色标签。卡萨帝复式大滚筒洗衣机达到了静音洗衣；变频空调实现了无氟变频空调的能效；采用无极变频技术的卡萨帝电冰箱是日耗电达到新1级能耗最低标准的多门电冰箱等，以“整套低碳精品，引领绿色生活潮流”理念，全方位践行绿色世博的宗旨，满足消费者的需求。

基础理论知识介绍

一、电子电器产业的发展概况

电子电器产业是我国国民经济重要的支柱性产业。随着社会经济文化的发展、人们科学文化水平提高，生活节奏加快，收入增加，消费者日益希望脱离繁重、烦琐的家务劳动，为自己创造一个舒适优美，有利于身心健康的生活环境和工作环境，以满足丰富多彩的文化娱乐精神生活。家电已成为现代生活中必不可少的用品。根据华经产业研究院调查研究数据显示，2021年全国家电行业全品类累计销售额为7 603亿元，同比增长3.48%。但成熟家电品类增长乏力，新兴品类保持了高景气度。在科学技术迅猛发展的趋势下，家电行业的发展得到国家政策的全方位支持。2021年3月《中华人民共和国国民经济和社会发展第十四个五年规划和2035年远景目标纲要》中提到，将应用感应控制、语音控制、远程控制的技术手段，发展智能家电、智能照明、智能安防监控、智能音箱、新型穿戴设备、服务机器人等，我国家用电子电器产品呈现出新的发展趋势。智能化、适老化家电有望成为新的增长点，高端化、健康绿色化等也是家电产业的发展趋势。

小贴士：

当代是90后、00后新一代消费群体崛起的时代。新一代消费群体更倾向于时尚、健康的家电进入现代家庭。

智能化。这是家电行业共同认可的发展趋势，以舒适宜居为核心的智能家居生态，在技术升级、消费需求升级的驱动下，已经从单品智能向全屋智能靠近。在国家政策的积极扶植推动下，家电行业通过产业链架构加速优化，关键共性技术突破提高，以智能家电为突破口，将智能家电产业规模化。家电行业已进入智能制造时代，形成集研发、制造、销售、用户交互、售后服务于一体的智能系统。家电行业不仅是产品的销售者，更是销售服务者。“产品+服务”时代已初露端倪。消费者在生活中越来越需要便捷的家电，对远程遥控，电器间互联互通、自我学习等功能的智能家电需求已逐渐成为消费主流。

适老化。随着中国老年社会的到来，老龄人口数量和程度大幅增加，根据老年人特殊的消费心理和行为特征，以及老年人的消费能力、偏好、方式、观念、决策等方面的特点，通过开发适合老年人应用的家电产品，提升老年人的生活和生命质量就成为必然趋势。

高端化。随着新一代消费者消费能力的提高，以及消费需求的高端化，家电市场的消费需求已经由“有”向“优”转变。家电升级换代必然日益加快。由于家电产品原材料、劳动力成本近年来都在上涨，家电企业利润减少，企业更需要走高端化家电产品的路线。

健康绿色化。社会的发展使得健康理念深入人心，饮食保健健康、家居环境健康、个人健康护理逐渐成为家电消费的新宠。在消费升级趋势下，企业在设计、生产中除家电产品功能和技术外，还必须考虑如何保障健康，满足消费者对绿色健康生活的追求。健康理念也是企业推广力度最大的一类产品。如在家电市场上，电冰箱的除菌概念、洗衣机双桶分类洗、空调的自清洁等与健康高度相关的产品被消费者广为青睐。

在企业竞争已进入国际化，信息技术拉开了新时代帷幕的关键时候，电子电器产业围绕电子电器产品质量、电子电器产品品种、电子电器产品价格的第一轮竞争已经不是最主要的竞争手段了，而围绕市场营销、质量管理、消费者服务的第二轮竞争已经来临。面对新的竞争形势，电子电器产业正重新调整经营理念，制定新的营销战略，由市场营销向服务营销发展，逐步提高市场营销层次。

电子电器产业的环境正在发生变化。以技术驱动的大规模生产将被灵活的市场经营、生产所取代。整个产业拥有国内顶尖工程技术人员，企业重视人才的引进与培养，建立了完善的激励制度，确保了企业高速发展过程中的人才需求，使企业具有雄厚的电子电器产品开发实力。

电子电器生产企业坚持生产经营管理以质量为中心，走质量效益型的发展道路，不断提高在职人员的生产技能，通过对产品生产过程的严格管理，使电子电器产品质量不断提高，逐步形成以科研、应用、生产为一体的现代化企业。

知识链接：

要实现智能家居，必须解决智能家电的互联互通。很长时间以来由于共性技术限制，智能家电处于“信息孤岛”、操作烦琐的问题之中，影响了消费者的喜爱。近年来，企业已将关键共性技术加速互通、智能场景打造作为重点攻关对象。

目前，电子电器产业努力扩大经营，以管理求高效，减少管理的冗余环节。由于生产与经营的专业化分工，电子电器产品规模扩大，使资源得到了充分利用，而且降低了成本，创造了规模效益，给社会提供了质量更高、价格更低、适用更广的电子电器产品。大多数电子电器产业本着以超群的品质、信誉第一、创优质服务的精神，赢得了广大国内外消费者的好评。在长期的市场锤炼中，电子电器产业积淀了浓厚的文化底蕴，开创了人文管理与制度化完美结合的管理模式。

知识链接：

信息家电就是将 PC 与家电融合，推出诸如全功能个人计算机、上网电视机、可视电话、网络游戏、数字电视机等产品。

二、电子电器产品的现状

随着电子电器市场的竞争，家电市场竞争日趋激烈。各家电生产企业以其新颖的设计和独到的构思及精良的工艺技术推出了规格繁多、品种齐全的电子电器产品，受到市场和消费者的欢迎，典型产品如下。

1．小家电

随着人们工作节奏的加快、生活水平的提高，近几年小家电行业生产与销售蓬勃发展。越来越多的小家电诸如电热水器、电微波炉、电烤箱、电饭煲、电消毒柜、电洗碗机、电吸尘器、电熨斗、电剃须刀等进入消费者家庭。小家电的使用不但减轻了消费者的家务劳动，而且美化了消费者的自身环境，使家务劳动变得更加方便、快捷、卫生。家庭生活的现代化需求促进了小家电的发展，创意小家电的品类细化、产品时尚化的趋势更使得小家电产品在国内外的市场要求不断增加。

小贴士：

据奥维云网全渠道推总数据显示，在2020年上半年我国家电市场同比下降14.13%的情况下，小家电行业却以线上780亿元的零售额逆势增长，同比上涨12.4%。进入2020年下半年仍然保持快速增长。

2．智能家电

“十三五”期间，我国智能家电产品数字化转型趋势明显，家电企业在生产制造、品种种类、营销服务等方面不断创新，生产出智能抽油烟机、智能空调、智能马桶盖、智能迷你壁挂洗衣机等引领市场需求的智能家电产品。

小贴士：

我国家电产品智能化渗透率（智能家电在该品类家电中的零售量占比）逐年提高。彩色电视机和空调智能化渗透率均超过60%。据奥维云网《中国智能家居产业发展报告》显示，2019年智能电视机零售量渗透率首次超过智能空调。2020年空调智能化渗透率达64.3%，仅次于彩色电视机。

3．创新类家电产品

创新类家电产品是伴随着个性化、场景化的细分消费需求不断增长而提升消费者的体验的。创新类家电产品以集成灶、分区洗衣机、洗地机、新风空调、家用投影、降噪耳机、高端笔记本、折叠屏手机、超级闪充手机等为代表。如在京东家电类目下的热搜词就有扫拖机器人、洗拖一体机、洗地机等。2021年京东数据显示，扫+拖一体机器人销量同比增长75%以上。又如，针对追求健康群体推出的“低糖烹煮”电饭煲引领了消费者健康低糖饮食的风潮。

4. 低碳绿色家电产品

“倡导绿色科技、选择健康家电”成为家电市场的一个亮点。绿色家电产品是指在质量合格的前提下，高效节能且在使用过程中不对人体和周围环境造成伤害，报废后还可以回收利用的家电产品，包括降噪洗衣机、节能环保的无氟利昂制冷空调和电冰箱、节能低辐射彩色电视机和个人计算机等具有环保绿标的产品。

5. 超高清电视机

超高清电视机是电视机的屏幕物理分辨率可达到一定的程度，通过芯片解码节目源，使清晰度达到全高清 1080P 电视机的 4 倍。

6. 智能语音系统产品

智能手机普遍采用的是 An-droid 系统，此系统也支持 VoiceActions 语音控制功能。Siri 语音处理系统对用户予以的语音处理能力与众不同，具备更高的分析和学习功能，以 Siri 为代表的语音处理系统已成为影响消费电子人机界面的关键技术。随着科学技术的迅速发展，智能手机的功能越来越多，不但具有传统的传递接听语音、接收发送文字信息、游戏、计算等功能，而且具有上网、摄像、摄影、电视机、支付等越来越多的功能。其体积越来越小巧，节电效果越来越好，数据传输速度越来越快，存储量越来越大。智能手机已经成为人们生活中不可或缺的电子电器产品。

课外活动建议

通过上网查询和市场调查，了解电子电器产品的发展状况。

项目三　电子电器产品市场供求特点

学习目标

1. 掌握电子电器产品的供应特点。
2. 掌握电子电器产品的需求特点。

学时安排　2 学时

知识模块结构图

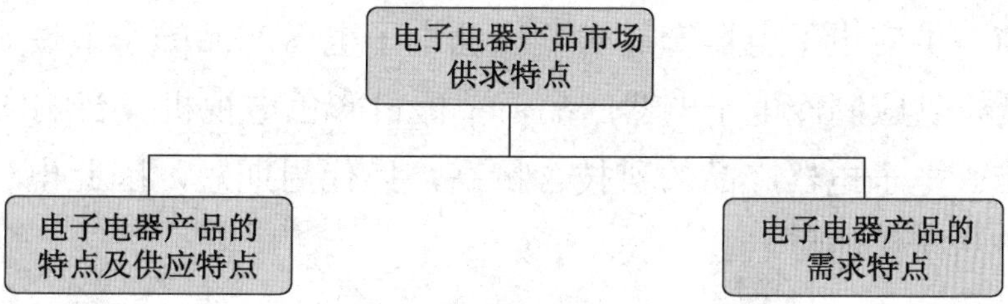

案例导入

电子电器产品的营销必须要考虑到消费者对电子电器产品的需求，结合需求特点和供应特点才能做好营销工作。电子电器产品的品种繁多，各种电子电器产品的原理简繁不同，用途和使用方法也各不相同，但还是有共同特点的。了解这些特点，是经营电子电器产品所必要的。

基础理论知识介绍

一、电子电器产品的特点及供应特点

1. 电子电器产品的特点

（1）美观性及装饰性。电子电器产品在外形、式样设计及外表处理上都讲究美观，各种电子电器产品都根据其使用的场合特点，有独特的装饰性。

（2）耐用性。一般电子电器产品的使用寿命都较长，大部分品种的正常使用寿命都是以千小时计算的。较高档的电子电器产品，如电视机、电冰箱、空调等的使用寿命则是以万小时计算的。

（3）安全性。电子电器产品在电气和机械运动部分都采取了必要和充分的安全措施，正常使用时不会对人身体造成危害。

（4）可靠性。可靠性是指电子电器产品在规定的使用条件下和在规定的使用时间内完成规定功能的概率。由于家电电子电器产品结构比较复杂，使用的条件或环境也较复杂，因此能长期、稳定、可靠地工作是衡量家电品质的一个重要指标。

（5）使用适宜性。电子电器的使用，不会给人们的正常生活环境带来有害影响，如不可忍受的噪声、有损健康的污染等。

（6）节约性。由于能源和水资源紧张加剧，使用能源和水资源的费用逐年提高，所以人们更加倾向于使用节电性能好、节水性能好的电子电器产品，如开发使用靠太阳能提供电力的产品。

2. 电子电器产品的供应特点

（1）地区特点。部分电子电器产品在供应时要考虑到其使用地区的特点。如干旱地区应尽量供应节水型的电子电器产品；雨水季节长的地区应供应有防潮装置的电子电器产品；常年高温地区供应的制冷电子电器产品不仅种类要齐全，还要耐高温；常年低温地区供应的取暖电子产品品种要多样等。

（2）季节特点。供应电子电器产品时要注意电子电器产品的季节性。一般规律是冬季供应取暖器具，夏季供应制冷电子电器产品，节假日彩色电视机、音响的销售较好。

（3）换代特点。电子电器产品的科技含量高，换代周期短，因此电子电器产品供应时要注意电子电器产品换代的特点。

二、电子电器产品的需求特点

1. 电子电器产品的市场需求

在营销管理中，一种电子电器产品的市场需求，是指在一定时期内，一定地理区域和一定营销环境中，实施某一营销方案时，特定消费群体愿意购买的该电子电器产品的总数量。

分析上述定义，应当着重理解下列六个要素。

（1）时期。市场需求数量要考虑某一给定的时期，如一个年度或未来三年、五年等。时间间隔越长，预测需求数量的准确性越差。

（2）地理区域。市场需求要按照明确界定的地理区域来考虑其数量大小。例如，同一年度某种电子电器产品的数量会随着限定的区域范围不同而不同。

（3）营销环境。影响市场需求的环境因素包括政治、文化、经济、技术、人口增长等，它们均属需求分析中应当考虑的一类不可控因素。例如，某种电子电器产品的市场需求量，在经济繁荣期和衰退期，就会有所不同。

（4）营销方案。市场需求无疑要受到销售者制定的营销方案的影响。这是需求分析中必需的一种极为重要的可控因素。例如，大多数电子电器产品的需求，对于定价手段、促销手段、分销手段等的变动，都具有不同程度的弹性。

（5）消费群体。一种电子电器产品的市场需求数量，对不同的消费群体显然是不同的，在需求量度或需求预测中，应当明确这种度量或预测是针对全体消费群体构成的整个市场，还是仅涉及某一消费群体的细分市场。

（6）购买数量。市场需求中，所谓购买数量，可以指下列不同种类数量中的一种：订单数量、付款数量、收货数量、装运数量、消费数量等。

小贴士：

近年来，由于营销环境、地理区域的影响，国产电子电器产品消费呈现了一定的区域性特征。国产手机产品、电脑数码类产品在沿海地区选购的比重较高，而西北地区以购买国产家电产品为主。对手机通信类产品区域选购国产品牌的 TGI①（Target Group Index）排前五名的城市为广东、北京、上海、西藏、江苏；电脑数码类产品排前五名的城市为西藏、天津、辽宁、海南、青海；家电品类产品排前五名的城市为天津、西藏、青海、内蒙古、新疆。

2. 电子电器产品需求特点

随着时代的发展，电子电器产品的需求也越来越趋向现代化。电子电器产品需求特点如下。

注：① TGI 是体现目标群体在特殊研究范围（如地理区域、人口统计领域、媒体受众、产品消费者）内的强大或劣势的指数。简单说就是喜好度，表明不同特点消费者关心问题的差别状况。

（1）随心所欲个性化。消费者对电子电器产品的需求越来越趋于个性化，以个人的爱好和个性设计的电子电器产品越来越多。

（2）符合环保绿色化。现在绿色环保意识已深入人心，消费者对于环保型电子电器产品的需求逐渐提高。

（3）利国利民节能化。节省资源、节约能源是消费者选购商品的首选条件之一。

（4）轻松愉悦智能化。智能化电子电器产品已经成为电子电器产品的主要发展方向，它能够让消费者在使用时感到轻松愉悦。

（5）清洁保健卫生化。具有清洁功能和保健功能的电子电器产品逐渐进入市场。

（6）计算机网络信息化。随着计算机网络逐步进入电子电器产业，电子电器产品的技术发展逐步受到计算机网络技术的渗入。

（7）方便适用服务化。电子电器产品在向着方便实用性和适用性发展。

分析讨论 运用所学营销环境知识，试分析小贴士中的各地对国产品牌产品购买喜好度的不同。

课外活动建议

请同学通过上网查询和市场调查，了解电子电器产品的供应特点和电子电器产品需求的六个要素及需求的特点。

项目四　电子电器产品的市场生命周期

1. 掌握电子电器产品市场生命周期的四个阶段。
2. 掌握各阶段销售、利润变化趋势。

学时安排 2学时

知识模块结构图

营销案例导入

在市场上传统的电冰箱、洗衣机、空调已经处于一种基本饱和状态，电冰箱、洗衣机、空调产品销售不旺时，海尔公司毅然转型。海尔公司收入保持快速增长的主要原因在于聚焦高端品牌、场景品牌、生态品牌的三级品牌升级战略。其高端产品增速迅猛，特别是卡萨帝精准卡位高端“赛道”，市场份额不断提升，在布局转型场景的同时也进一步打开了业绩上升的空间。

市场上的任何家用电子电器产品都不可能经久不衰、永远畅销，电子电器产品的销售状况和盈利能力，会随着时间的推移而不断地变化，直至最终退出市场，销声匿迹。电子电器产品的这种演化过程正如人的生命一样，有一个诞生、成长、成熟，最终走向衰亡的过程。研究电子电器产品产销发展趋势，把握产品成长规律，可以更好地了解企业产品的发展趋势，合理制定产品策略，并适时推出新电子电器产品，保证企业的生存和发展。

基础理论知识介绍

研究电子电器产品产销发展就要研究电子电器产品市场生命周期，产品的市场生命周期是指电子电器产品在研制开发成功之后，从投放市场开始，到最后被市场淘汰为止所经历的全部过程。电子电器产品市场生命周期原理所描述的就是一个电子电器产品在市场上的销售量和利润率随时间的推移所经历的变化。

一、电子电器产品市场生命的有限性

电子电器产品的生命是指电子电器产品的市场生命，而不是它的使用寿命。

（1）电子电器产品的使用寿命期是指某一件产品所使用的期限。任何电子电器产品在使用中（包括长期闲置，保管不当）各项性能会有明显衰退，能耗也会逐渐增加，使用年限越久，发生安全事故的概率也会随之越高。例如，电视机使用寿命通常为 8～10 年。在使用中经常出现图像不清晰、画面颤抖等现象，就意味着相关元件已经老化，使用寿命到期了。仍继续使用不仅会提高家中辐射，甚至还会由于某种原因出现事故。又如，空调使用寿命通常为 10～15 年。空调超龄使用会出现噪声加大、耗电量增加，蒸发器氧化，容易污染室内环境，成为“健康杀手”。电子电器产品的使用寿命是针对某一种单个电子电器产品而言的。超过使用年限后不一定就出现问题，但为安全起见，应适时更换产品。

（2）电子电器产品的市场生命周期是指某一类电子电器产品从开发投入市场到被市场淘汰的全部过程。电子电器产品不会永久存在于市场中，或长或短都会由于诸如国家政策、消费者需求的变化，消费者的消费方式、消费水平、消费结构和消费心理的变化，以及影响市场的其他因素所造成的各种原因而退出市场。典型的产品如八十年代推出的一种可以插入暖壶或其他容器中起到加热水作用的名为“热得快”的产品。刚问世时很受消费者欢迎，但随着使用中频发安全事故，该产品很快就在市场上销声匿迹，结束了其市场生命。

二、电子电器产品市场生命要经历的阶段

电子电器产品的市场生命周期如其他产品一样，一般经历四个阶段，即市场引入阶段、市场成长阶段、市场成熟阶段和市场衰退阶段。

1. 市场引入阶段

市场引入阶段是指在市场上推出电子电器某产品，产品销售量缓慢增长的阶段。这个阶段中消费者对电子电器产品还不了解，该产品销售量很小。该产品由于要负担研制开发费用和促销费用，因此使企业在该阶段几乎无利可图，甚至处于亏损状态。

2．市场成长阶段

市场成长阶段是指该电子电器产品在市场上为消费者所接受，企业的销售量和利润大幅度增加的阶段。该阶段企业由于大批量生产该产品，生产成本开始降低，企业利润逐步提高。

3．市场成熟阶段

市场成熟阶段是指该电子电器产品已经为大多数消费者所接受，销售量进入增长缓慢的时期。在这一期间，同类电子电器产品的竞争加剧，企业为了维持产品的市场占有率，不得不加大营销费用的投入，从而使企业利润趋于下降。

4．市场衰退阶段

市场衰退阶段是指该电子电器产品销售量下降的趋势继续增大，企业利润不断下降的阶段。

电子电器产品各阶段销售量和利润的变化趋势表现为一条曲线，如图 1-1 所示。

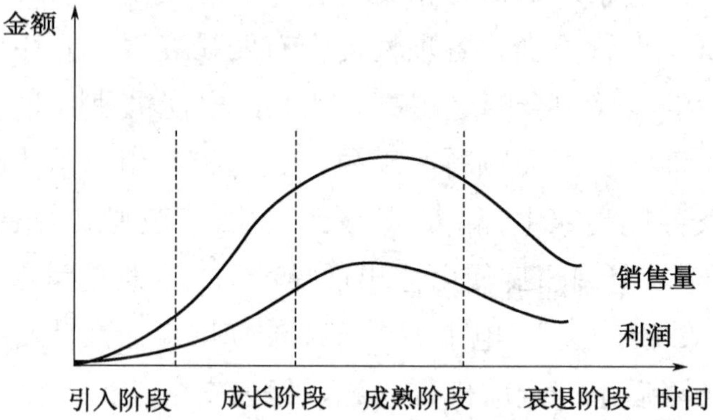

图 1-1　电子电器产品各阶段销售量和利润的变化趋势线

在电子电器产品生命周期的不同阶段，企业需要制定不同的营销、财务、生产、采购和人力资源的策略，目的是能够实现理想的电子电器产品生命周期，使电子电器产品的销售量和利润能够按照企业期望的方向发展，尽量延长电子电器产品生命，增加企业的利润。

在现实中，电子电器产品市场生命周期的四个阶段并非很明晰，产品销售量和利润在各阶段中也并非呈现单一的增长或减少，而是有增有减，各阶段的持续时间有长有短。而且也不是每种电子电器产品生命周期都必然会经历这四个阶段，有些产品一经上市就迅速成长，跳过了销售量缓慢增加的市场引入阶段；有些产品可能持续缓慢增长，直接由市场引入阶段进入市场成熟阶段；还有一些电子电器产品也可能在经过成长阶段之后，没有维持稳定的市场成熟期，而提前进入市场衰退阶段，过早地夭折了。电子电器产品市场生命周期的具体形态和持续时间，受多种因素的影响，例如，国民经济状况、科学技术进步速度、市场竞争激烈程度、政治法律环境、市场供求状况、消费者需求偏好，以及在各阶段企业采取的具体策略等。电子电器产品的产销发展趋势可以通过对电子电器产品的市场生命周期进行分析，从而预测出该类电子电器产品的产销发展趋势。

> **小贴士：**
>
> 目前我国整个家电行业（非某种或某品类产品）已进入成熟期。但由于家电产品生命力与其他产品不同，家电产品的生命力相对来说比较强，因此虽进入成熟期，但进入衰退期，甚至到产品退出，还要过很长时期。目前的成熟期主要表现在一般市场几乎饱和，各大家电之间将会在有限的市场份额内相互竞争。

课外活动建议

请同学以小组为单位，讨论在市场营销中如何合理利用电子电器产品市场生命周期的四个阶段的理论进行市场营销；掌握各阶段销售销量和利润变化趋势。

项目五　电子电器产品市场经营理念

学习目标

1. 了解电子电器产品市场及经营概念。
2. 了解营销观念的特征，掌握现代营销观念的内涵。

学时安排　2 学时

知识模块结构图

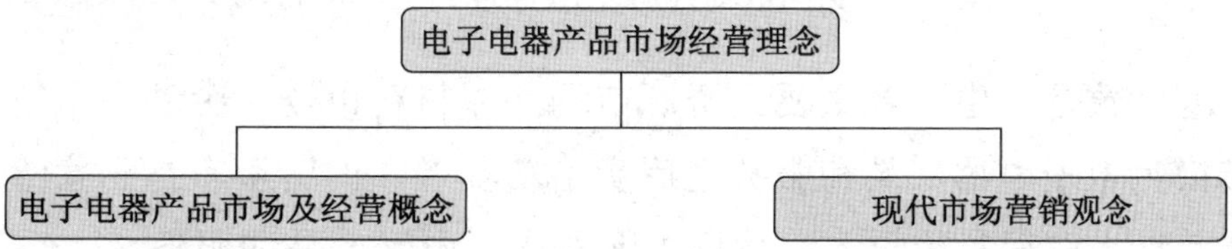

营销案例导入

海尔公司之所以能够发展成为誉满全球的电子电器生产企业，与该集团的企业现代化、市场全球化、经营规模化的经营理念不无关系。从集团的名牌战略可见一斑：核心思想是要么不干，要干就要争第一；质量控制是精细化、零缺陷；产品设计是市场细分、引导消费；科研开发是与国际水准同步；市场营销是先易后难，先国际后国内；售后服务是国际星级服务；跨国经营是大名牌、大市场、大科研、大集团等。正是得益于这种先进的现代经营理念，才使海尔公司在激烈的国内外市场竞争中站稳脚跟、发展壮大。

企业经营观念不是固定不变的，它是在一定的经济基础上产生和形成的，并且是随着社会经济的发展和市场形势的变化而发展变化的。从历史上看，企业经营观念经历了一个从传统观念到现代观念的转变。市场营销观念是由传统的经营观念转变而来，是一种现代的企业经营观念，是一种新型的企业经营观念。

基础理论知识介绍

一、电子电器产品市场及经营概念

1．概念

电子电器产品的市场比经济学中的市场有更为具体的内容，它是指由一切对电子电器产品具有特定需要和欲望，并且愿意和能够从事交换来使需要和欲望得到满足的潜在消费者所组成的总体。市场规模的大小，决定于有需要又有资源交换且愿意以这些资源换取所消费电子电器产品消费者的数量。

2．分类

现代经济基于劳动分工来运行，专业性的生产和全面性的需求决定了经济中包含了各类市场。如图 1-2 所示为现代市场经济中所包含的基本的市场。

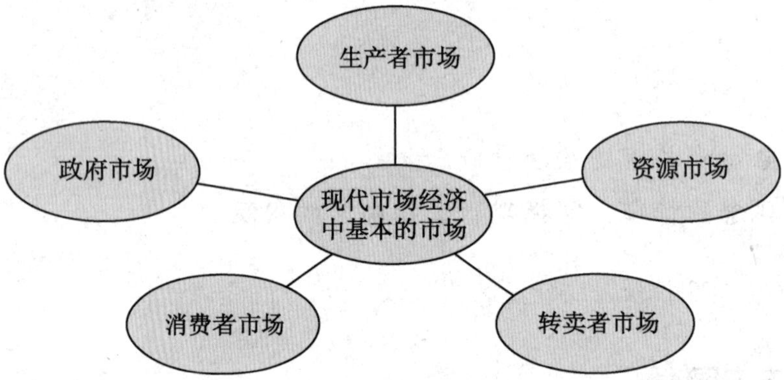

图 1-2　现代市场经济中所包含的基本的市场

其基本流程大致是：生产者主要到资源市场（原材料市场、劳动力市场、资金市场）购买资源，转换为电子电器产品和服务之后卖给转卖者，由转卖者再出售给消费者。消费者则通过出售劳动力取得货币收入，然后再购买电子电器产品和服务。

政府也是一种市场，其经济作用在于：从资源、生产者和转卖者等市场购买电子电器产品，付款之后，再向这些市场（包括消费者市场）征税，并以此为基础提供公众所需的服务。

所谓经营就是指与市场有关的一切人类活动，即为满足人的需要和欲望，通过市场变潜在交换为现实交换的活动。这个交换的过程包含下列业务：卖者要寻找买者，并认识其需要，设计适当的电子电器产品，进行电子电器产品的促销、储存、运送和交易谈判等。

一般来说，经营是指微观的营销、组织的营销、营利性的营销，但事实上，还有宏观的营销、非组织的营销、非营利性的营销。企业是从事生产、流通和服务的营利性经济组织，结合以上对经营这一概念的分析，电子电器产品经营是指企业通过市场调研、目标市场选择、电子电器产品开发、电子电器产品定价、渠道选择、电子电器产品促销、电子电器产品运输、电子电器产品销售、提供服务等一系列与市场有关的活动，满足消费者和用户需要，实现企业长期盈利最大化的过程。

二、现代市场营销观念

现代市场营销观念是“以消费者需求为中心，以市场为出发点”的经营思想。现代营销观念是与传统营销观念相对应的，有着本质的区别。现代营销之所以形成，在于环境不同：营销环境发生了巨大的变化。产品不同：传统营销产品逐步被新产品所替代。新产品提供给消费者后，能够及时提供售后服务。方式不同：传统营销范式是单向的，主要通过媒体、广告传递，信息反馈速度慢且有限。现代市场营销可通过互联网迅速地将产品信息传达给消费者，而且还可以互动。所以现代市场营销观念与传统营销观念有着不同的特征。

1. 现代市场营销观念与传统营销观念相比所具有的不同特征

1）营销重点不同

传统市场营销观念的重点是产品，而现代市场营销观念的重点是消费者。

现代市场营销以消费者需求为企业生产经营的出发点。企业只有按照消费者的需求组织生产，生产出来的电子电器产品才能适销对路。因此企业成立专门的市场调研部门，培养专门的市场调研人才，花费大量的人力、财力和物力以了解消费者的需求特点与需求动向。企业这时的产销过程发生变化，变为“需求—生产—销售—消费”。这一变化使得消费者需求由过去处于被动地位转为主动地位，成为企业整个生产经营过程的起点。

2）营销手段不同

传统市场营销观念的手段是生产和推销，而现代市场营销观念的手段是总体营销。

总体营销也称整合营销，企业的经营活动是一项完整的活动，包括电子电器产品的调查与预测、电子电器产品开发与设计、生产组织与财务分析、电子电器产品分析、分销渠道、仓储运输、销售与公关、包装商标、广告宣传等诸多方面，贯穿于生产经营的全过程。总体营销强调通过各种手段的合理配合，形成一个完整的体系，使各种手段产生放大的效果，满足所选择消费者群的需要。

3）营销的最终目的不同

传统市场营销观念的目的是追求近期利润，而现代市场营销观念的目的是重视追求企业的长远利润。

随着营销观念的建立，企业追求利润的目标没变，但已经开始重视企业的长远利润。人们认识到，企业追求利润的手段应是建立在满足消费者需求的基础上。消费需求被满足的程度越大，企业盈利的可能性就越大；反之，消费需求被满足的程度越低，企业盈利的可能性就越小。因此，企业在经营某种电子电器产品时，应首先注重对消费者需求的满足程度，然后再考虑企业盈利的大小。

2. 营销观念的发展

虽然营销观念是一种新型的经营观念，但它本身也不是不变的。随着形势的变化，营销观念在两个方面有了发展：一是生态营销观念，二是社会责任营销观念。

1）生态营销观念

20 世纪 70 年代以后，营销观念在西方发达国家被广泛采纳。但有些企业片面强调满足消费者的需要，而忽视企业本身的资源和能力的约束，结果所进行的生产往往不是自己所擅长的，其电子电器产品不能比竞争者的电子电器产品更能满足消费者需要，因而销售艰难。

知识链接：

有的营销学家提出，企业如同有机体一样，要同它的生存环境相协调。企业不应该单单重视消费者、研究消费者，而应该把消费者和竞争者结合起来，重视和研究竞争者。随着科学技术的发展，专业化分工更细，企业与外界环境相互依存、相互制约的关系日益密切，企业更要注意利用自己所擅长的电子电器产品去占有市场。

2）社会营销观念

企业提供电子电器产品，不但要满足消费者的需要与欲望，而且要符合消费者和社会的长远利益，企业要关心与增进社会福利，要将企业利润、消费需要、社会利益三个方面统一起来。社会营销观念有两个重要分支，即绿色营销观念和社会责任营销观念。

（1）绿色营销观念。

原有的营销观念在全球经营环境日益恶化的形势面前，显得过于狭义了。激烈的市场竞争使得一些企业为了追逐利润，不惜过度开发自然资源生产电子电器产品，向社会排放废气、废液、废渣，生产那些消费后难以处理的电子电器产品，这些产品使非再生资源匮乏，并且使生态环境受到破坏，危害人体健康。

小贴士：

面对世界性的能源短缺、环境污染、全球气候变化等问题，中国政府根据我国国情特点、发展阶段和国际责任，对走绿色低碳发展高度重视，为推动绿色低碳发展做出了很大的努力。在环境保护治理污染中采取了一系列政策和行动，并向世界承诺到 2030 年左右二氧化碳排放到峰值且力争提早达峰，体现了作为世界大国的担当和责任。

绿色营销观念以维护全社会的整体利益和长远利益为出发点。实行全球的持续发展，“清洁生产”是一个关键，即不但要求对生产过程中或消费过程结束后产生的“三废”造成的环境污染进行防治，而且要对产业结构、能源构成以及消费模式进行调整，以便最大限度地利用资源和减少污染。

根据绿色营销理论，企业在电子电器产品开发、价格制定、分销、促销诸方面，应充分考虑环境保护的要求。如在开发电子电器产品过程中，不仅要考虑电子电器产品生产出来后能否满足消费者的需要，还要考虑其废弃物对环境影响的大小；不仅要考虑电子电器产品是否满足人们现实的需要，还要考虑未来能否满足环境要求；不仅要考虑电子电器产品是否有销路，还要考虑电子电器产品是否有益人体健康等。总之，应尽可能开发“绿色含量”高的电子电器产品，以对社会负责。

（2）社会责任营销观念。

随着现代市场营销观念的发展，在我国社会主义市场的营销中，企业必须承担起社会责任。

第一是对消费者负责，企业要按法律要求保护消费者权益；第二是市场营销活动必须使消费者满意，以消费者为中心推进营销活动；第三是在市场营销活动中应符合社会道德规范，符合消费者和社会的长远利益。

课外活动建议

请同学通过网络进行调查，了解电子电器产品市场及经营概念。

习题一

1. 简述我国目前主要电子电器产品的现状。
2. 简述电子电器产品的供应特点。
3. 简述电子电器产品需求的六个要素及需求的特点。
4. 简述电子电器产品市场生命周期的四个阶段及各阶段销售、利润变化的趋势。
5. 简述现代市场营销观念的内涵。

实训一

结合2022年北京冬奥会和冬残奥会举办期间，在冬奥村涌现出各种层出不穷的新型电子电器产品的使用，讨论作为电子电器产品生产者和经营者如何确立新的市场营销观念。

模块二

电子电器产品市场分析

任何企业和产品都生存于一定的环境之中，必须密切注意市场环境的变化，并随之调整自身的组织、战略和策略等一切可以控制的变数，使之与不断变化着的环境因素——不可控变数相适应，达到与周围环境的平衡。实践证明，适者才能生存。许多企业的发展壮大都是经过不断地更新，以适应其生存环境。否则就会导致衰退和灭亡。

项目一　电子电器产品市场营销环境分析

学习目标

1. 了解营销环境的特点。
2. 了解宏观市场营销环境对企业的影响。
3. 掌握微观市场环境对市场营销的影响。

学时安排　1 学时

知识模块结构图

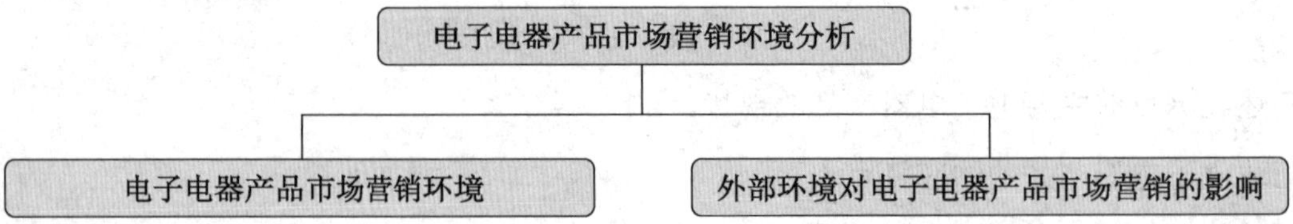

营销案例导入

“在网络经济时代，一个现代企业如果没有现代物流就意味着没有物可流。对海尔公司来讲，物流不但能够使我们实现 3 个零的目标，即零库存、零距离和零营运资本，更给了我们能够在市场竞争取胜的核心竞争力.” 这是海尔公司首席执行官张瑞敏在评价物流中心时所说的话。在互联网时代，海尔公司所建立的网络营销在企业的发展中起了极大的作用。

在日益激烈的电子电器产品市场竞争中，要想使得企业维系生存、发展壮大，就必须对电子电器产品市场营销环境、消费者市场和电子电器产品市场进行分析，以便指导企业开发产品，制定相应的营销策略，从而满足消费者的需要，创造更大的经济效益。

基础理论知识介绍

一、电子电器产品市场营销环境

1. 市场营销环境的概念

市场营销环境是指影响企业和产品生存、发展的企业营销管理职能外部的各种因素和力量。

产品的市场营销环境包括微观环境和宏观环境两方面。

（1）微观环境包括那些直接影响企业或产品，有市场服务能力的行为主体，如企业、供应商、营销中介、消费者和社会公众。

（2）宏观环境包括那些影响企业微观环境中所有行动者的较大社会因素，如人口、经济、政治、法律、社会、技术等因素。

分析市场营销环境的目的，在于寻求良性营销环境的机会和避免不良营销环境的威胁。

所谓良性市场营销环境的机会就是企业能取得竞争优势和差别利益的市场机会。所谓不良营销环境的威胁就是营销环境中对企业不利的趋势。对此，如果没有适当的应变措施，则可能导致某个品牌、某种残品甚至整个企业的衰退或被淘汰。在现实中，机会和威胁往往是并存的，而经营者的任务就在于抓住机会，克服威胁，以有力的营销措施迎接市场的挑战。

2. 市场营销环境的特点

为了寻求良性市场营销环境的机会和避免不良营销环境的威胁，就必须了解和研究市场营销环境的特点。归结起来市场营销环境有以下特点。

1）市场营销环境的差异性

市场营销环境的差异性是指各产品所处的环境存在不同，各产品环境因素的构成和作用程度存在着差异。如在国际市场，发达国家需要的电子电器产品与发展中国家相比，存在着明显的差异；在国内市场，东部沿海经济发达地区与西部经济欠发达地区相比，对于电子电器产品的需求也存在着明显的差异。现在东部经济发达地区的消费者正处于电子电器产品更新换代的时期，而西部地区在党和政府的关怀下正在解决西部落后地区的经济发展问题如用电等问题，随着用电的问题解决，人民生活水平的提高，西部地区必然会迎来消费者使用电子电器产品的高潮期，形成一个庞大的电子电器产品的市场。不同企业在适应市场环境方面存在差异，这就要求企业所研究和要适应的只是那些对本企业产品营销活动有影响的环境因素。因此，首先应分析并明确影响本产品的因素有哪些，它们是如何作用的，进而采取相应的营销策略来适应这些因素，赢得企业的市场竞争优势。

2）市场营销环境的多变性

市场营销环境的多变性是指市场营销环境的动态的变化。构成市场营销环境的因素是多方面的。市场营销环境是随着社会经济的发展而不断变化的。这种变化首先表现为外部环境变化。如必须考虑自然生态、资源、国际形势等因素。其次，这种变化还表现为环境因素的主次地位互换，即原来起主要作用的因素将变为辅助性的次要因素，或者原本是次要的因素上升为主导因素。如在供不应求的卖方市场条件下，其主要因素是企业内部可控的产品和生产供应能力，只要有能力大量生产出产品，企业的生存发展就不成问题。随着市场转为供求平衡或供过于求的买方市场，产品主导作用下降，让位给企业外部的市场及消费者等非可控因素，此时能否满足市场和消费者的需求，就成为至关重要的问题了。最后，这种变化表现为环境因素的可控性变化，即原来企业不可控的因素变为可控因素，原来可控的因素变为不可控因素。如价格，在计划经济体制下企业没有定价权或定价权很少。随着中国市场经济体制的逐步确立，企业有权对越来越多的产品定价，价格的可控性日益增强。另外，不同因素还会在不同的时空范围内不断变化，相同因素在不同时间对企业影响也各有不同。

3）市场营销环境的相关性

市场营销环境的相关性是指市场经销环境不是由某个单一的因素决定的，而是要受到一系列与其相关因素的影响。市场营销环境的组成因素会相互影响、相互作用。例如，商品的价格不但受到市场供求关系的影响，而且还受科技进步及财政和税收政策等多种因素的影响。一个行业内竞争者的多少可能会因法律因素的影响而增加或减少。市场营销环境各种因素相互影响的程度是不同的，有的可以进行评估，有的则难以估计或预测。

4）市场营销环境的复杂性

市场营销环境的复杂性是指各环境因素之间经常存在着各种矛盾关系。例如，由于生活水平的不断提高，消费者对诸如电磁炉、微波炉、空调机等家用电器提出新的更高的需求。而客观上存在着的电力供应紧张等问题使得企业必须在运用稀缺资源前提下去开发新产品，尤其需要开发节能型的家用电器产品。为了可持续性的发展，企业向社会提供的产品和服务必须遵守政府制定的各项法律和规定，既要运用可以利用的资源和物质条件去创造和满足社会需求，又要使企业的行为符合政府和管理部门的要求。在越来越重视环保的今天，企业就需要设计和生产具有环保性的绿色电器产品。

二、外部环境对电子电器产品市场营销的影响

市场营销理论强调企业营销采用从外向内的观念，不断从变化的外部环境中发现机会和威胁，继而运用各种可控手段，利用和把握机会，回避和降低风险。

1. 宏观环境对市场营销的影响

宏观环境引导企业营销活动的大方向。影响产品营销活动的宏观环境因素主要有人口环境、经济环境、资源环境、技术环境、政治法律环境等。

1）人口环境

市场是由有消费能力的消费者构成的。有消费能力的消费者越多，市场的规模越大。

在消费水平一定的条件下，有消费能力的人的数量直接决定市场潜在消费需求的大小。世界人口的规模、地理分布、密度、流动趋势、年龄构成、出生率、结婚率、死亡率，以及人种、种族和宗教结构等人类特性，都会对市场需求产生深刻影响，从而对企业、产品的市场营销形成影响力。人口增长意味着人类消费需求的增加。如果人们有足够的购买力，则人口增长表示市场的扩大。另外，如果人口的增长对各种资源的供应形成过大的压力，生产成本就会上升而利润则下降。企业应根据不同市场的人口规模重视对市场的研究，可以发现各种未满足的需要所形成的市场机会。中国作为世界上人口最多的国家，市场潜力很大，尤其是电子电器产品市场。人口的年龄结构也决定着市场需求结构。

（1）不同年龄结构的人对产品的需求存在着差异性。具体到电子电器产品，需求的差异性就更加明显。如少年儿童需要电子玩具、游戏机等；中青年需要电子学习用具、计算机及生活用电子电器产品等；老年群体则更需要保健型电子电器产品，对方便、实用、快捷、保健的电子电器产品的需求日益增强。随着人口老龄化的趋势增长，设计、生产和销售轻便快捷、节能型家用电子电器产品的企业将会拥有广阔的市场。

（2）人口的地理分布及流动决定着市场需求量。不同地区的消费者受地理环境、气候特点的影响，他们的购买习惯、购买行为及市场需求量也存在差异。研究人口地理分布的特点，对企业找准产品销售市场很有意义。如由于气候干燥的北方对空气加湿器等电器产品存在一定的需求，而在南方的一些雨季较长的地区，则对有利于干燥的电子电器产品的需求较大。此外，平原和山区，水资源丰富和水资源匮乏的地区，消费者的消费偏好也存在很大差异。

（3）人口相应的流动影响着市场营销环境。如城市化使得农村人口流向城镇，城镇市场必然成为各企业营销战的必争之地。现在各大电子电器经销商都是以城市为中心，向城市的周边地区辐射，以蛛网般的销售网点布局来达到其扩大销售的目的。

（4）家庭规模的大小直接影响家庭购物和消费模式。人口较多的家庭在购物时，一般需要容积较大、功效较大的电子电器产品以满足较多的家庭人口的需求，如购买较大容积的电冰箱和洗衣机、立式空调、容量较大的电热水器等；而人口少的家庭，则对小巧、袖珍的电子电器产品更感兴趣，如小容量的电冰箱、小容量的洗衣机等。现代家庭的规模日趋小型化，小型家电产品的需求将是今后电子电器产品市场需求的发展趋势。

2）经济环境

经济环境是企业营销活动的外部社会经济条件，包括消费者的收入水平、消费者储蓄和信贷、通货膨胀压力等多种因素。这些条件都在影响着市场营销环境的变化。

（1）消费者收入。经济学理论表明：消费支出在很大程度上取决于消费者的收入水平。

知识链接：

可以反映一定时期销售者收入总体状况的指标

① 人均国民收入指标：人均国民收入是一定时期内一个国家物质生产部门的劳动者、人均创造的价值，大体上反映了一个国家的经济发展水平。

② 人均个人收入指标：人均个人收入等于全社会个人收入总和除以总人口数。个人收入的主要来源为社会总的消费基金。人均个人收入大体上反映了市场的购买力。实际生活中实际收入与名义收入总是不一致的，由于通货膨胀、失业、税收等影响，虽是货币收入增加而实际收入却下降。在实际收入下降的情况下，消费者在平时选购上，变得更加理智和谨慎，精打细算，节约开支。这就要求市场上推出经济耐用且物美价廉的电子电器产品。

（2）通货膨胀的压力。通货膨胀表现为货币贬值、物价上涨、购买力下降。其一方面会使营销环境趋于恶化，引发恐慌性购买，形成市场虚假繁荣，给企业带来许多虚假的需求信息，增加了企业未来发展的风险；另一方面由于通货膨胀使生产要素价格上涨，造成产品成本增加。通货膨胀是银行利率提高，对企业的资金筹集和周转、投资的吸收和组合、营销组合等都会造成很大的影响，增加了营销难度。

（3）储蓄和信贷。消费者的消费需求除受收入及支出结构影响外，还受储蓄状况和信贷条件的影响。收入的主要流向是消费和储蓄，而储蓄则是一种推迟的潜在购买力。个人储蓄的形式很多，包括银行存款、购买国债和股票、参加保险、购置不动产和其他资产等。这些储蓄是购买大额商品所需资金的重要来源。它也是一般家庭购买电子电器产品的主要资金来源。消费者还可以通过借款或信用卡透支来增加购买力，这就是消费者信贷。它使消费者超越现有的收入和储蓄限制，购买更多的商品和劳务，为社会提供更多的就业机会，提高社会成员的整体收入，以及增加更多的需求。但信贷条件如果过高，也会影响一定的购买力。

3）资源环境

资源环境对企业的营销活动产生更大的影响，甚至有时这种影响对企业的生存和发展起决定性作用，给营销活动带来威胁和机会。

知识链接：

地球上的资源由无限资源、可再生的有限资源和不可再生的有限资源组成。可再生的有限资源被超负荷的利用，也会使得资源面临严重缺乏的境地，如对森林乱砍滥伐；不可再生的有限资源，如石油、天然气和各种矿产品等严重匮乏的问题，这预示着依靠矿产品为原料的企业将面临成本大幅度上升的问题。因此，必须尽快研制、开发出利用新资源的产品或代产品。

公众对环境保护问题的关心，一方面限制了某些行业的发展，使他们在社会舆论的压力下不得不采取措施控制污染；另一方面也营造了两种营销机会：一是为治理污染的技术和设备提供了一个大市场；二是为保护生态环境的新生产技术和包装方法也创造了营销市场。如现在的绿色电子电器产品的设计生产，就是为加强环境保护做出努力的结果。

4）技术环境

科学技术是影响人类前途和命运的最大力量，有着强大的生命力。科学的发展和技术的进步对市场营销的影响力更为直接、显著。每一种新技术的出现都会给企业造成新的市场机会，产生新的行业和产品，同时也给某些行业带来威胁。如晶体管、复印机、计算机等技术的发明，使晶体管淘汰了电子管；复印机排挤了复写纸；电视机吸引了电影观众等。有人称科学技术为“创造性的破坏力量”。科学技术的进步，使得技术含量较高的电子电器产品更要加快更新的步伐，以增强适应能力，求得生存和发展。

新技术革命给未来的社会生产带来全面电子化，高度的电子化使人们的消费模式发生重大变化，给营销系统带来实质性的影响。

5）政治法律环境

市场营销活动受政治和法律环境的强制影响。政治法律环境是由与企业活动相关的法律、政府管理机构，以及社会中对企业起制约作用的压力集团构成的。

知识链接：

对企业有监督、制约作用的压力集团主要是保护消费者利益的群众团体和保护环境的群众团体。这些团体对立法、执法、社会舆论，乃至企业的市场营销都产生巨大的影响力。

总之，宏观环境制约影响着企业产品的营销活动，但这种影响力并非绝对不可控制。企业通过向外提供产品和劳务，传播信息，以及开展公共关系活动，如宣传影响立法，从而不同程度地影响外部环境，使之变得有利于企业实现自己的目标。

2．微观环境对市场营销的影响

一个企业，对于一种产品能否成功地开展营销活动，不仅取决于其对宏观环境的适应性，也取决于其能否适应和影响微观环境。影响企业营销活动的微观环境因素主要有：企业内部的环境力量、供应商、营销中介单位、消费者和竞争者。

（1）企业内部的环境力量。企业内部各个管理层次、各个部门、员工之间分工是否明确，协作是否有效，能否目标一致、相互配合，直接关系营销活动的效率和实施效果。如营销部门要与生产部门、采购部门、研究开发部门密切合作，共同制订营销计划，还要考虑企业高层管理者的意图，以最高管理层指定的企业任务、目标、战略为出发点，制订营销活动计划。

（2）供应商。供应商是向企业供应各种资源的工商企业和个人。供应商供应的原材料价格的高低和交货是否及时，数量是否充足等，都会影响产品的成本、价格、利润和交货期。营销人员应该对供应商的情况有比较全面的了解和透彻的分析，通过分析确定哪些原材料可以通过自行生产来解决，哪些原材料需要通过外购来解决。

（3）营销中介单位。营销中介单位是协助企业推广、销售和分配产品给最终消费者的企业和个人，包括中间商、实体分配公司、市场营销服务机构和金融机构。

知识链接：

中间商是帮助完成产品从生产者向消费者的价值转移的中介单位。中间商分为从事批发业务的批发商和从事零售业务的零售商。

实体分配公司是指中途将货物进行储存和保管的仓储公司和把货物运往另一地点的运输公司。

市场营销服务机构包括调研公司、营销咨询公司、广告公司，以及各种广告媒体，这些机构协助企业选择目标市场，推销产品。

金融机构包括银行、信贷公司、保险公司等，它们负责为企业和消费者之间的交易融通资金。

（4）消费者。消费者是企业产品或劳务的购买者，也是企业服务的对象。对于一个企业来说，赢得消费者是生存、发展的关键。实践证明，能占领市场的企业都是能最大限度满足消费者需求，把消费者放在首位的企业，只有分析消费者，才能了解和满足消费者，才能赢得消费者。

（5）竞争者。企业在为其目标消费者服务的时候，面对着竞争对手的威胁，企业须识别和战胜自己的竞争对手，保持消费者对本企业产品的信任，才能立于不败之地。

知识链接：

企业的竞争者大体包括以下几种

① 愿望竞争者。愿望竞争者指提供不同产品以满足不同需求的竞争者。愿望竞争者之间的竞争主要体现在促使消费优先购买自己企业的产品。如电视机生产企业和电冰箱、洗衣机等不同产品的生产企业之间就是愿望竞争者。

② 品牌竞争者。品牌竞争者指产品相同，规格型号也相同，可以满足消费者相同的需求，但品牌不同的竞争者。如洗衣机生产企业之间必定存在一种品牌竞争关系。

③ 平行竞争者。平行竞争者是指能够满足同一种需求的不同产品的竞争者。这实际上是替代品之间的竞争。它们也就构成了各自的平行竞争者。

④ 同业竞争者。同业竞争者指生产同种商品，规格、型号、性能各有特点，能满足消费者相同的需求的同业竞争者。

企业在不同角度会有不同类型的竞争者。在各种产品和服务层出不穷的时代，参与竞争的竞争者必然会越来越多，不仅有来自本国市场的，也有来自其他国家和地区的竞争者。企业就需要根据自身的实力和经营目标，对竞争对手，尤其是主要竞争对手进行研究和应对。在竞争中需要注意卖方密度、产品差异、进入难度的变化。卖方密度是指同一行业或同一类商品经营中卖主的数目。卖方数目的多少，在市场需求量相对稳定时直接影响到企业市场份额的大小和竞争的激烈程度。如随着电视机生产企业的增加，各企业在一定市场需求的份额相对降低，竞争越来越激烈。产品差异是指同一行业中不同企业生产同类产品的差异程度。由于差异，使得产品各有特色而相互区别，这就存在着产品间的竞争关系。进入难度指企业在试图加入某行业时的困难程度，特别是技术的难度和资金的规模。不同行业、企业加入的难易程度是不等的，如高科技产业是一般企业难以进入的，它需要巨额的投资和较高的专业技术。

对竞争者进行分析是成功地开展营销活动的一个重要方面。

课外活动建议

请同学通过上网查询和市场调查，了解宏观市场营销环境、微观市场营销环境对电子电器产品市场营销的影响。

项目二 消费者市场分析

学习目标

1. 了解市场的概念和分类。
2. 掌握市场分析的基本方法。
3. 了解消费者购买行为模式，影响消费者购买行为的主要因素。
4. 掌握消费者购买过程的五个阶段。

学时安排 2 学时

知识模块结构图

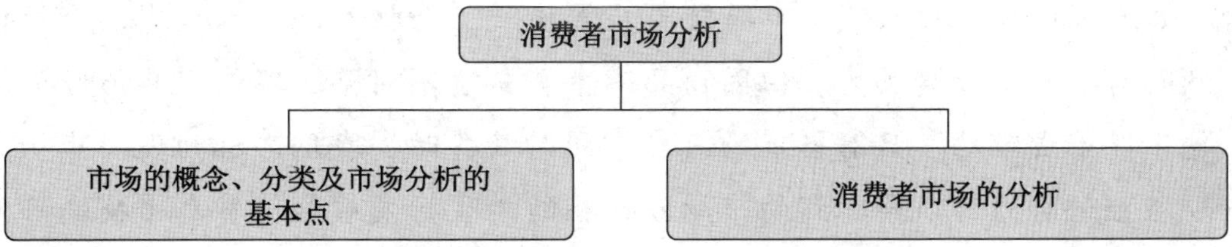

案例导入

现代市场营销观念指出，企业的市场营销行为必须以消费者需求为中心来设计和筹划，能否准确了解和满足消费者的需求，是企业营销能否取得成功的关键。

基础理论知识介绍

一、市场的概念、分类及市场分析的基本点

1. 市场的概念

市场是商品经济的产物，自从人类有商品生产和商品交换以来，就有与之相应的市场。

随着商品经济和企业经营活动的发展，以及使用对象和场合的不同，市场一词的内涵也不断丰富和发展。以下有三种对市场概念的理解。

（1）市场是商品交换的场所，指买卖双方购买和出售商品进行交易活动的地点，如农贸市场、小商品批发市场、零售商店等，了解本企业产品的销售市场是非常重要的。

（2）市场是对某种商品或劳务具有支付能力的需求，如汽车市场、电视机市场等。这一定义也可与地理区域结合起来，如中国市场、国际市场、亚洲市场等。

（3）市场是对某种商品或劳务具有需求的所有现实的和潜在的购买者。这里所说的市场是指个人消费者或组织，而不是指场所，不是单个的人，而是消费者群及组织购买者。这一层含义主要是从卖主角度来研究买主行为的，它将市场看成企业生产经营的出发点和归宿，即企业的一切活动都是围绕着市场来进行的，企业生产什么式样的产品，生产多少，就需要分析市场需求什么样的商品，需求量有多大，每件商品在什么价格时，才能被接受等。这里的买主指的是有一定支付能力并且有购买欲望的个人或组织。

知识链接：

一个现实有效的市场，需要具备人口、购买力和购买欲望 3 个要素，缺一不可，营销学家把它们用公式表达为：

市场＝人口＋购买力＋购买欲望

其中，人口是构成市场的基本因素，哪里有人，哪里就有消费者群，哪里就有市场。一个国家或地区的人口多少是决定市场大小的基本前提。购买力是指人们支付货币购买商品或劳务的能力，购买力的高低由消费者的收入多少来决定。一般来讲，收入高，购买力就高，市场和市场需求就大。购买欲望即消费者购买商品的动机、愿望和要求，它是消费者把潜在的购买力转化为现实购买行为的重要条件。它也是构成市场的基本要素。如果人口多，收入低，市场就会非常狭窄，而收入高，人口少，市场也同样有限。然而有了人口和购买力，但因商品不丰富，货不对路，不能引起消费者的购买欲望，也不能形成市场。只有当市场三要素同时具备时，我们才称为现实市场。潜在市场指现在经过努力可以争取到的市场，也指随着生产发展和消费水平提高可能达到的市场。

2. 市场的分类

通过分析市场的概念，市场可分为宏观市场和微观市场。宏观市场分类是指对商品交换总和的划分，它注重从供应者和商品性质来划分市场，如图 2-1 所示。

微观市场的分类，以消费者群体划分，是企业市场营销重点研究的内容，如图 2-2 所示。

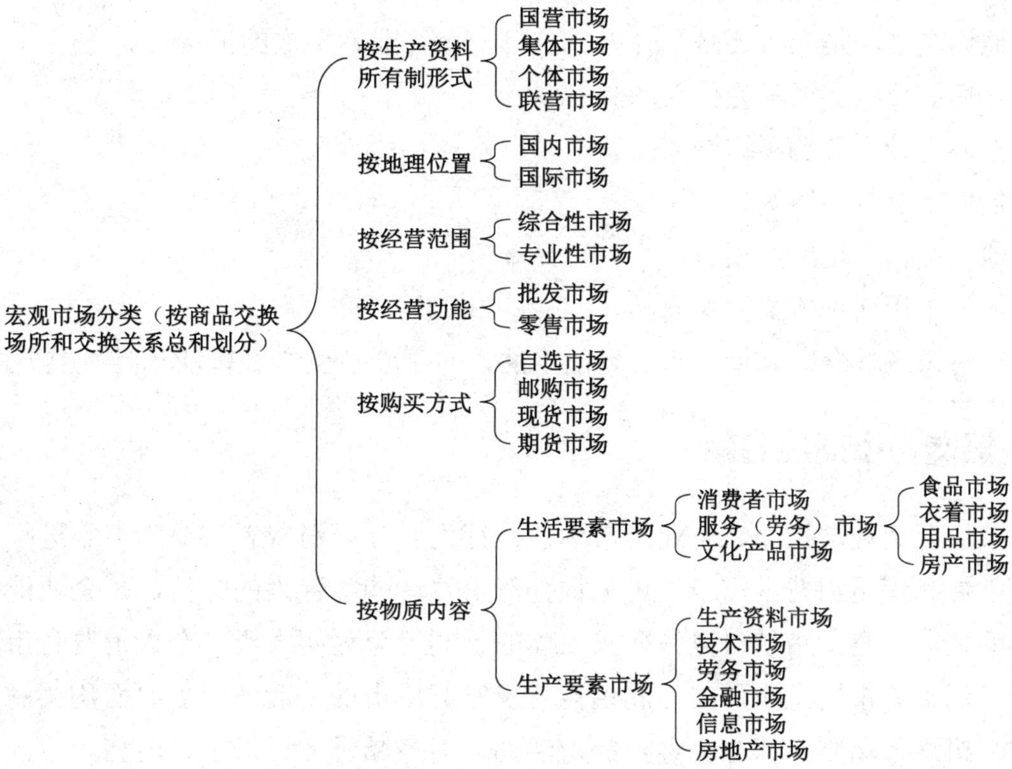

图 2-1　宏观市场分类

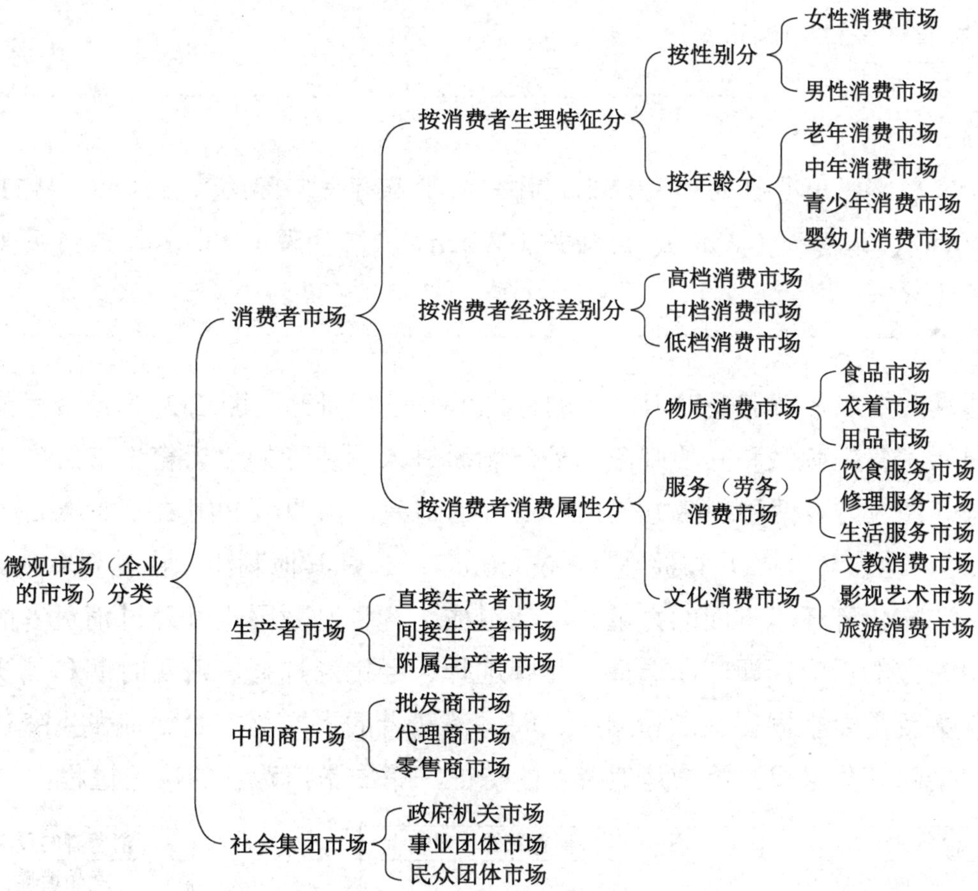

图 2-2　微观市场分类

3．市场分析的基本点

市场情况复杂多样，对其进行分析可以从以下几点入手。

（1）他们是谁，是老人还是年轻人或是哪一个行业、层次的消费者。

（2）他们需要购买或喜爱什么商品。

（3）他们为什么要购买这些商品。

（4）他们什么时间购买。

（5）他们在什么场所购买。

（6）他们采用何种方式购买商品。

全面理解市场概念，掌握分析市场的方法，对于企业生产经营活动具有重要的意义。

二、消费者市场的分析

现代市场营销观念指出，企业的市场营销行为必须以消费者需要为中心进行设计与筹划，尽力掌握和满足消费者需求。可见加强对消费者购买行为的分析，是企业能否在营销市场取胜的关键。整个市场可以依购买主体的不同而分为两大类：个人消费者市场和组织市场。个人消费者市场是由那些为满足自身及家庭成员的生活消费需要而购买商品的消费者组成的；组织市场则由那些为维持经营活动，对产品进行再加工、转售，或向社会提供服务的工商企业、政府机构及各种社会团体组成，这里重点分析消费者市场。

1. 消费者购买行为模式

小贴士：

要研究、掌握消费者的购买行为，首先应了解有关实际购买行为的 5W1H，即买什么（What）、谁来买（Who）、何处买（Where）、何时买（When）、为何买（Why）、如何买（How）。

要了解这些情况，就需要对消费者的行为模式进行研究。图 2-3 为消费者的购买行为模式，它显示了营销刺激和其他刺激的外部刺激进入消费者的“黑箱”最终产生消费者的反应的过程。图左方有两种刺激方式：一是营销刺激，由四个 P 组成，即产品（Product）、价格（Price）、地点（Place）和促销（Promotion）；二是其他刺激，由消费者所处的经济、技术、政治、文化等环境方面的力量和活动组成。各种刺激因素都经过消费者的“黑箱”而产生一组右方的反应，即产品选择、品牌选择、经销商选择、购买时间和购买数量。营销人员的任务就是要掌握在刺激和反应之间，消费者的“黑箱”是如何发生变化的。消费者“黑箱”由两部分组成：第一是消费者的特征，第二是消费者的决策过程。

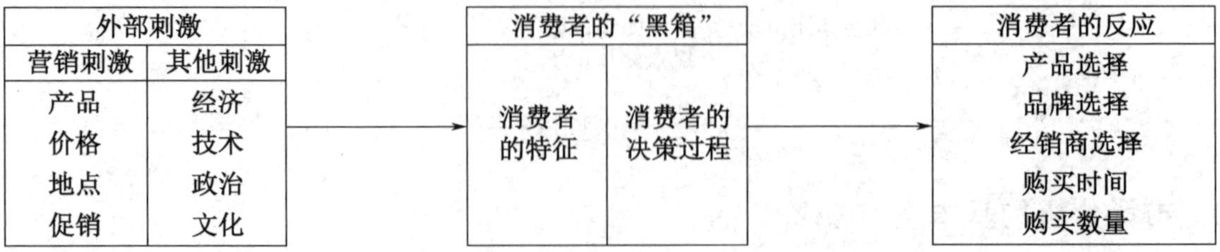

图 2-3 消费者的购买行为模式

2. 影响消费者购买行为的主要因素

人既具有社会共性，又具有自身个性。消费者在具体购买行为中受到很多因素的影响，影响消费者购买行为诸因素的详细模式如图 2-4 所示。

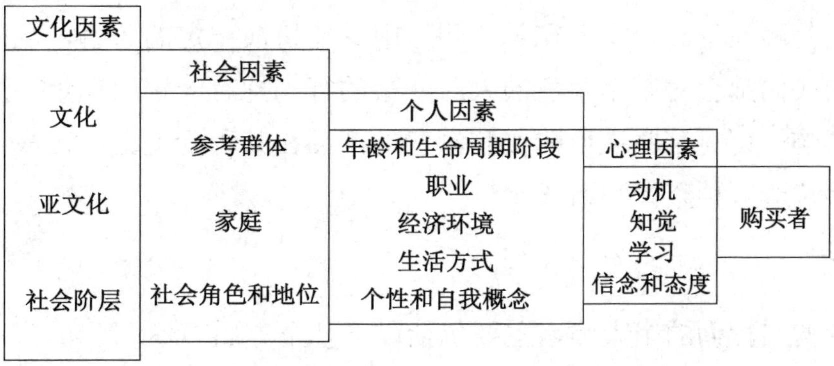

图 2-4 影响消费者购买行为诸因素的详细模式

1）文化因素

对消费者购买行为具有最广泛、最深远影响的文化因素包括文化、亚文化和社会阶层因素。

（1）文化。文化是人类欲望与行为最基本的决定因素，每个人都生长在一定的文化氛围之中，并深受这一文化所含价值观念、行为准则和风俗习惯的影响，这一影响也延伸到他们的购买行为之中。

（2）亚文化。每一文化群中，还存在若干更具文化同一性的群体，即亚文化群。如由于地理位置、气候、经济发展水平的差异，我国可明显地分出南方、北方、东部沿海、西部内陆等亚文化群。不同地区人们的生活习惯有差异，消费习惯自然有别，如中国的传统节日“春节”，北方人习惯吃饺子，南方人却吃元宵和糯米年糕。

（3）社会阶层。每个社会客观上都存在着社会阶层的差异，即某些人在社会中的地位较高，受到更多的尊敬，成为人们效仿的目标；另一些人在社会中的地位则较低。在现代社会，社会阶层差异受从事职业的威望、受教育水准、收入与财产综合因素的影响。显而易见，位于不同社会阶层的人，因收入水平、价值观取向、生活背景和受教育程度不同，其生活习惯和消费内容也有差异，甚至对传播媒体、商品品牌，以及商店的选择都可能存在差别。

2）社会因素

影响消费者行为的社会因素主要可以从消费者的参考群体、家庭、社会角色和地位几方面来分析。

（1）参考群体。一个人的行为会受到许多参考群体的影响，这里的参考群体是指那些直接或间接影响人的看法和行为的群体，其主要分为成员群体和理想群体。成员群体是指包括自己在内的家庭成员、亲朋好友和同事等；理想群体是指自己是非成员，但愿意归属的群体，如体育明星、影星、歌星等。参考群体影响一个人的行为、生活方式、态度和自我观念，以致会产生共同压力，从而影响人们对产品和品牌的选择，甚至有些人为了适合群体的要求而修正自己的个性行为。在组织营销活动中，应注意与群体中“意见带头人”的合作。

（2）家庭。人们大都生活在家庭中，家庭中每个成员的行为都会不同程度地受到其他成员的影响。家庭可以看成是一个消费和购买决策单位，家庭中各成员的态度和参与决策的方式都会影响家用商品的购买。

（3）社会角色和地位。一个人在某个团体中总要扮演一定的角色，从而也会获得相应的地位。周围的人们都会对某个角色的人所从事的行为抱有一定的期望，进而对其购买行为产生一定的影响。可见某些人所购买和消费的商品在某种程度上，已成为一种角色和地位的标志，能够营造一种整体和谐感。

3）个人因素

影响消费者购买行为的个人因素主要包括以下几个方面。

（1）年龄和生命周期阶段。现实生活中，许多商品的消费对象都是和年龄阶段相对应的。如服饰、食品等，同时也和生命周期阶段相联系。生命周期主要分为以下几个阶段：单身阶段、新婚阶段、满巢阶段、空巢阶段和鳏寡阶段。不同的生命周期对产品的需求有不同的特征。

（2）职业。人们所从事的职业不同，职业需求、职业观念也存在着差异。

（3）经济环境。一个人的经济环境直接影响其购买行为，它主要包括：可支配收入、储蓄、借款能力、对消费与储蓄的个人态度等。

（4）生活方式。生活方式是人们根据自己的价值观念安排生活的模式。如斯坦福国际研究所的研究人员阿诺法·米切尔将美国人区分为九种生活方式群体：求生者、维持者、归属者、竞争者、有成就者、我行我素者、经验主义者、有社会意识者、综合者。其实各国均可归结出不同生活方式的群体。作为营销人员应了解不同的生活方式，以便制定相应的营销战略。

（5）个性和自我概念。所谓个性是指一个人所持有的心理特征，它导致一个人对其所处环境的相对一致和持续不断的反应。一个人的个性通常可用自信、支配、自主、顺从、交际、保守和适应等性格特征来加以描述。自我概念或称自我形象，通常人的购买行为或多或少要受到自我概念的影响。

4）心理因素

影响消费者购买选择的心理因素主要包括以下几个方面。

（1）动机。人们的行为模式表现为需要→动机→行为。即每一种行为的产生都来源于现实需要，需要产生动机，进而表现出相应的行为。购买动机大体可分为生理性动机和心理性动机。

（2）知觉。知觉是人脑对于直接作用于感觉器官的当前客观事物的整体属性的反映。人们对其周围刺激物的理解首先通过感觉，然后通过知觉进而实现对刺激的认识和反映。这就提示营销员应在适当时机通过商品形、色、调的有机组合，展示给消费者全新的商品，以激发其购买欲望。

（3）学习。消费者通过学习不断获得商品知识、购买经验来指导以后的购买行为。

（4）信念和态度。信念是指一个人对某些事物经过亲身体验后形成的比较牢固的观点或看法，他们影响着人们未来的购买行为；态度是指一个人对某事物或观念长期持有的好与坏的认识上的评价，情感上的感受和行动上的倾向。对不同商品所持的不同态度，自然影响到消费者的购买选择。

3. 消费者做出购买决策过程

营销人员必须了解消费者做出购买决策的过程。营销专家经研究将购买决策大体分为以下几个阶段，如图 2-5 所示。

图 2-5 消费者购买决策过程的五个阶段

第一阶段，确认需要。一般是由消费者的内在生理、心理活动产生。如感到寒冷、饥饿，则引起购买冬装、食品的需要。另外，来自外界的刺激也可产生需要。如看到电视机中如诗如画的自然风景，便产生旅游的念头等。销售人员的任务便是了解商品能够满足消费者哪些需要或能解决哪些问题，以及消费者遇到哪些困难和存在哪些需要，即要通过解决消费者的困难和问题“锁定”消费者。电子电器产品生产企业清楚地认识到：市场经济的本质是一场“经济选举”，消费者是“选民”，他们的钞票是“选票”。如有的生产企业为了争取“选票”很早就深入了解市场，对我国农村彩色电视机的需求量进行科学分析，得出的结论是，我国过去处在贫困中的农村彩色电视机普及率较低，但在党和国家巩固拓展脱贫攻坚成果，及全面推进乡村振兴的战略目标指引下，今后农村的彩色电视机市场，消费者的需求会有较快的增长速度。

第二阶段，收集信息。消费者产生需求之后，一般会收集相关信息，以寻找一种有效地满足需求的途径。消费者获取信息主要有四个来源：①商业来源：包括商品陈列、商品包装和说明材料、推销人员的现场介绍等；②个人来源：包括从家庭、亲朋好友、邻居、同学和同事等处获取信息；③大众传媒来源：如广告、电视机、报刊评论和消费者评审组织等；④经验来源：即消费者通过试用、试穿和触摸等亲身接触获取的经验。

第三阶段，评估备选商品。经过收集信息，消费者逐渐在头脑中形成了一个备选品牌的“单子”，接着就是对这些备选品牌进行选择评比，以便最终做出正确的决策。在评估过程中，消费者首先考虑预选商品有哪些属性，特别是那些令他感兴趣的属性；其次，确定自己关心的每种属性的重要程度，并进行量化比较分析。企业在对品牌进行评估时，可以通过消费者的认知，采用期望值评估模式进行量化分析，给每种属性一个权数，用下列公式表示。（以品牌来区别不同商品）

$$A_{jk} = \sum_{i=1}^{n} W_{ik} \cdot B_{ijk}$$

式中，A_{jk} 为 k 消费者从 j 品牌产品得到的期望值；

W_{ik} 为 k 消费者对于 i 属性给予的加权数；

B_{ijk} 为 k 消费者对 j 品牌产品的 i 属性的“打分”。

下面以彩色电视机为例来说明，期望值计算表如表 2-1 所示。

表 2-1　期望值计算表

品　牌	质　量	品牌效应	售后服务	价　格	样　式	总　评
甲	9	10	8	9	8	9.05
乙	8	9	6	8	9	7.95
丙	8	8	7	9	9	8.00
权数	0.3	0.3	0.2	0.15	0.05	—

注意：对于每一属性的评价从 0 到 10 依次表示从低到高，但对价格恰恰相反，从 0 到 10 依次表示从高到低。

从表 2-1 计算得出：

$A_{甲}$=9×0.3+10×0.3+8×0.2+9×0.15+8×0.05=9.05

$A_{乙}$=8×0.3+9×0.3+6×0.2+8×0.15+9×0.05=7.95

$A_{丙}$=8×0.3+8×0.3+7×0.2+9×0.15+9×0.05=8.00

对三种品牌的彩色电视机进行评估，得出甲的 A 值最大，该消费者的评价是甲品牌最优。

第四阶段，做出购买决策。经过各方案的综合评价，消费者还要对购买时间、地点、数量和支付方式等方面进行决策。

第五阶段，购后反应。消费者购买和使用商品后，有的满意，有的可能不满意。满意者可能会再次购买同一品牌的商品进而做出新的购买决策，并且会扮演“推销员”“广告宣传员”的角色对周围的人进行宣传。留住一个老消费者要比开发一个新消费者从时间和成本上看更为有利。了解消费者的购后反应，提高消费者购买后的满意程度，也应成为营销人员的工作重点之一。

课外活动建议

请同学 3～5 人结成小组，进行市场调研，观察了解消费者购买行为模式，以及影响消费者购买行为的主要因素。

项目三　电子电器产品市场需求分析

学习目标

1. 了解电子电器产品市场的需求特征。
2. 初步掌握电子电器产品消费者的购买动机和购买行为。

学时安排 2学时

知识模块结构图

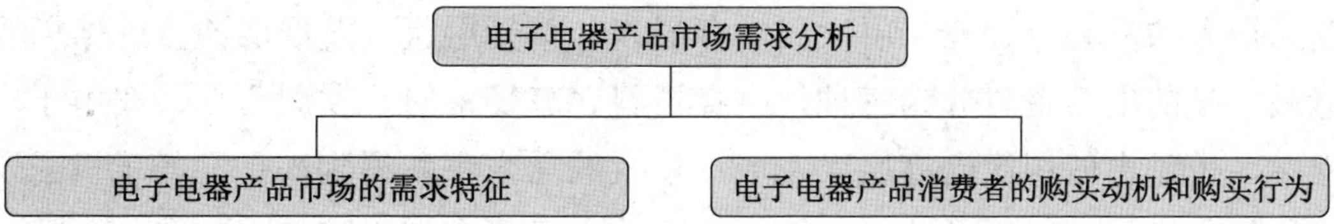

营销案例导入

管理大师德鲁克说："好的公司满足需求，伟大的公司创造市场。"近年来，由于移动互联网技术不断发展和消费者收入水平的提高，智能手机成为移动智能终端中普及率最高、形态最多样、更新换代最快、需求量最大的典型产品。随着5G时代的到来，电子产品正朝着高性能、高屏幕素质、高级程度、轻薄化等方向不断演变，对芯片处理器、屏幕、射频前端、摄像头、电池及充电等模块实现全面升级。这一切都在促使智能手机的市场需求继续保持快速增长。

消费者购买某种商品是有目的的，是在寻找最能满足自己需求的商品。买卖成交的关键是因为该种商品同消费者的购买动机是一致的。因此消费者的需求是营销活动的基石。为此，必须了解消费者对商品的需求特征和购买行为。

基础理论知识介绍

一、电子电器产品市场的需求特征

电子电器产品市场需求尽管各种各样，千变万化，但也存在着一定的基本特征。电子电器产品市场的需求特征归纳起来有以下六种。

1. 多样性

（1）电子电器产品的多样性，决定了电子电器产品市场需求的多样性。随着科学技术的发展和不断创新，越来越多的电子电器产品涌向市场。为逐步实现家庭现代化，消费者便会按照不同的需求，在产品多样化的电子电器市场选择购物。

（2）由于消费者各自的收入水平、文化程度、从事的职业、性格、偏好、性别、年龄的差异，以及社会风俗、地理区域等的不同，必然产生各种不同的购物需求。如在购买同一电子电器产品时，不同性格偏好的消费者会对其质量、外观和性能等产生不同的需求。

2. 发展性

随着消费者生活水平的不断提高，特别是在科学技术迅猛发展的趋势下，消费者对电子电器产品的需求也会有新的发展和变化。如电视机市场的发展由黑白电视机到彩色电视机；小屏幕到大屏幕；超平到纯平；数码电视机、遥控电视机等，到现在推出的智能电视机。随着产品的更新换代，电子电器产品市场也在不断调整。

3. 层次性

马克思把人的需要分为三个层次：生存层次、享受层次、发展层次。恩格斯根据这个观点，把最广义的生活资料分为三种，生存资料、享受资料、发展资料。在电子电器产品经营过程中，也是由低层次向高层次发展，使人的需求不断得到满足。如手机的发展，最早的手机只是为满足可以移动使用，不再被固定电话所束缚。随着消费者收入的增加、需求的提高，以及科学技术的发展，目前的手机已经涵盖了通话、视频、照相、录像、娱乐、购物、支付、学习等繁多动能，成为人们必不可少的电子电器产品。市场就是随着电子电器产品的不断更新，不断满足消费者新的层次的需求。

4. 伸缩性

一般来说，货币支付能力影响着消费者购物的需要。在一定时期内，多数消费者的支付能力是有限的，他们的需要只能有限地得到满足，并表现出一定的伸缩性。随着支付能力的变化，购物需求的满足也在进行着相应的调整。消费者甚至在特定条件下，可以为满足某种特殊需要而放弃其他需要。如消费者因家里电冰箱急需更新，同时又想添置不急需的其他电子电器产品，但由于支付能力有限，就会放弃其他电子电器产品的购买，而只先购置电冰箱。电子电器产品市场应该根据消费者的需求而进行调整。

5. 周期性

一般来说，消费者的购物需求得到满足后，在一定时期内不再强烈地表现出来。但随着时间的推移，消费者的购物需求还会重新加强，这就是购物需求的周期性。这一点既受人的生理需要、季节变换的更替和商品生命周期的影响，同时也受到社会时尚变化等的影响。如在过去一般人家中都只有一台电视机，但随着人们可支配收入的提高和居家环境的改善，很多人家都希望有多台电视机可供使用，从而对电视机又有了新的购买需求。电子电器产品市场的需求变化就呈现一种周期性。

6. 相关性和互替性

消费者购物时，在需要某种商品的同时，还会随之产生对另一种产品新的需要。如消费者在购买手机的同时，还会产生对手机保护膜等的需要，这就是购物需要的相关性。另外消费者在购物时，由于某种原因可能将对某种商品的需要转向购买具有相同用途的另外一种商品。如在炎热的夏天，当某种理想品牌的空调机出现缺货时，会促使人们转而购买其他品牌空调机，这就是购物需要的互替性。根据这个特点，电子电器产品应进行配套经营，保证品种齐全。

在营销活动中，如果能积极地了解和把握电子电器产品市场需求特征，就能尽力地去满足消费者的需要，组织适销对路的商品，诱发消费者潜在的需要和购物动机，既满足了消费者的需要，又促进了产品的销售，从而提高了企业的经济效益。

二、电子电器产品消费者的购买动机和购买行为

1．购买动机

购买动机是指人们为了满足一定需要而引起的购物愿望和意念，是消费者在购物时内在的心理动力。购物动机取决于消费者的购物需要，但并不是所有的购物需要都能诱发购物动机。只有具备了一定的条件，即占主导地位强烈的购物需要，以及具备满足购物需要的条件时，才能诱发购物动机，促发购物行为。营销人员应准确把握消费者的购物需要，并适时地诱导其购物动机，从而促进销售的实现。下面是电子电器产品市场几种常见的购物动机。

1）求实购物动机

求实购物动机是以追求商品的实际使用价值为主要特点的购物动机，具有这种购物动机的消费者在购物时，特别重视商品是否实用、实惠，质量是否可靠，功能是否齐备，是否经久耐用。如收入偏低的消费者群在选购电子电器产品时比较注重选择省电、适当功能和价格较低廉的产品，以适应收入水平较低的情况，有这种购物动机的消费者往往对商品的外观、造型、色彩、包装等要求不高，受商品包装装潢和广告宣传的影响较小，产生这种购物动机的原因，主要受经济条件的制约和传统的消费观念习惯的影响。

2）求新购物动机

求新购物动机是以注重商品的时尚和新颖为主要特点的购物动机。具有这种购物动机的消费者富于想象、渴求变化、性格开朗、消息灵通及喜欢追逐潮流。在选购时，他们特别注重商品的款式是否新颖，外观造型是否时尚，色彩格调是否清新等。这种消费者比较钟爱于新问世的商品，他们往往对价格的高低考虑不多，对过时的、大众化的商品不感兴趣。如喜欢追求时尚的消费者明明自用的手机功能各方面还很好，已经是市场比较新款的，甚至使用的时间还不长，当又有新款手机问世后，这些消费者往往表现出淘汰原有手机换新款手机的求新购物动机，以满足其求新的需求。

3）求利购物动机

求利购物动机是以追求较多或额外的物质利益为主要目标的购物动机。这些消费者求得满足的途径主要有：选购廉价商品、优惠商品、过季商品、附带的赠品，希望从中获得意外的收获。如许多消费者在冬季买空调就是为了获得季节差价带来的优惠。

4）求名购物动机

求名购物动机是以追求商品或企业的名望为主要目标的购物动机，即追求品牌的购物动机。他们喜欢购买能反映其身份不同一般的名、特、优商品，以表现其社会地位、文化修养、收入水平等。

2．购买行为

基于上述消费者不同的购买动机，可以将消费者的购买行为分为四种类型：

（1）复杂的购买行为。当消费者专心仔细地购买，并注意现有品牌之间的重要差异时，他们的行为就成为复杂的购买行为。因为电子电器产品价格不低，所以一般消费者都要精挑细选，他们对这类产品的购买知识是通过学习获得的。通过学习，消费者首先产生对产品的信任，然后逐步形成态度，对产品产生偏好，最后做出购买决策。在适当的时候就需要营销人员帮助消费者进行学习，使之了解所经营的品牌的优越性，从而获得销售利益。

（2）不协调减少的购买行为。有时消费者对于各种品牌看起来差异不大的产品，在购买时也持慎重的态度。消费者在购买昂贵的产品后，有时会产生一种购后的不协调感觉。因为他注意到了产品的一些使他烦恼的缺点，或是听到了其他品牌的一些优点。于是，他开始学习更多的东西，试图证明自己的决策是正确的，以减少购买后的不协调感。这样一来，消费者会首先通过自己的学习行为，取得某些信息，然后对自己的选择做出评价。这时就需要营销人员向消费者提供关于该产品的特点、优点和利益。只有消费者掌握了这些充足的信息后，才能形成巩固的品牌认知度和忠诚度。另外，良好的售后服务是一种对消费者购买行为的有力支持，通过优质的售后服务，培养出消费者很高的品牌忠诚度。

（3）习惯性购买行为。许多产品的购买是在消费者对品牌之间差异不了解的情况下随意购买的行为。当消费者对某一品牌产生信任感时，就产生对以后购买行为的影响，即习惯性购买行为。人们在逐渐习惯使用这一品牌并产生了信任感后，会在以后的购买行为中仍选择该品牌产品，消费者做出这种选择并没有经过信念、态度、行为等一系列过程。他们并没有对品牌信息进行广泛的研究，也没对品牌特点做出评价，对决定购买什么品牌也不重视。相反，他们只是通过宣传媒介被动地接受信息，他们选择这一品牌，仅仅是对它熟悉。这样一个购买过程就是通过被动的学习而形成的品牌信念，随后产生了购买行为。

（4）寻求品牌的购买行为。电子电器产品的购买行为构成了家庭开支范畴中一项较大的开支项目，因此其购买行为一般较慎重。同时由于市场品牌的多样化和各品牌质量、性能差异的存在，因此在消费者的购买行为中，就表现出追求高质量、高性能、求新、求异以及追求健康、符合环保要求电器产品的行为。

基于上述情况，这就要求营销者要了解、把握消费者的购物动机及行为表现，让消费者尽量得到购物需要的满足，使消费者做到售前心神向往、售中心情愉快、售后心安理得。

课外活动建议

请同学3～5人结成小组，进行市场调研，了解电子电器产品消费者的购买动机和购买行为。

习题二

1．影响电子电器产品市场营销环境有哪些？

2．简述微观市场环境对市场营销的影响。具体分析技术环境对一个你熟悉的电子电器产品的影响。

3．简述市场分析的基本点。

4．简述电子电器产品消费者的购买动机和购买行为。

5．简述消费者购买决策过程的五个阶段。

实训二

1．试分析影响一对年轻夫妇购买家庭必备家电的因素有哪些？

2．以某商家的家电产品为例，谈谈你对“好的公司满足需求，伟大的公司创造市场”这句话是如何理解的？

3．现今城乡消费者对家用电子电器产品的需求趋于多样化，试运用市场环境对市场营销的影响理论，分析为何小家电成为家电生产企业和经营商的行业新宠？

模块三
电子电器产品市场营销机会选择

市场需求的调研与预测是制订企业营销计划和营销决策确定的重要依据，它对于正确地进行市场机会分析、市场营销资源配置、市场营销控制有重要的意义。而市场需求的调研、预测也可作为企业细分市场，确定目标市场的重要依据。

项目一　电子电器产品市场需求的调研与预测

学习目标

1. 了解电子电器产品市场需求的概念。
2. 能从几个不同的方面进行市场需求的调研。
3. 能正确使用不同方法进行市场需求的预测。

学时安排　1 学时

知识模块结构图

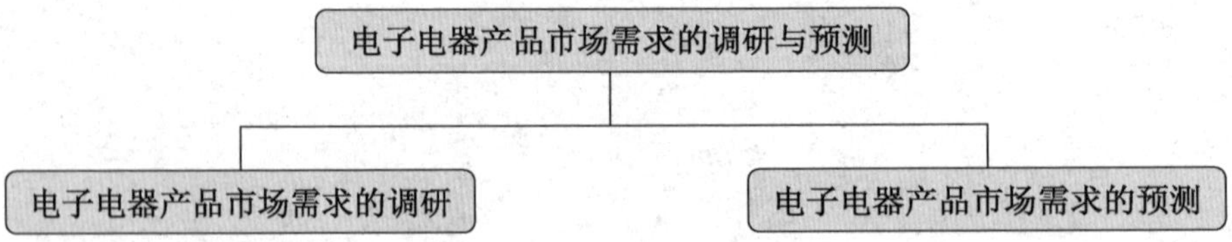

营销案例导入

根据国内节能家电行业前景及现状发展的调研，发现节能家电行业购买、存量换新带来更多增长空间。苏宁易购联合惠而浦品牌进行产品订制，研发出一款 APF 值达到 5.16 高于国家新一级能效标准，同时还兼具抑菌免清洗功能的空调产品。这款产品与入门级能效产品相比，一年可节省约 300 度电，降低了能耗节约了电费。

知识链接：

根据国家标准，新一级能效空调挂机产品的 APF 值要高于 5.0，APF 值越高越省电节能。空调 APF 是指能效等级。

基础理论知识介绍

一、电子电器产品市场需求的调研

1. 市场需求的概念

需求的发展推动了人类社会的前进。对于企业营销而言，要满足消费者的基本需求和潜在需求，并且应尽力使他们感到满意。因此，企业应将重心放在对于市场潜在需求的认知与开发上。

某一产品的市场需求是指一定的消费者在一定的地理区域、一定的时间、一定的市场营销环境和一定的市场营销方案下购买商品的总量。

电子电器产品发展到今天，其发展速度是十分迅速的。随着人类科学技术的飞速发展，电子电器产品的种类在不断增多，分类更加细致，功能更加人性化、多样化，外观更加个性化。随着人类社会的发展，国际间的交流增多，缩短了电子电器产品的生命周期，而且电子电器生产企业间的竞争也日益激烈。在这种竞争局面下，企业能否站住脚，分得市场，获得经济效益，求得企业的进一步发展，参与竞争，就显得至关重要。

> **小贴士：**
> 在上述情况下，怎样才能够使企业进入一种良性循环呢？

市场需求调研是把消费者、公共部门和市场联系起来寻求市场与企业“共谐”的特定活动。通过调研了解市场的需求，将市场的需求作为企业发展的方向是企业成功的首要条件。开发新产品前，做好市场需求的调研工作是新产品能否成功推广的重要因素。一味地强调以技术发展为导向，忽视了市场的需求，往往容易给企业带来不必要的迟延，甚至造成难以挽回的经济损失；反之，开发的新产品若能满足某种市场需求，即便没有很高的技术含量，也能够获得良好的经济效益。

2. 市场需求的调研

做好市场需求的调研应从以下几个方面进行：

（1）产品。市场需求的调研首先必须确定要调研的产品的种类，从而把握产品渗透市场的机会。

（2）总量。即对市场需求大小的调研。

（3）消费者群。是指调研并确定市场各个部分或各个子市场的需求。

（4）地理区域。各个区域的预测结果是不同的，调研时企业应根据具体情况合理划分地理区域，确定各个区域市场的需求。

（5）时期。调研市场需求必须规定时期。一般说来，调研时期越长，结果往往越不准确。

（6）市场营销环境和方案。市场需求的调研应考虑市场环境，包括人文、经济、技术、文化和政治等多方面的环境因素。同时，还必须掌握产品价格、特征、市场营销预算等。

认识市场需求的关键在于市场需求不是固定的，而是要受到以上各个因素的影响，是一个变量。

二、电子电器产品市场需求的预测

1. 市场需求的预测的概念

市场需求的预测是指企业在一定的市场环境下对市场需求进行估计，包括对市场潜力、实际销售额和市场占有率的测量。

企业通过市场预测了解市场需求以指导产品发展方向，这对于企业占领市场是非常重要的。当产品与市场的需求吻合时，消费者的需求明显增加，对于企业比较易于把握；而当面对一个不了解的市场，或者某项技术投入市场的不确定性很大时，把握市场，观察市场能力就显得非常重要。那么如何与消费者沟通，了解消费者，进而对于消费者的未来需求进行准确的预测呢？

知识链接：

企业从事市场需求预测，一般要经过三个阶段，即环境预测、行业预测、销售预测。作为以上预测的基础有三种。

（1）来自消费者、销售人员、专家的意见和建议。

（2）来自产品试销后的市场反应。

（3）来自对于以往销售情况和购买行为的分析。

2. 市场需求的预测方法

那么采取哪些方法可以获得以上信息呢？下面介绍几种可行的方法。

1）消费者意向调查法

消费者意向调查法可通过消费者座谈会、现场访谈等方式进行。市场是由潜在消费者构成的，预测就是预先估计在一定条件下潜在消费者的可能行为，这种调查的结果往往是比较准确可靠的。但是需要注意的是，这种调查应满足以下几个条件，其结果才比较有效。首先，消费者的购买意向应明确清晰；其次，这种意向会转化为购买行为；最后，消费者愿意将其意向告知调查者。对于电子电器产品，调查应采取定期抽样的方法。这样，企业可以获得解决关于产品发展方面问题的更多信息，还可以树立企业关心市场需求的良好形象，更可以得到各地区、各类产品线的市场需求信息。

小贴士：

在2020年新型冠状病毒肺炎疫情全球蔓延以后，很多企业陷入危机，在消费需求减弱的大环境下，各类智能小家电纷纷逆势走红。其原因是因疫情使消费者以居家生活为主，对家电产品的依赖度上升，餐饮、娱乐等需求更多在家实现，对小家电产品的需求也随之上升。

2）销售人员综合意见法

如果不能与消费者直接见面，企业可以通过听取销售人员的意见预测市场需求。销售人员接触消费者多，对消费者的购买意向的了解更加深刻全面，而且通过这种方法获得的信息也更为快速。

3）专家意见法

企业也可以以行业专家作为索取信息的对象。通常，企业会先听取各方面专家的意见或建议，然后再召开内部核心小组会议，来取得一致意见。

4）市场实验法

如新产品的试用等。这种方法对于预测一种新产品的销售情况和现有产品在新的市场或通过新的分销渠道的销售情况有较好的效果。

知识链接：

市场需求预测新方法、新手段——移情设计

这一概念是目前的一种较新的手段。它指的是通过与消费者产生共鸣的方式而非仅仅通过消费者的叙述来了解其需要。当对消费者当前情形有较深入的了解时，开发人员就能够针对消费者的已知需求进行产品设计和合理地预测消费者未来的需要。对于移情设计概念行之有效的辅助方法是要求开发人员深入消费者中，通过对消费者环境的了解，来设身处地地为消费者着想，达到真正了解消费者需求的目的，从最大限度上满足消费者的需求，从而扩大市场份额。如海尔电热器具部的开发人员在设计电热水器新产品时，为了设身处地地为消费者考虑不同地区的水质对热水器使用的影响，特地深入长江、黄河提取水样，并采用本地区的地下水，进行了全面化验、分析，开发了能防腐除垢、软化水质的电热水器。有效地呵护了消费者的肌肤，并设计出封闭式的水电隔离，一机多用，多方供水的大容量热水器。新产品扩大了用途，贴近了消费者，得到了消费者的青睐，实现了“创造新市场、创造新生活”的目标。

移情设计的概念还体现在让消费者变为开发人员，让技术实现商业化。在信息化高速发展的今天，人与人之间的距离通过各种网络手段在拉近，使得商品信息、技术及应用更广泛地被传播，行业专家与消费者充分接触变为可能。开发人员可以根据所了解到的目前趋势和相关信息分析消费者的未来需求。如海尔公司设立了一条迅速获取消费者需求信息的“绿色通道”。为鼓励消费者踊跃提出生活中的难题和建议，海尔还设立了“用户难题奖”，来自消费者的需求信息可得到100%的处理、分析，然后通过对难题进行分析、研究，推测消费者的远期需求，开发出能满足消费者未来需求的技术和产品，从而达到创造市场，争取市场，获取利润的目的。

需要说明的是，市场需求的预测是一项十分复杂的工作。在大多数情况下，企业经营的市场环境是在不断变化的，因此需求也是不稳定的。而需求越不稳定，对需求预测的精确程度要求越高。预测需求的关键则在于确定哪些是消费者认为有价值的参数，并就此对产品的某些特性加以改变，从而赢得消费者，占领市场。对于企业而言，准确地预测市场需求早已成了企业成功的关键。同时无论是否进行过深入的市场调查研究，不难认识到：较低的成本、更好的产品特性、更好的产品品质更易于赢得市场。

项目二　电子电器产品市场细分与目标市场的选定

学习目标

1. 了解电子电器产品市场细分的概念、作用，细分层次及其细分依据。
2. 了解电子电器产品目标市场的策略模式，从而制定正确的渠道策略。
3. 能正确分析目标市场策略，从而进行正确的目标市场的选择。

学时安排　1学时

知识模块结构图

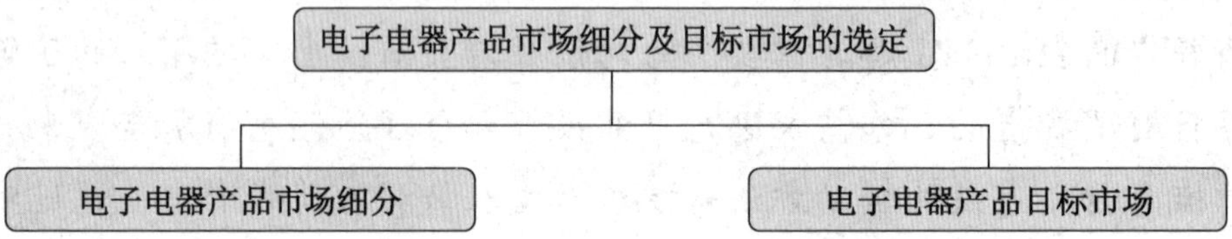

营销案例导入

小家电市场销售情况主要取决于终端消费者对于小家电的消费需求。由于不同区域消费者生活习惯差异，近年来小家电企业根据全球各区域生活习惯不同衍生出上百种品类。如欧美市场主要为各种电热水壶、电热咖啡机、搅拌机、面包机等西式小家电；中国国内市场主要为各式电压力锅、豆浆机、电磁炉、电热水壶等中式小家电。小家电在欧美市场受到西方各节日营销较大，国内的“双十一”、春节等销量也较平时更大，企业在这些消费季期间积极开展各类营销活动刺激消费，带动销量提升。目前我国小家电企业承接了全球主要的小家电订单。国内外小家电市场一直保持增长，取得了良好的经济效益。由此可见，选择性的开发更多的细分市场，可以赢得更多的市场份额。

基础理论知识介绍

一、电子电器产品市场细分

1. 市场细分的概念及作用

1）市场细分的概念

市场细分是指企业按照一定的依据将整个市场细分为若干个具有不同需求的子市场或

分市场，并根据企业的需要与可能，选择其中部分子市场作为企业的目标市场加以研究和利用的活动。

任何一个企业都不可能完全满足整个市场的需要。而在某一个子市场上，消费者会有相似或相同的需要。企业应通过市场细分，准确地确定自身可能进入的市场领域。这样才能有效地发现适合企业的市场机会，提高企业的应变能力和竞争能力，从而更好地拓展市场，占有市场。

2）市场细分的作用

（1）有利于分析和发掘新的市场机会，采取最佳营销策略。

（2）有利于企业根据细分市场的特点，集中使用企业资源，取得最大的经济效益。

（3）有利于企业及时调整市场营销策略，增强企业的应变能力。

（4）有利于小企业开发和占领市场，在竞争中求得生存和发展。

2. 市场细分的层次

市场细分可分为4个层次：细分、补缺、本地化、个别化。

（1）细分营销是指根据消费者的欲望、购买实力、地理位置、购买态度和购买习惯将市场分成细分片。例如，电子电器企业可分辨出：寻求基本使用功能的消费者，寻求高性能、新技术的消费者，寻求品牌、豪华享受的消费者，寻求个性化的消费者等细分片。

（2）补缺营销的方式往往有较明确的需求目标，以至于消费者乐于接受。

例如，海尔公司推出的“小小神童”洗衣机，就弥补了夏季没有适宜洗小、薄衣物的洗衣机产品的市场空缺。韩国一电器集团老板说他们曾有生产小体积洗衣机的设想，但技术人员认为做不到，就此搁置。而海尔公司实现了，并创造了在20个月中销售100多万台的业绩，还出口到韩国、日本及东南亚市场，赢得了利润，开辟了市场。在这一成功的事例中，我们可以了解到完成第一层次的细分市场后，补缺营销也有广阔的市场。

（3）本地化营销方式更多地关注了本地消费者的需求。由于各地的环境、生活方式不同，有针对性地拓展市场将更有成效。如上面提到的“小小神童”洗衣机在进入市场时，首先选择了在上海销售，就是考虑到上海人洗衣服洗得较勤的特点。

（4）个别化营销则是细分到了每个人。现在的新技术——计算机、数据库、机器人、网络等使之成为可能。在未来的电子电器市场，企业可以按照每个消费者的个别需求生产产品。

3. 市场细分的依据

市场细分的细分变量有：地理、人文统计、心理。

1）地理细分

要求把市场划分为不同的地理区域，如国家、省市、地区等。企业可以决定在哪些区域中开展业务。这类细分要注意地区之间的需要和偏好的不同。如我国北方地区需要大冷冻能力的电冰箱，南方需要适应热带气候的电冰箱，沿海地区则需要无霜电冰箱。再如对家用电器产品的款式，欧洲消费者偏好风格严谨、简单、以白色为主；亚洲消费者偏好淡雅风格，多用弧线设计；美洲消费者则偏好华贵风格，要求宽体设计。

2）人文统计细分

将市场按一些人文变量，如年龄、家庭人数、性别、收入等为基础划分成不同的群体。这是区分消费者群体最常用的基础，因为消费者的欲望、偏好等与以上人文变量有着密切的关系。

（1）年龄。消费者的需求、爱好与能力随年龄而变化。对电子电器产品，年轻消费者追求产品的高性能、新技术、个性化外观，中年消费者强调产品的品质和品牌，而老年消费者则更注重产品的一般使用性能和较低的价位。

（2）性别。性别的细分在电子电器产品中也可以使用。如小家电产品剃须刀，传统中是典型的男性用品，近年为迎合女性需求，在男用剃须刀的技术基础上也开发了女用脱毛器。女用脱毛器为配合女性特点，在刀头设计、颜色、款式等方面都做了调整，开辟了新的市场。

（3）收入。这是消费者在选择购买时不得不考虑的因素，因此这一变量也是我们考虑市场细分的重要基础之一。如近年来电冰箱在我国农村市场的需求量上升很快，但农村消费水平较低，因此在城市畅销、功能多、价格较高的电冰箱产品就不符合农村消费者的经济承受能力，难以打开市场。而经过改装，削减现有电冰箱功能，以较低价位出现的电冰箱产品在农村销得很好，市场份额上升迅速。

（4）社会阶层。社会阶层对个人在需求、选择购买等方面的偏爱上有强烈的影响，企业可以为特定的社会阶层设计产品，开发不同阶层的市场。

小贴士：

白领阶层追求的是实现自身价值观，满足自我，对家电产品的需求侧重典雅外观；而蓝领阶层更多地偏好实用和价廉，对家电产品的需求侧重豪华外观。

3）心理细分

即便从人文统计的角度分析是相同的情况，不同的消费者对于同一产品的偏好和态度也可能是截然不同的，这就是因为消费者有不同的心理因素。如有的消费者乐于选择价格较高的产品，这是为了显示自己的身份；有的消费者崇尚节俭，对于产品的价格则更为关注。

最后，要指出的是对产品市场的有效细分，往往不能只使用其中的某一个因素做基础，往往要综合几种因素，做出市场的细分，使得每一个市场细分化的规模达到足够获利的要求。只有这样，才是实现了市场的有效细分。

二、电子电器产品目标市场

1．目标市场的概念

目标市场就是企业决定要进入的细分市场或子市场，即企业的产品或劳务所要满足的特定的消费者群体。

一旦确定了市场细分的机会，企业就需要评价各个细分市场是否有潜力发展为真正的目标市场，从而选定最终的目标市场。在评估各个不同的细分市场时，首先企业应考虑细分市场是否具有吸引消费者的能力，企业要观察细分市场的大小、盈利可能、规模经济的低风险性等，由此判定它对消费者的吸引力。其次，企业还应考虑这一细分市场想要达到的目的，以及企业自身的资源是否具备实现这一细分市场计划的能力。某些细分市场虽有较大的吸引力，但不符合企业的长远目标；或者虽符合企业目标，但企业的技术和资源不具备实现获胜的条件，就不应该进入该细分市场。

2．目标市场策略

公司在对不同细分市场进行了合理的评估后，就要对进入哪些细分市场做出决定，也就是要选定细分市场，确定目标市场的模式，也即确定目标市场策略。

目标市场的策略模式可以有以下几种。

（1）密集单一市场。选择一个细分市场集中营销是一种简单的目标市场。企业通过密集营销，会更加了解这个细分市场的需要，并且能够树立起特别的声誉，在该细分市场建立信誉，巩固市场地位。

小贴士：

海尔公司在创业初期集中经营电冰箱。当时在了解到消费者不仅需要电冰箱，而且迫切需要品质上乘的名牌电冰箱的情况后，海尔公司通过引进技术，狠抓质量，甚至在资金十分困难的情况下，当众砸烂了76台存在质量缺陷的产品，树立了良好的质量信誉，创造了品牌，占领了市场。尽管其电冰箱价格高于同类产品，但依然得到了消费者的偏爱，也正是通过在电冰箱市场的密集营销获得的成功，为海尔公司后来的扩大目标市场，积累了资金，树立了信誉，创造了名牌。

然而，密集营销的风险较大，细分市场若有突发状况，如经济不景气，竞争对手加入等，则对企业会产生影响，因此许多企业会选择在多个细分市场的分散营销。

（2）有选择的专门化市场。选择若干个细分市场，每个细分市场都具有一定的吸引力，并且符合公司的目标和资源，而且每个细分市场都有盈利的可能。这种多细分市场目标优于单细分市场目标，因为这样可以分散风险，保证企业利润。

（3）产品或市场专门化。企业专门为满足某个消费者群体的需要而服务，或企业集中生产某一个产品向各类消费者销售这种产品。这种目标市场模式可以帮助企业在某个产品领域树立很高的声誉，或者在某个消费者群体中树立信誉。

（4）完全市场的覆盖。企业以各种产品满足各种消费者群体的需求，这只有大型企业，有足够的实力和技术资源才能采用市场覆盖的战略。例如，海尔公司从最早只生产主打产品电冰箱发展到目前成了世界知名的大型电子电器企业，具备了足够的经济、技术实力，除生产电冰箱外还生产空调、洗衣机、电视机、热水器等直至计算机、移动电话等产品，全面地覆盖了电子电器产品市场，不但在更多的领域获得利润，而且在更广泛的消费者群体中获得了品牌的认知度。

总之，合理地确定目标市场是企业发展的必经之路。企业也只有根据市场需求情况、竞争对手的情况及自身资金、技术实力确定切实可行的目标市场才可能赢得市场。

3. 目标市场策略的选择

上述目标市场模式，各有利弊及其适应性，企业必须全面考虑，正确选择。一般来说，企业选择目标市场策略应考虑以下因素：

（1）企业资源能力。若资源不足，可选择密集营销的策略；若资源雄厚，则可选择市场覆盖的营销方式。

（2）产品特点。若市场竞争集中在价格上，可选择密集的单一市场；若产品差异较大，就适于采用专门化的目标市场。

（3）产品寿命周期。如新产品上市，可采用密集营销的方式；当产品市场成熟，则应进一步开发专门化市场。

（4）竞争对手的市场策略。这要根据竞争对手的强弱和其采用的目标市场策略来定。

习题三

1．何为市场需求？

2．何为市场需求预测？市场需求预测的方法有哪些？

3．何为市场细分？

4．简述市场细分的作用。

5．举例分析市场细分的依据有哪些？

6．简述目标市场的模式策略及其选择时应考虑的因素。

实训三

用市场细分理论试分析国际市场细分案例：海尔洗衣机进入日本市场

大家都知道日本是一个成熟饱和的家电市场，还有着多家世界知名家电制造企业。本世纪初海尔凭借着“创造市场”的信念，对日本市场进行了深入的调查，经过分析研究后发现，日本单身人士占很大比例，单身人士拥有的洗衣机容量一般在4～6kg之间，但这样的容量往往得不到充分利用。海尔于2002

年 11 月 1 日在日本市场推出 2.3kg 容量洗衣机——“个人洗衣间”，将功能减少到必要的最低程度，外形缩小，重量减轻，用水量和耗电量减少，除洗衣机基本功能外还配备了可以在 13 分钟内完成洗涤的快速模式。机身颜色有白、粉、蓝三种颜色，完全是按日本消费者的消费意识来设计的。使得“个人洗衣间”迅速走红日本。

同时，海尔在大量市场调研的基础上，又进行细分市场，专为中老年消费者设计出全自动洗衣机受到日本市场的青睐。

模块四

电子电器产品市场营销策略之一：产品策略

企业把食品安全放到首要位置，推出了一种全新厨房小家电——餐桌绿色家电。这种小家电可以去除果蔬上的农药残留，分解鱼肉禽肉中的药物残留。这类家电产品，深受注重食品安全的消费者欢迎，企业也从中获利多多。

产品是交易活动的基础，是市场中的关键因素。一个企业要确定市场营销方式，首先要关注的就是产品策略，这也是企业营销的出发点。在本模块的学习中，我们将一起学习电子电器整体产品的概念，以及电子电器产品组合的含义，并了解电子电器产品的分类，在理解基本概念的基础上，培养对电子电器产品策略的认识。

项目一　电子电器的整体产品

学习目标

1. 掌握电子电器整体产品的概念。
2. 掌握电子电器产品组合的含义。
3. 了解电子电器产品的分类。
4. 在理解基本概念的基础上，培养对电子电器产品策略的认识。

学时安排　2 学时

知识模块结构图

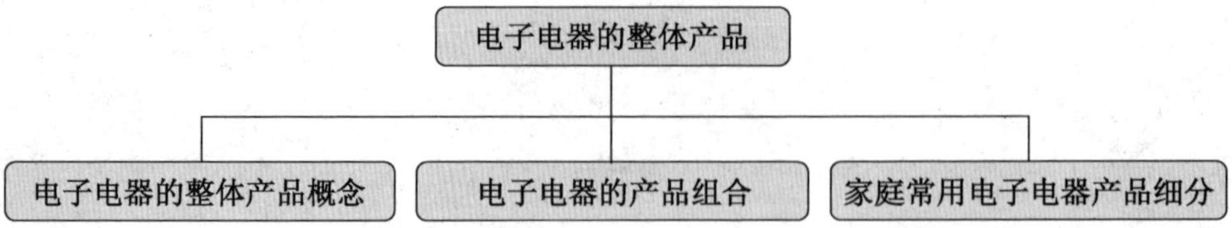

营销案例导入

核心产品：以海尔电冰箱为例，海尔电冰箱的卖点是第一品牌。海尔电冰箱 2009 年位居全球销量第一，海尔公司成为全球最大、最先进的电冰箱生产企业之一。其产品特点是使用了省电、耐用、噪声低、制冷快的最先进的压缩机等。近年来，海尔公司的国际化步伐不断加速，海尔公司在全球共拥有 28 个工业园、122 个工厂，其中 59 个在海外，实现了本地化设计、生产和销售。

形式产品：海尔公司注重宣传品牌，在欧美市场获得广泛好评。欧洲的节能标准是A级，海尔公司在此基础上突破性地推出A+和A++级节能电冰箱。“只有淡季的思想，没有淡季的市场”。海尔公司在市场上永远不断地创新与开拓。全球首台宇航科技产品海尔“飞天王子”变频电冰箱的上市，更是以其“厚度减半，省电一半”的特性成为电冰箱市场的亮点。

附加产品：海尔公司的售后服务不再是局限于单纯的对出现质量问题的产品进行维修，而是给予售后服务全新的诠释：在网络时代，服务就是一切。海尔公司打破了传统的服务模式，采用一站到位式服务。回访消费者时不仅对问题产品进行维修，还要进行通检和保养。将被动的由用户预约上门服务改为主动上门服务。定期对海尔电冰箱、冷柜用户进行“保健三合一”服务，即对产品进行全面检查、保养，对电冰箱、冷柜内外除尘除垢，并对产品进行功能的升级换代，让用户可以享受到最新功能产品的服务。海尔公司成功地打造出海尔这一世界名牌、民族知名品牌。

基础理论知识介绍

一、电子电器的整体产品概念

产品是企业连接市场的终结，是企业的立足之本。以现代观念对产品进行界定，产品是指留意、获取、使用或消费以满足某种欲望和需要而提供给市场的一切东西。

从市场营销的角度来看，产品的整体概念是指人们通过购买（或租赁）所获得的对需要的满足，包括以求能满足消费者某种需求和利益的有形产品和无形服务。它包括核心产品、形式产品、期望产品、延伸产品和潜在产品五个层次。

1．核心产品

核心产品是指消费者购买某种产品时所追求的基本利益，它是消费者真正要买的东西。消费者购买某种产品，就是为了获取核心产品、满足某种需要的效用或利益，并不是为了占有或获取产品本身。例如，电视机的核心产品是荧屏、控制主板等。

2．形式产品

形式产品是核心产品的载体，即向市场提供的实体和无形产品的形象。形式产品是通过产品的质量、款式、特色、品牌和包装等特征表现出来的。例如，电视机的形式产品是其外壳、颜色、包装、商标、特征等。要获取竞争优势，就必须在产品的形式上动脑筋，通过提高质量来满足经济性的需要，通过改良外观来满足审美观念的需要，通过创立名牌来满足炫耀性的需要等。

3．期望产品

期望产品是指消费者在购买产品时期望得到的与该产品密切相关的一整套属性和条

件。例如，消费者购买电视机时希望得到遮盖电视机用以防尘的物品等。

4．延伸产品

延伸产品是指消费者在购买企业产品时所获得的全部附加服务和附加利益，如信贷、免费送货、说明书、售后服务等。例如，企业为所售电视机提供免费送货上门、安装、调试，以及售后服务、维修、保修等。

知识链接：

美国著名管理学家西奥多·李维特（Levitt）曾指出：新的竞争不在于企业在工厂里制造出来的产品，而在于企业在工厂外能否给产品加上包装、服务、广告、咨询、融资、送货、保管或消费者认为有价值的其他东西。

5．潜在产品

潜在产品是指包括所有附加产品在内的，可能发展成为未来最终产品的潜在状态的产品。它指出了现有产品的可能演变趋势和前景。例如，电视机的发展前景是代替计算机屏幕，成为计算机终端。

现代竞争不在于生产什么，而在于为产品附加些什么。目前，对于电子电器产品生产企业而言，基础产品早已形成，企业需将着眼点放在寻找开发新的附加产品，开发潜在产品，直至开发出新的基础产品上。

二、电子电器的产品组合

产品组合是指企业生产或经营的全部产品线、产品项目的组合方式，它包括四个变数：广度、长度、深度和密度。

（1）产品组合的广度是指企业所拥有的产品线数目的多少。例如，彩色电视机企业的86cm（34英寸）彩色电视机系列、74cm（29英寸）彩色电视机系列、64cm（25英寸）彩色电视机系列等。

（2）产品组合的长度是指企业所拥有的产品品种的平均数，即全部品种数除以全部产品线数所得的商。例如，某家电企业生产的空调有8个品种、电冰箱有6个品种、洗衣机有10个品种，那么，该企业的产品组合的平均长度是8。

（3）产品组合的深度是指每个品种的花色、规格有多少。例如，空调产品线上可有单冷空调、冷暖空调、柜式、壁挂式等不同用途和不同形式的产品，以及1.5匹、2匹、3匹等不同规格的产品。

（4）产品组合的密度是指各条产品线的产品在最终用途、生产条件和销售渠道等方面的相关程度。例如，某家用电器企业拥有彩色电视机、VCD影碟机、DVD影碟机等多条产品线，这一产品组合就有较强的相关性。相反，实行多元化经营的企业，其产品组合的相关性就弱。

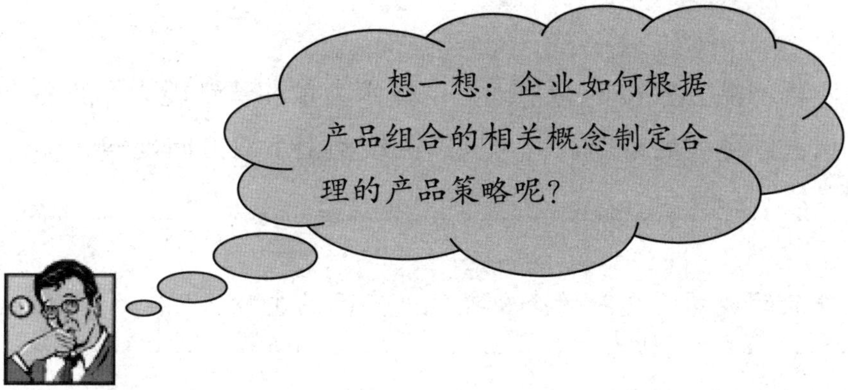

企业可根据自身条件、企业目标和市场行情等因素对产品组合的广度、长度、密度和深度做出调整，具体可以采用下列几种产品组合策略。

1．扩大电子电器产品组合策略

这一策略旨在开拓产品组合的广度和加强产品组合的深度，以满足不同偏好消费者的多方面需求，提高产品的市场占有率。例如，家电套系化产品市场已经成为2021年家电企业的“新战场”。现阶段，套系家电可以定义为：为满足一定场景或对象需求，由多台不同功能的产品组成，这些产品或有统一的设计风格，或通过互联互通组成可以统一操控的智慧家电，能够很好地融入整体家居环境，包括厨房、客厅、卧室、卫浴、全屋等多场景中的一站式家电解决方案。

2．缩减电子电器产品组合策略

这一策略旨在削减产品线或产品项目，以集中资源和技术力量改进保留产品的品质，促进企业向市场的纵深发展。

3．电子电器产品线延伸策略

这一策略旨在全部或部分地改变原有的产品市场定位。

1）向上延伸

向上延伸是指在原有产品线的基础上增加高档产品项目。实行这种策略能为企业带来丰厚的利润，有利于促进企业提高生产技术水平和管理水平。但是也有一定的风险，因为要改变消费者心目中企业原有的廉价产品形象并不容易，一旦新产品打不开销路，还会影响原有产品的市场声誉。

2）向下延伸

向下延伸是指在高档产品线中增加低档产品项目。实行这种策略能吸引购买力较低的消费者购买此产品线中的廉价产品，以扩大市场占有率。但是实行这一策略也有风险，如果不采取相应的配套营销组合策略，可能会破坏企业来之不易的高档产品形象。

3）双向延伸

双向延伸是指在原有中档产品占领市场的基础上，技术力量和营销能力已具备向高档产品发展的条件，同时又想占领更大的市场，就可向产品线的上下双方向延伸。

小贴士：

成功的企业首先是产品的成功，失败的企业也就是产品的失败。

三、家庭常用电子电器产品细分

近年来，我国的电子电器工业发展速度之快、品种之多、范围之广是空前的。从小型的电动剃须刀、电饭锅到大型的电冰箱、洗衣机、电视机、空调器、个人计算机等，电子电器产品已广泛地渗透到人们日常生活的各个领域。

对于电子电器产品的分类，除前文介绍的几种常见的分类方法外，还有一些对电子电器产品细分的方法。对电子电器产品细分有利于巩固现有市场阵地，有效地与竞争对手抗衡；有助于企业发现新的市场机会，选择新的目标市场；可以使企业的产品更适销对路，提高经济效益；为企业制定适当的营销战略和策略提供依据。

1. 电视机的分类

1）按外观分类

（1）平板电视机：主要优点是外形薄，可以挂在墙壁上，而且显示屏可以做到很大；缺点是可视角度、反应速度等受到一定限制。

（2）曲面电视机：目前较为新型的电视机。曲面电视机的屏幕具有一定弧度，模仿 IMAX 影院的屏幕设计，为观看者营造环绕式的视觉体验。

（3）背投电视机：数字背投中的 DLP 数字电视机屏幕大、整体个头小，目前比较受消费者欢迎；传统的 CRT 背投已逐渐退出市场。

（4）投影电视机：通常用于会议室的投影仪，民用版投影电视机在家中可以用来看电影。

此外，还有 CRT 显像管电视机，因其屏幕最大也就是 86cm（34 英寸）左右，且厚重、费电，已经逐渐被淘汰。

2）按性能分类

（1）彩色电视机：给人带来彩色画面的电视机。

（2）数字电视机：数字技术运用到电视机制造领域，实现了遥控、预览、调谐等功能。

（3）液晶电视机：图像高清晰，对观看者的眼睛无刺激，寿命比较长，屏幕有大有小，占用空间也很小。因其制造成本相对较低，对消费者而言价格适中，是目前市场中最为畅销的电视机产品。

（4）等离子电视机：在清晰度、性能或功能方面与液晶电视机大体相当，因其制造成本较高，故价格高于液晶电视机。

（5）量子点电视机：量子点技术是电视机行业的新兴技术，替代了LED背光屏，在色彩表现上可以和OLED电视机相媲美，在色彩画质效果上提升显著，配合4K超高清分辨率，可在细节表现和色彩表现上同步提升。

3）按电视机屏幕尺寸分类

（1）按屏幕对角线的尺寸可分为31cm（12英寸），46cm（18英寸），51cm（20英寸），53cm（21英寸），64cm（25英寸），74cm（29英寸），86cm（34英寸）等，以及更大或更小屏幕的电视机。

（2）按屏幕宽与高的比例可分为4∶3（或5∶4）和16∶9两类。

除此之外，还可按使用的主要器件分为电子管电视机、晶体管电视机、集成电路电视机，前两者早已被淘汰；还可按接收信号分类，分为模拟信号电视机、数字信号电视机等。

小贴士：

DLP数字电视机是将光通过过滤器投射到数码微芯片表面，利用反射光产生图像的电视机。CRT背投是一种使用阴极射线管的显示器通过屏幕内侧的发光涂料受到电子枪射出的电子束击打而发光产生图像的技术。LED电视机利用发光二极管直接把电转化为光，LED背光源技术普遍应用在液晶电视机上。OLED电视机是一种应用有机发光二极管显示屏幕技术的电视机。采用OLED技术制造的OLED电视机不再需要液晶，RGB色彩信号直接由OLED二极管显示，已经不存在液晶的可视角度问题。

2．洗衣机的分类

1）按自动化程度分类

（1）普通型洗衣机：有洗涤、漂洗、脱水等功能，但需要人工转换，装有定时器。此类产品目前在国内市场已经比较少见。

（2）半自动型洗衣机：可在洗涤、漂洗、脱水三种功能之间实现任意两种功能的转换，无须人工操作，而能自动转换。例如，有的洗衣机洗涤和漂洗在同一个桶内自动完成，脱水则需人工帮助在另一个桶内完成。

（3）全自动型洗衣机：通过微电脑程序技术，实现洗涤、漂洗、脱水三种功能的自动转换，无须人工介入。随着模糊理论在电子电器行业的应用，全自动型洗衣机的使用变得更加简便易行。

（4）智能洗衣机：在洗衣机的基础上加上了智能，通过微处理器写入的预置程序，可以自动判断水温、水位、衣质衣量、衣物的脏污程度，决定投放洗涤剂的剂量和相应的洗涤程序。出门在外时还可通过无线网络控制模式进行智能远程操作。

2）按洗涤方式分类

（1）波轮式洗衣机：也称直筒式洗衣机。通过电动机带动波轮转动，使织物产生摩擦，达到洗净的目的。这类洗衣机具有结构简单、维修方便、洗净率高、洗涤时间短和洗涤品种多等优点。

（2）滚筒式洗衣机：它有一个卧式盛水圆柱形外桶，桶中有一个可旋转的内桶。电动机带动内桶转动，使衣物上下翻滚、摔落，达到洗涤的目的。这类洗衣机具有衣物磨损率低、不缠绕、洗涤用水量少且容易实现自动化的优点。

（3）搅拌式洗衣机：它的洗涤桶中间有一根搅拌棒，由电动机带动其转动，以不同的速度进行翻滚、旋转来完成洗涤工作。这类洗衣机具有洗涤衣物不容易缠绕、洗净率高、均匀性好、磨损小和洗涤容量大的优点。但其维修难度大、耗电量大和体积大。

（4）喷流式洗衣机：这类洗衣机设有两个牵引器，一个控制减速离合器，另一个控制排水阀，洗衣时波轮和内桶会同时旋转，利用离心力使水穿透衣物纤维以将污渍带走。其优点是衣物洁净力强、洗涤时间短；其缺点是衣物易缠绕、洗涤不均衡。

3．电冰箱的分类

1）按制冷原理分类

（1）压缩式电冰箱：目前在世界上应用占 90%～95%以上。它使用电动机驱动压缩制冷剂以完成制冷。它的优点是制冷效率高、耗电少、降温快、制冷量大、使用寿命长。由于传统制冷剂中含氟，会破坏大气臭氧层，在人们环保意识日益增强的今天，无氟电冰箱已经受到越来越多消费者的青睐。

（2）吸收式电冰箱：它以氨-水-氢混合溶液作为制冷剂，以热源（煤气、煤油、电等）作为动力，在连续地吸收—扩散过程中达到制冷目的，它是一种早期的电冰箱，目前很少见。

2）按外形结构分类

（1）单门电冰箱：冷冻室和冷藏室在同一箱体内。通常，冷冻室在上部，由顶部的板式蒸发器完成制冷。其结构简单、耗电少、价格低廉，但冷冻效果差。

（2）双门电冰箱：冷冻室与冷藏室使用绝热材料分开，互不影响，使得其冷冻性能较好，且减少了能耗。冷冻室和冷藏室的上下位置可随意调整。

（3）三门电冰箱：在双门电冰箱的基础上增加了一个果蔬室，形成了三个不同的温区。具有冷冻、冷藏保鲜和果蔬储藏的功能，以满足不同食品分开储藏的需要。

（4）对开门电冰箱：一种立式的大型、两扇门直立并排电冰箱，其容积较大、功率较高。

3）按冷却方式分类

（1）直冷式电冰箱：拥有两个蒸发器，分别置于冷冻室内壁和冷藏室后部，由蒸发器直接制冷以形成低温。它的特点是结构简单、价格较低、耗电少，但冷冻室会结霜，使用一段时间后就需要除霜，否则不但耗电，而且会减少电冰箱的有效使用空间。

（2）间冷式电冰箱：又称无霜电冰箱，只有一个蒸发器置于冷冻室和冷藏室之间，靠专用风扇将冷空气送到冷冻室和冷藏室。它的特点是不会结霜、箱内温度均匀，但耗电量大。

4）按用途分类

（1）食品冷冻式电冰箱：适用于食品冷冻，电冰箱温度在−18℃以下，主要用于冷冻肉类、鱼类等。

（2）食品冷藏式电冰箱：适用于储存不需要冷冻的食品。电冰箱温度范围为0℃～10℃。

（3）冷藏冷冻式电冰箱：适用于冷冻冷藏和储藏冷冻食品，有冷冻室，箱体外标有星形符号，用于表明电冰箱温度特性。

4. 空调的分类

1）按功能分类

（1）冷气型：又称单冷式空调，只能在夏天释放冷气以降温。

（2）冷气+暖气型：它既可在夏大制冷，又可在冬天制暖。

（3）冷气+除湿型：它不但能在夏天放冷气以降温，而且可用于去除室内潮气，但室内气温却不下降，具有去潮防霉的功能。

（4）冷气+除湿+暖气型。它既可制冷，又可去湿，还可制暖，是前面几种类型的总和。

2）按结构形式分类

（1）分体式空调：整个空调分为压缩冷凝机组和散热机组两部分。压缩冷凝机组置于室外，散热机组置于室内。

（2）整体式空调：它把空气处理部分和制冷部分合为一个整体，有柜式和窗式两种。

5. 数码相机的分类

数码相机基本上是按照分辨率分类的。

（1）普及型。分辨率至少应为640 dpi×480 dpi。主要应用于互联网网页制作或者创立家庭照片光盘。

（2）专业型。分辨率至少应为1280 dpi×1024 dpi。具有可互换镜头、先进的自动对焦和曝光系统、快速的数据存储、可选择的高容量存储卡等优势，主要用户为新闻记者。

（3）高级型。分辨率一般为1280 dpi×1024 dpi或1024 dpi×768 dpi。它具有自动对焦的光学镜头（许多还是变焦镜头）、清晰的LCD显示屏、灵活的存储卡，拍摄时更像是在使用一部高档“傻瓜照相机”，主要针对一般商业用途和对画质要求较高的家庭用户。

6. 手机的分类

手机的全称为移动电话或无线电话，通常称为手机。手机主要有以下几种分类。

1）按外形分类

（1）折叠式手机：翻盖形式手机，折叠式手机分为单屏翻盖手机和双屏翻盖手机。单屏翻盖手机需翻开盖才能见到主显示屏或按键，且只有一个屏幕。双屏翻盖手机在翻盖上还有一个具有显示时间、信号、电池电量、来电号码等功能的副显示屏。

（2）直立式手机：手机屏幕和按键在同一平面，无翻盖。

（3）滑盖式手机：通过抽拉才能见到全部机身；有些机型通过滑动下盖才能见到按键。还有一种通过上拉屏幕部分才能看到键盘。这是翻盖式手机的延伸。

（4）触摸屏式手机：基本上都是大屏机。通过手指触摸屏幕选择操作功能。触摸屏大部分是电容式触摸屏，也有一部分是电阻式触摸屏。

目前，前三种类型的手机基本已被淘汰，普遍使用的是触摸屏式手机。

2）按操作分类

（1）非智能手机：主频比较低，运行速度较慢。

（2）智能手机：像个人计算机一样，具有独立的操作系统，大多是大屏机。除具备手机通话功能外，智能手机还具备了 PDA 的大部分功能，特别是个人信息管理，以及基于无线数据通信的浏览器和电子邮件功能，可通过自行安装的包括游戏、股票、交通等第三方服务商提供的程序，不断对手机功能进行扩充，并可以通过移动通信网络实现无线网络接入。

3）按用途分类

（1）拍照手机：主打影像功能，像素至少在 2000000 dpi 以上，带有自动对焦和闪光灯功能。

（2）音乐手机：可以播放至少 3 种格式（MID 除外）以上的音频文件，手机内存至少在 128MB 以上，或可支持扩展卡。

（3）商务手机：基于手机平台的强大功能，可实现快速且顺畅的沟通，高效完成商务活动的一种手机，可运行发送电子邮件、日程表、移动办公等应用程序。

（4）学习手机：在手机基础上增加了学习功能，以手机为辅，“学习”为主，拥有集教材、实用教科书学习为一体的全能化教学工具，以“教学”为目标。对学习有明显辅助效果，随时可进入学习状态。

（5）老年机：操作方便；大屏幕、大字体，大铃音，大按键；内设方便老年人生活的如读拨号、读来电、助听器等专业软件；具有提高老年人生活品质的功能（如外放戏曲、一键求救、老年服务等）。

4）按网络分类

第一代（1G）手机是指模拟的移动电话手机，如通常被称为大哥大的手机。第二代（2G）手机是指具有稳定通话质量和合适的待机时间的数字手机。第三代（3G）手机是指将无线通信与互联网等多媒体通信相结合的数字通信手机。第四代（4G）手机能够传输高质量视频图像，图像传输质量与高清晰度电视机不相上下。第五代（5G）手机有更快的传输速度，低时延，通过网络切片技术拥有更精准的定位。

随着电子电器产品的迅速发展，其品种和规格越来越多。电子电器生产企业为满足市场的需求也在不断调整市场的细分，而且电子电器产品所包含的领域也在不断扩大。电子电器产品除上述产品外，厨房器具、办公设备、计算机类产品、数码产品也被纳入其中。

> **小贴士：**
>
> 2021年2月1日，教育部办公厅印发了《关于加强中小学生手机管理工作的通知》（以下简称《通知》）。《通知》要求，中小学生原则上不得将个人手机带入校园。确有需求的，须经家长同意，书面提出申请，进校后应将手机交由学校统一保管，禁止带入课堂。

项目二　电子电器新产品的开发

学习目标

1. 理解电子电器新产品的概念和类型。
2. 掌握电子电器新产品的开发过程。
3. 培养对电子电器新产品开发工作重要性的认识。

学时安排　2学时

知识模块结构图

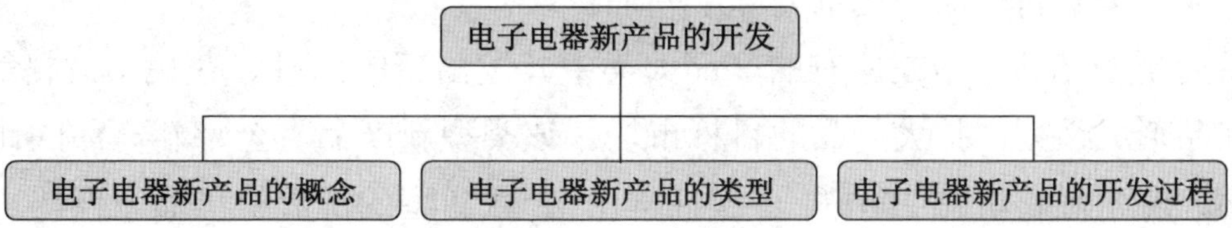

营销案例导入

华为公司在逆境中开拓新市场

2020年美国为了阻碍中国经济的发展，对中国企业发动了一系列的封锁禁令，在高科技领域打压制裁更甚，一度让中国企业陷入发展困难的境地。华为公司更是受到美国动用国家层级的制裁。既然西方市场行不通，华为公司凭借着自主开发创新领先全球的第五代具有高速率、低延时和大连接特点的5G宽带移动通信技术，实现人机物互联的网络基础设施，进军了其他市场，一举拿下南亚百亿美元5G订单，令许多欧洲国家惊讶不已。

基础理论知识介绍

一、电子电器新产品的概念

从市场营销学角度而言，新产品是指与旧产品相比，具有新的功能、新的特征、新的结构和新的用途，能满足消费者新的需求的产品。在生产销售方面，只要产品在功能和/或形态上发生改变，与原来的产品产生差异，甚至只是产品从原有市场进入新的市场，都可视为新产品；以消费者角度，则是指能进入市场，给消费者提供新的利益或新的效用而被消费者认可的产品。

随着社会经济的发展，企业之间的竞争越来越激烈。企业为在市场中求得生存、获得发展，就必须及时推陈出新，以满足消费者的需求。而企业能否推出新产品，则取决于企业的技术创新能力，也就是将市场需求迅速转化为产品的能力。

二、电子电器新产品的类型

新产品是一个相对的概念，在不同的地区、不同的时间、不同的环境中，其含义和特点会有所不同。按产品研究开发过程分类，新产品可分为全新产品、改进型新产品、模仿型新产品、形成系列型新产品、降低成本型新产品和重新定位型新产品。

全新产品是指应用新原理、新技术、新材料，具有新结构、新功能的产品。该全新产品在全世界属首创，能开创全新的市场。它占全部新产品的比例为 10%左右。例如，第一台生产出来并投入市场的电视机、洗衣机、电冰箱等。

改进型新产品是指在原有老产品的基础上进行改进，使产品在结构、功能、品质、花色、款式及包装上具有新的特点和新的突破，改进后的新产品的结构更加合理，功能更加齐全，品质更加优质，能更多地满足消费者不断变化的需要。它占全部新产品的比例为 26%左右。例如，洗衣机经过一代代的发展，现在智能洗衣机已经进入市场。

模仿型新产品是企业对国内外市场上已有的产品进行模仿生产，成为本企业的新产品。模仿型新产品占全部新产品的比例为 20%左右。

形成系列型新产品是指在原有的产品大类中开发出新的品种、花色、规格等，从而与企业原有产品形成系列，扩大产品的目标市场。该类型新产品占全部新产品的比例为 26%左右。例如，海尔洗衣机在 2001 年一次性推出 18 款新型的洗衣机产品。

降低成本型新产品是以较低的成本提供同样性能的新产品，主要是指企业利用新科技，改进生产工艺或提高生产效率，削减原产品的成本，但保持原有功能不变的新产品。这种新产品占全部新产品的比例为 11%左右。例如，格兰仕微波炉曾经凭借低成本的产品在短短四五年间占领了国内市场。

小贴士：

用行业中最大的规模来获得最低成本、用行业的最低价格战胜竞争对手、用最大的产品市场占有率保证大规模生产出来的产品能够销售出去。这就是所谓的“格兰仕模式”。

重新定位型新产品是指企业的老产品进入新的市场而被称为该市场的新产品。这类新产品占全部新产品的比例为 7%左右。例如，随着人们生活水平的提高和居住条件的改善，企业推出的适合消费者需求的在卧室或儿童房甚至是厨房摆放的新型号电视机就属于重新定位型新产品。

三、电子电器新产品的开发过程

在激烈的市场竞争条件下，消费者的需求不断发生变化，产品生命周期日益缩短，市场的开放使得竞争对手的数量与日俱增，企业不开发新的产品就没有出路。同时，开发新产品也存在着极大的风险。所以，开发新产品对企业来说是很重要的一项工作，必须要慎重地进行。

首先，成功的新产品开发要求企业建立一个有效的组织机构，以便管理新产品的开发过程。新产品的开发创新要有层次性，对企业而言，要将其长远目标与近期目标结合起来。新产品开发组织要具有高度的灵活性，新产品开发组织要具备简单的人际关系，高效、快速的信息传递系统，较高的管理权力，充分的决策自主权等，总的原则是使新产品开发能快速、高效地进行。新产品开发组织的特征使新产品开发组织的形式多种多样。一般常见的新产品开发组织有新产品委员会、新产品部、产品经理、新产品经理、项目团队、项目小组六种形式。

例如，海尔公司建立了特有的网络状金字塔形式的新产品开发组织体系，如图 4-1 所示。

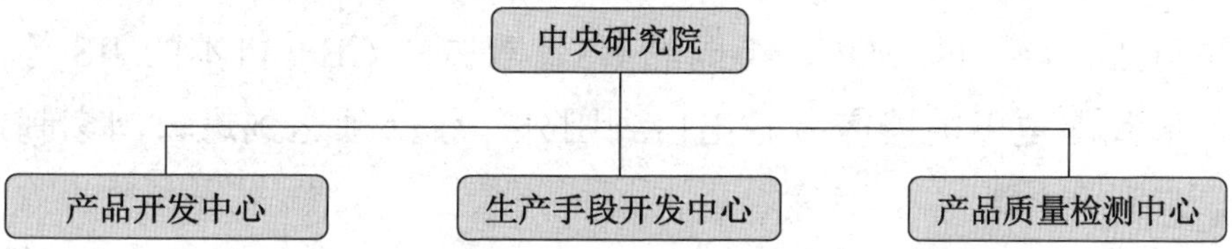

图 4-1　海尔公司新产品开发组织体系

其次，新产品的开发必须首先找出消费者的需求，消费者的需求是市场机会点，也是新产品构思的依据。

最后，在各种构思方案中进行筛选，提炼出产品概念，接着试制样品并对其性能进行测试和鉴定。这样，新产品方可进入市场试销和正式投放市场。

在新产品的开发过程中，需要关注如下几个阶段。

1. 创意产生

新产品开发过程的开始就是寻找产品创意。新产品的组织研发机构可参考来自消费者、竞争者、企业员工、经销商、科技人员等的意见，以确定研究的产品与市场范围，制定新产品开发的目标。消费者的需求是寻找新产品创意最合理的起点，企业员工、科技人员在充分了解企业并掌握技术的前提下，也可以为企业提供开发新产品的创意。海尔公司利用“斜坡球”理论激励企业员工、科技人员积极参与创新产品。产品的经销商也是新产品创意的很好来源，他们掌握市场需求的第一手资料，同时也是第一个了解市场竞争发展情况者，因此他们往往能为企业提供有建设性的创意。

2. 创意筛选

企业通过不同的途径获得创意之后，不应盲目地着手开发每个创意，而应将所获得的创意进行筛选，然后将这些创意分成有发展前途的创意、暂时搁置的创意、放弃的创意。筛选时需要考虑的因素很多，诸如新产品是否符合政府政策导向及企业目标、销售前景、获利情况、企业有无技术设备能力、原材料可否保证、可能出现的竞争等。

3．概念发展

新产品构思经过筛选后，需进一步发展成为更具体、明确的产品概念。产品概念是指已经成型的产品构思，即用文字、图像、模型等予以清晰阐述的，在消费者心目中形成的一种潜在的产品形象，并就适合哪个消费群体进行定位。

4．产品研制

在产品研制阶段要将抽象的产品设想、产品概念变成一件实物，这是新产品开发的一个重要步骤。只有通过产品研制，投入资金、设备和人力，才能使产品概念实体化，并发现产品的不足与问题，经过改进设计，最终证明这种产品概念的技术可行性和商业可行性。

产品研制出来后还要经过严格的测试和检查，以及专家鉴定。这一点对电子电器产品更为必要，因为这与人身安全密切相关。所以，各国都有权威的电子电器检测的安全认证标准，如美国的UL、德国的VDE、英国的BS、欧盟的CE、日本的JIS等，我国则采用国家标准GB。但我国电子电器产品若出口到国外，就必须达到进口国家制定的安全认证标准。

5．市场试销

新产品样品通过测试和检查后，一般先小批量生产，在小范围内试销。通过试销能获得有价值的信息，如消费者、经销商营销方案的有效性、市场消费情况等。市场试销的方法有很多种，相应的成本也不相同。

小案例：

海尔公司推出“小小神童”洗衣机时，就根据上海市民洗衣服洗得勤的特点，率先选择在上海进行试销，很快在上海就出现了排队购买的现象，试销大获成功。

6．商业性投放

试销成功后，就可以正式大批量生产，以全面推向市场。在这个阶段，企业需要动用大量的人力、物力和财力，但往往获利空间较小，甚至面临亏损的局面。对于采用高新技术的电子电器产品，更是需要大量的宣传、指导。商业性投放要进行周密安排，如投放时间何时为宜？在多大地区范围内投放？目标市场选择何处最佳？采用何种营销策略？切忌仓促上市。

项目三 电子电器产品的生命周期

学习目标

1. 理解电子电器产品生命周期的概念。
2. 掌握电子电器产品生命周期各阶段的市场特点和营销策略。
3. 了解延长电子电器产品生命周期的方法。

学时安排 2 学时

知识模块结构图

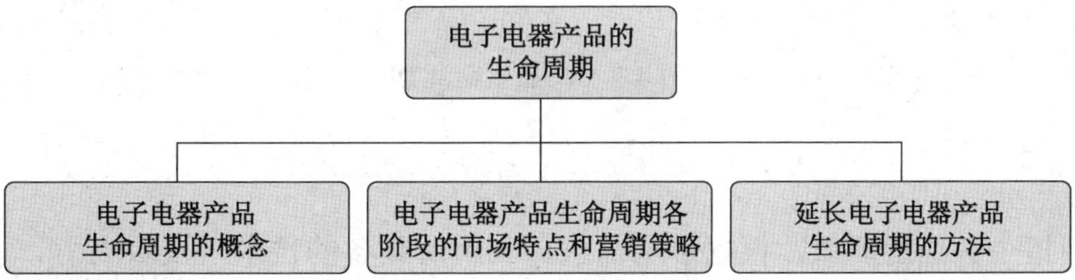

营销案例导入

一切产品都从新产品商业化开始，到最后被市场淘汰并退出市场为止，大体都会经历一个类似人类生命的模式，产品的生命也是有限的。而产品和人类一样都是在“物竞天择，适者生存”自然规律的作用下不断向前发展的。20 世纪初，通过座机电话传递信息是最便捷的方式，1983 年寻呼机传入我国，打开了信息传递飞速化的新进程。寻呼机由数字显示发展到中文显示，极大地激发了消费者的购买热情。20 世纪 80 年代是寻呼机的黄金时代。90 年代初寻呼机几乎垄断了国内的通信市场。从 1993 年起手机渐渐进入大众视野，随着手机价格逐渐降低，人们越加青睐使用手机，2005 年寻呼机用户急剧减少，2007 年国家决定全面停止寻呼业务，自此寻呼机时代结束。从此我国进入手机时代，今天智能手机风靡全国。寻呼机在短短 20 多年就经历了引进期、成长期、成熟期、衰退期四个阶段。

不仅产品是有生命周期的，品牌也同样是有生命周期的，有的只有几年，而有的已存在了上百年。

产品的生命周期是怎样交替的？企业又该如何延长产品的生命周期呢？

基础理论知识介绍

一、电子电器产品生命周期的概念

与人类要经历出生、成长、成熟、衰老、死亡几个时期一样，产品也要经历一个开发、引进、成长、成熟、衰退、退市几个时期（见图 4-2）。

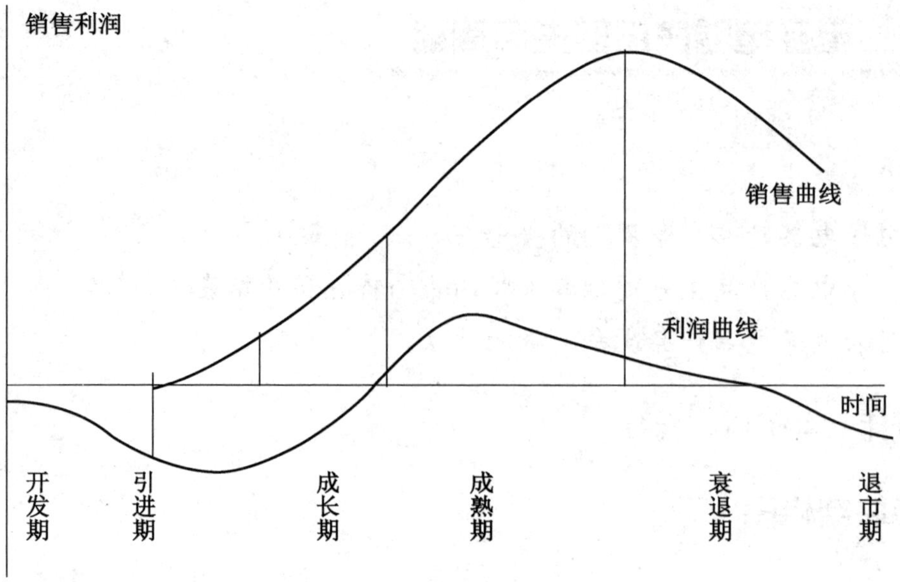

图 4-2 产品生命周期

1. 开发期

开发期指企业经过调研，根据市场需求，利用所具备的技术，投入人力、物力、财力对产品进行开发的时期。此时只有投入，没有产出。

2. 引进期

引进期指新产品刚刚投放市场，产品销量缓慢增长的时期。这个时期由于产品研制开发耗费大，前期促销费用高，产品产量小，销量上升较缓，因此生产和销售的成本高，企业无利可图。企业要承担相当大的风险，产品在市场上的普及率往往低于 10%。

3. 成长期

成长期指产品销路已打开，销量迅速上升的时期。这个时期的产品为消费者普遍认识并接受，营销渠道畅通，销量大幅上升，生产成本也因大批量生产而降低，企业获利明显好转。前半期市场的普及率达 10%～15%，后半期则可达到 15%～50%。

4. 成熟期

成熟期指产品消费普及，销量达到最高的时期。这个时期一般持续时间较长，产品的销量上升趋缓或下降，竞争者众多，市场竞争激烈，营销费用增加，单位产品利润相应减少。市场占有率从成长期的 50%上升到 80%，直至 100%，即完全地占有市场。

5. 衰退期

衰退期指销量急剧下降，产品逐步走向淘汰的时期。这个时期产品的销量、价格和利润都相继下降，经营不善的竞争者纷纷被淘汰出局，促销策略已无多大作用。

6. 退市期

退市期指产品销量急剧下降，无回升可能，且企业的生产和销售全部处于亏本状态，企业开始转产、停产，产品退出市场的时期。

二、电子电器产品生命周期各阶段的市场特点和营销策略

1. 引进期的市场特点和营销策略

1）引进期的市场特点

（1）电子电器产品技术性强，目标市场的绝大部分消费者不熟悉新产品，购买者较少。

（2）电子电器产品科技含量高，新产品研制投入巨大。由于购买者较少，因此产品销量增长缓慢且呈现不稳定状态，生产成本和销售成本均很高，企业获利少，甚至亏损。

（3）产品技术、性能还不完善。

（4）竞争者尚未加入，竞争不激烈。

2）引进期的营销策略

在引进期，企业主要考虑的是以什么价格向市场推出产品，以及对产品应采取什么方式的促销。企业应把销售力量直接投向最有可能的购买者，即新产品的创新者和早期采用者，让这两类具有领袖作用的消费者加快新产品的扩散速度，缩短引进期的时间。具体可选择的营销策略有：快速撇脂策略，即高价高强度促销；缓慢撇脂策略，即高价低强度促销；快速渗透策略，即低价高强度促销；缓慢渗透策略，即低价低强度促销。

2. 成长期的市场特点和营销策略

1）成长期的市场特点

（1）消费者对新产品已经熟悉，销量增长很快。

（2）销售利润以较快速度增加，产品显示出较大的市场吸引力。

（3）产品已定型，工艺技术比较成熟。

（4）大批竞争者加入。

2）成长期的营销策略

在成长期，企业营销面临的问题包括新的竞争者，如何快速成长，如何扩大市场占有率。

（1）改进和完善产品，继续保持产品对目标市场消费者的吸引力。

（2）为适应购买力的快速增长，应及时建立新的分销渠道。

（3）加强促销，树立强有力的产品形象，主要目标是建立品牌优势。

（4）选择适当的时机调整价格，以争取更多消费者。

3. 成熟期的市场特点和营销策略

1）成熟期的市场特点

通常情况下，成熟期是产品生命周期中最长的阶段，这个阶段可以细分为三个阶段。

（1）成长成熟期：此时销售渠道基本为饱和状态，增长率缓慢上升，有少数后续的消费者继续进入市场。

（2）稳定成熟期：由于市场饱和，消费平稳，产品销售稳定，因此销售增长率一般只与消费者人数成比例，销量增加很少。

（3）衰退成熟期：销售水平显著下降，有些消费者开始转向其他产品和替代品，全行业产品出现过剩现象，竞争加剧，新增加的竞争者较少。

2）成熟期的营销策略

成熟期的营销策略应该是主动出击，以便尽量延长产品的成熟期，具体策略如下。

（1）市场改良：通过开发产品的新用途和寻找新的消费者来扩大产品的销售量。

（2）产品改良：通过提高产品的质量，增加产品的使用功能、款式、包装样式，提供新的服务等来吸引消费者。

4．衰退期的市场特点和营销策略

1）衰退期的市场特点

（1）消费者人数不断减少。
（2）销售量快速下降。
（3）价格跌至最低水平。
（4）某些竞争者开始退出竞争。

2）衰退期的营销策略

当产品进入衰退期时，企业面临的问题在于决定是保留该产品，并修改营销策略，还是干脆放弃。企业可针对衰退期的产品实施以下几种营销策略：维持策略、转移策略、收缩策略、放弃策略。

三、延长电子电器产品生命周期的方法

在现实经济生活中，有的产品销售进入衰退期后，由于种种因素的作用而进入第二个成长阶段。这种再循环型生命周期是市场变化或企业投入更多的促销费用的结果。除此之外，有的产品生命周期呈扇形运动曲线，或波浪形循环形态。这是企业在产品进入成熟期以后，销量尚无较大减少时，通过改进产品性能、开发新用途、改变营销策略等措施，使产品销售量不断达到新的高潮。还有的产品一上市即热销，而后很快在市场上销声匿迹。

作为科技含量颇高的电子电器产品，企业自然不希望千辛万苦开发出来的新产品在市场上稍纵即逝。于是，各企业都希望尽可能地延长产品的生命周期。通常使用以下四种方法来延长产品生命周期。

1．市场调整

市场调整不是在市场中调整产品本身，而是通过发现产品的新用途，寻求新的消费者，或者通过改变推销方式，求得产品销售量的提高。

2. 更新产品

企业对产品的规格型号进行改进和增补，以增加产品的新特点，扩大产品的功能，提高安全性，或者增强便利性，从而不断满足消费者的不同需求，最终提高市场竞争力，吸引有不同需求的消费者。

3. 开发新的细分市场

开发新的细分市场是指在现有市场条件下，再进行市场细分，寻找新的尚未满足的细分市场，设法找到原有目标市场中的消费者的特点，根据需要组织生产，迅速进入新的细分市场，扩大消费者群。

小贴士：

细分市场是指企业按照某种标准将市场的消费者划分成若干个消费者群，每个群构成一个子市场，不同子市场之间的需求存在着明显差别。

4. 完善市场营销组合

通过对产品、定价、渠道、促销等市场营销组合的调整，适时降低价格，以吸引对价格敏感度高的消费者；从以介绍产品的广告宣传为重心转向树立产品形象、品牌为重心的宣传，维系已有消费者，吸引新的消费者；提高促销水平、扩展分销渠道、完善和提高售后服务质量，吸引越来越多的消费者前来购买和重复购买。

总之，产品的生命周期是一个用营销活动来决定的因变量，而不是一个需要企业的营销方案来适应它的自变量。在现代市场经济条件下，企业不能只生产和销售现有产品，而必须随着产品生命周期的发展变化，针对产品生命周期各阶段特点，灵活调整市场营销方案，重视新产品开发，及时用新产品代替衰退的老产品。

项目四　电子电器产品的品牌策略

学习目标

1. 掌握产品品牌及其作用。
2. 理解电子电器产品品牌策略及其应用。
3. 能结合生活中的实例体会品牌策略的重要性。

学时安排 2学时

知识模块结构图

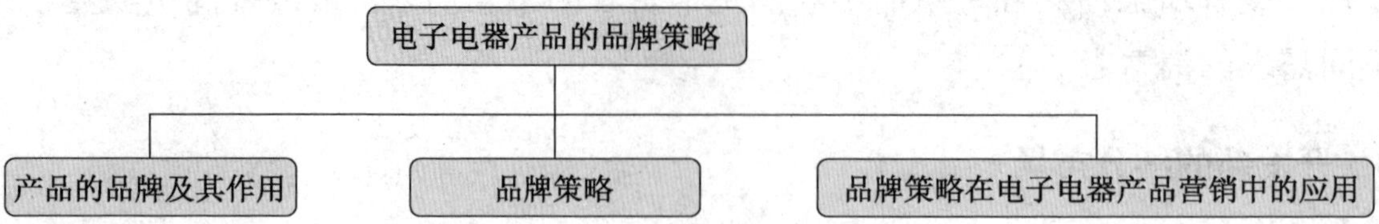

营销案例导入

创立于1985年的家电老品牌——华菱在2004年被家电企业美的集团收购，于2019年以年轻化形象回归，专攻电商渠道，撬动年轻化消费市场。美的推出面向年轻一代消费群体的新品牌——华凌，以“新物种，新躁动”作为新品牌的宣传语。华凌（WAHIN）的“WAH”是“华”字粤语发音，与惊叹词“哇”音一致，这正是“新物种”给消费者带来的惊艳体验，而“IN”代表“In trend”，代表潮流与时尚。华凌品牌以白色为主色调，推出家用空调、厨热、电冰箱三个品类的产品，目的是为博得90后年轻消费者群对华菱这个老品牌的“认知盲区”，在互联网时代实施时尚化、年轻化转型变革的举措。产品一经推出深受市场欢迎。华凌品牌家电为美的2021年营收的增长做出了贡献。

基础理论知识介绍

品牌策略是产品战略的一个重要方面，当今社会争夺消费者已不仅仅停留在产品品质和价格的层面上，还要从心理与情感上赢得消费者，也就是所谓的市场竞争。因此，企业需要树立自己的品牌形象，并将品牌形象作为巩固和增强持久竞争优势的战略行为。

一、产品的品牌及其作用

什么是品牌？品牌和商标有何不同？

美国市场营销协会对品牌的定义如下：品牌是一种名称、术语、标记、符号或设计，或是它们的组合运用，其目的是借以辨认某企业的产品或服务，并使之与竞争对手的产品和服务区别开来。

品牌通常由两部分组成。

（1）品牌名称：品牌中能发音，能被语言读出来的部分，如“海尔”“长虹”“康佳”等。

（2）品牌标识：品牌中能够被辨别，但不能发音或不能用语言明确读出的部分，一般指图标设计。

商标指经过注册登记后受法律保护的品牌，凡是取得了商标身份的那部分品牌都具有专用权。如果品牌的全部文字、图形、符号等都进行了商标注册登记并获得了许可，那么品牌即是商标；如果只将品牌的一部分进行了商标注册登记，则商标只是品牌的一部分。

品牌在电子电器产品的营销中有什么作用？

首先，品牌能够为企业的电子电器产品的特色和外包装提供法律保护，有助于保护品牌所有者的合法权益。品牌具有不可模仿性，违法使用非本企业的品牌涉嫌侵权。其次，品牌可以暗示电子电器产品一定的质量，良好的消费者体验，与身份、品味相关的心理感受。体验满意的消费者往往成为潜在的宣传者和复购者。再次，品牌可以保障企业的电子电器产品的竞争优势。品牌信息可以形成特殊的品牌效益，占据有利的市场地位。除此之外，品牌还蕴含着企业的文化和价值观。每个企业均有自身的文化，往往也体现到品牌中。通过品牌的形象用语，可以树立企业形象，有助于促进产品销售。例如，海尔品牌就在向市场传递着“以人为中心”“创造新生活”的企业文化精神。又如海尔公司为其每一类产品归纳出形象用语，海尔电冰箱用的是“为您着想”，海尔洗衣机用的是“专为您设计”，海尔空调用的是“勇创新高”，海尔公司的总体形象则是“真诚到永远”。

消费者通常是崇尚品牌的，成功塑造品牌可使企业立于不败之地，对电子电器产品的营销者来说具有十分重要的作用。

二、品牌策略

企业竞争经历了产量竞争、质量竞争、价格竞争、服务竞争，这四个方面的竞争实际是品牌营销的前期过程，也就是品牌。

品牌是产品战略中重要的一环，品牌在市场中极为重要。对企业来说，开发一个有品牌的产品需要大量的、长期的投资。给自己企业的产品确定一个好的品牌名称，是一个很关键的产品策略。

小案例：

海尔公司在激烈的电视机市场竞争中为了给自己的产品创造出一个合适的名称及标志，曾经历了五代的LOGO图设计。第一代的设计理念是考虑采用中德双方合作的经营方式，产品商标为“琴岛—利勃海尔”，图标为两个小孩，寓意像孩子一样充满朝气和拥有无限美好的未来。第二代的设计理念是因企业名称改为“青岛琴岛海尔公司”因此产品商标改为“琴岛海尔”，寓意大海上冉冉升起的太阳。第三代的设计理念是直接将企业名称简化为“海尔集团”，将Haier作为集商标标志、企业简称于一体的主识别文字标志。第四代的设计理念由中英文（汉语拼音）组成。其中，设计汉字“海尔”使用中国书法字体，设计核心是动态与平衡；风格是变中有稳。第五代的设计理念LOGO的主色彩从红色重回蓝色，以体现科技创新与智慧洞察的视觉感受。同时“i”上的点由方点改为圆点，字体整体优化。圆点象征着地球，体现海尔公司创立互联网时代的全球化品牌的理想。

那么，品牌命名应该遵循哪些基本原则呢？

（1）言简意赅，一目了然。品牌的命名应容易发音、识别和记忆。例如，“HAIER”（海尔）经过五代的变革，现在这个品牌名称确定后，好念又好记，迅速走红海内外。

（2）内涵丰富，提升形象。品牌命名应让消费者联想到产品的作用和颜色等品质，如海尔“小丽人”，指的是海尔公司的一款超薄滚筒式洗衣机。

（3）符合习俗，得到认同。由于世界各国的历史文化传统、语言文字、风俗习惯、价值观念和审美情趣不同，对一个品牌的认知、联想必然会有很大差异。例如，美国通用汽车公司的一款命名为“NOVA”的汽车销往西班牙时才发现，“NOVA”在西班牙语中是“不走”或“走不动”的意思，这就使得该产品的销售出现了障碍。

品牌策略是企业营销策略的关键。企业有了最适合自身的产品、企业发展的品牌名称，还要在市场中运用适当的品牌策略提升企业的影响。品牌策略大体有以下几种。

1．对各种产品分别采用不同的品牌，即个别品牌

这种策略的优点是能严格区分高、中、低档产品，使消费者易于识别并选购自己满意的产品；不会因个别产品声誉不佳影响其他产品及整个企业的声誉；还能使企业为每个新产品寻求并建立最适当的品牌名称以吸引消费者。缺点在于如果品牌较多会影响广告效果，易被消费者遗忘。

2．对所有产品采用一个统一的品牌，即家族品牌

这种策略的优点在于能减少品牌的设计和广告费用，有利于新产品在市场上较快较稳地立足，并能壮大企业声势，提高其知名度。不过，只有家族品牌已在市场上享有盛誉，而且各种产品有相同的质量水平时，该策略才能行之有效，否则，某一产品的问题会危及整个企业的信誉。

3．对不同类别产品使用不同的品牌

当企业生产截然不同的产品类别时，不宜使用相同的家族品牌，要予以区分，这样才能适当兼顾个别品牌和家族品牌的优势。

4．将企业名称与个别品牌相结合

在企业各种产品的个别品牌名称之前冠以企业名称，这不仅可以使产品正统化，享受企业已有信誉，而且还可使产品各具特色。

三、品牌策略在电子电器产品营销中的应用

小案例：

海尔公司于1985年引进德国“利勃海尔”公司技术，生产了亚洲第一代四星级电冰箱，并定名为“琴岛—利勃海尔”，更多地体现了中外双方的良好合作。但随着企业的发展，出口量增加，与德方相似的品牌标识影响了海尔品牌自身市场的拓展。基于CIS（企业形象管理）理念，海尔公司不断确立新的标志及品牌内涵。企业在发展中，始终将产品质量和开发新产品、新技术作为企业发展的重心，最终形成了现在的品牌概念。

品牌策略的核心在于如何把品牌深入到消费者心中，这是品牌策略最重要的目标。品牌策略多样，传统的品牌策略是通过电视机、报纸、户外公关等进行的。随着网络营销的发展，通过网络传播品牌逐渐为企业重视。但由于网络的虚拟性，因此就要解决消费者对品牌和产品的信任度问题。企业在制定品牌策略时，可采取产品线扩展、品牌延伸、多品牌、新品牌、合作品牌等多种策略来提升消费者的信任度和企业的竞争优势。

1．产品线扩展策略

产品线扩展是指企业现有的所有产品线使用同一品牌。在品牌名称确定的情况下，对产品的规格、品种、包装等进行改进、增加，从而扩大产品目录。基于产品线的扩展形成了大多数的新产品。利用市场对品牌已有较高的认知度，企业推出的新产品会更容易获得成功。但需要避免产品线扩张混乱，出现新老产品自相残杀现象。

2．品牌延伸策略

品牌延伸策略是指将一个现有的品牌名称应用到另一个新类别的产品上的策略，即利用现有品牌推出新的产品线。品牌延伸不仅是借用表面上的品牌名称，而且是整个品牌资产的策略性使用。良好口碑的品牌可以使新产品立刻被市场认知并极有可能被市场接受。例如，海尔公司把其品牌用于它的大多数新的家电产品，使消费者对每个新产品立即建立起质量认知，这种品牌延伸策略大量地节约了广告费用。

3．多品牌策略

多品牌策略是指在相同产品类别中引进多个品牌，形成品牌组合的策略。品牌组合的各个品牌形象相互间既有差别又有联系，从而规避风险、增加赢利。多品牌策略既可以作为体现产品性能的手段，还可以保护其主要品牌。

4．新品牌策略

新品牌策略是指为新产品设计新品牌的策略。当企业推出新产品时，原有品牌已不适用于新产品，也可能新产品会伤害原有品牌形象，就需要创立新的品牌。

5．合作品牌策略

合作品牌（又称双重品牌）策略是指两个或更多的品牌在一个产品上的联合，每个品牌都期望另一个品牌能强化整体的形象和购买意愿。这种形式可以使其中一个品牌借助其他的品牌强化自身品牌的形象，开拓更广泛的消费者群。例如，海尔公司借助德国利勃海尔公司的技术及品牌优势，推广了自身产品，最终发展成为今天的世界知名品牌——海尔。

品牌策略的运用在现今家电营销中非常重要，在运用品牌策略时，其关键还在于开拓市场，而不仅仅是获取知名度。品牌对企业很重要，但它也有自身的生命周期，因此企业必须认真维护和管理，并且不断维持和改进品牌。

项目五 电子电器产品的服务策略

学习目标

1. 理解电子电器产品服务的概念和特点。
2. 掌握电子电器产品服务的种类。
3. 培养对电子电器产品服务策略的理解和运用能力。

学时安排 3 学时

知识模块结构图

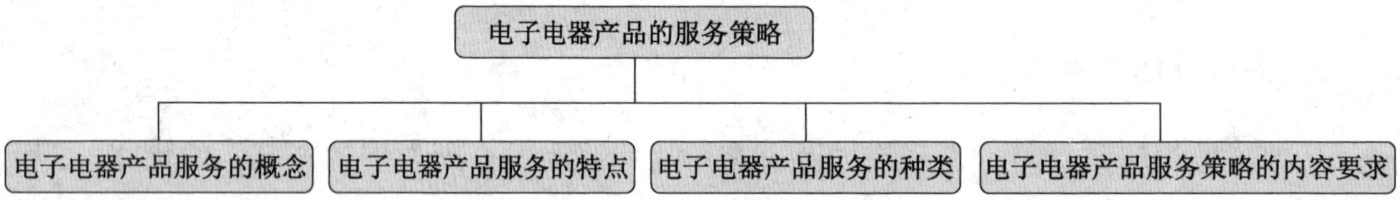

营销案例导入

海尔公司家电产品的“真诚到永远”服务理念一直贯穿于海尔公司发展的历程中。历经 1994 年的无微动服务；1995 年的三免服务；1996 年先设计后安装服务；1997 年的五个一服务；1998 年确定从产品设计、制造到购买，再从上门设计到上门安装，从产品使用到回访服务，不断满足消费者的要求，再到开发、制造、售前、售中、售后、回访 6 个环节制度化、规范化的星级服务一条龙；1999 年海尔公司专业服务网络通过 ISO9000 国际质量体系认证；2000 年星级服务进社区；2001 年海尔空调的无尘安装；2003 年海尔公司推出全程管家 365 等。海尔公司凭借优质服务受到消费者的广泛认同和青睐。

基础理论知识介绍

一、电子电器产品服务的概念

电子电器产品的服务是指企业为使消费者感到满意并最终成为忠诚消费者，而向消费者提供与本企业产品销售、使用、保养、处置有关的一切服务活动。它的内涵非常广泛，既包括纯粹有形的商品，如家用电器出售时附送的产品说明书、保修单等；又包括伴随有形商品出售的小物品，如微波炉销售时附送的微波炉菜谱、微波炉专用器皿等；还包括纯粹的服务，如产品售出后的安装、调试及维修服务等。

电子电器产品的服务是一种特殊的活动，不同于服务行业的服务，电子电器产品的服务不是独立于产品之外的、当作商品直接出售给消费者、以盈利为目的的服务活动，而是以支持产品销售为目的提供的一系列服务项目，通常都是免费或仅以成本价计费的。该服务向消费者或用户提供所需的满足感，同时又可为企业增加额外的利益，使企业在竞争中处于有利地位。

小案例：

一位陕西消费者在北京看到海尔公司生产的“小丽人”超薄式滚筒洗衣机后，有意购买，但该型号产品还没有投放于陕西市场，于是消费者联系了海尔公司。为了满足消费者需求，海尔公司特意从北京市场调运了一台送到消费者家里。这样做虽然增加了海尔公司的成本，但消费者在享受服务后所获得的满足感，以及消费者对海尔品牌的认同，对海尔公司而言是一笔无形的财富。

一般来说，一个满意的消费者会向约 3 个人介绍产品，但是一个不满意的消费者却会向约 11 个人抱怨，所以企业若向消费者提供了满意的服务，包括对有形产品本身质量的满意和对无形服务的满意，对消费者的再次购买和其形成的对品牌的偏好，以及乐于宣传品牌的态度有很大的帮助；反之，则对品牌信誉造成了不良影响。

二、电子电器产品服务的特点

1. 无形性

电子电器产品服务是无形的，在购买前看不见摸不着，是提供给消费者的一种有价值的活动。因为消费者只能依据他们看到的服务人员、服务设备、资料、价格、服务活动等这些有形的证据来判断服务的质量，所以，企业必须要善于宣传其服务的价值和通过具体的服务活动结果吸引消费者。

2. 不可分离性

电子电器有形产品在生产出来后，可以先储存再销售，最后才消费。而产品服务的产生与消费是同时的，不可储存。当服务人员为消费者安装与调试产品时，消费者就在消费服务人员所提供的服务。这就需要企业必须及时了解消费者对服务的意见，在提供产品服务过程中与消费者保持密切联系。同时，服务与服务提供者也是不可分离的。

3. 可变性

服务质量与服务人员的素质有很大的关系。产品的服务质量取决于由谁来提供服务，在何时何地提供服务，以及服务人员的工作技能、技巧、态度等，这些都会给消费者带来不同的服务感受，因此产品服务有很大的可变性。这就需要企业必须加强服务人员培训，提高服务人员素质，规范服务流程与标准，以减少服务质量的差别，稳定地提高服务质量。

4. 随市场波动性

由于服务不能储存，所以当市场需求稳定时，可以事先准备一定的服务人员和设备等，以便随时开展服务。当市场需求产生波动时，服务往往也会随之波动。当市场上产品供不应求时，服务人员、设备等协调、调配就会出现困难，产品服务就会出现不到位的问题；

当市场上的产品供大于求时，又会出现因服务人员、设备闲置，产品服务不能充分利用的问题。因此，企业必须把握产品市场生命周期，适时调整服务人员、设备等，以提高服务质量。

三、电子电器产品服务的种类

电子电器产品服务是一种全方位、全过程使消费者满意的服务活动。服务可以按以下方法来分类。

1．按服务过程来分类

1）售前服务

售前服务是指在产品销售之前提供的各种服务。其重点是吸引消费者注意，诱发消费者的兴趣。服务内容主要包括提供产品信息及产品说明书、做好技术咨询服务、提供产品试用及技术培训。

2）售中服务

售中服务是指在产品销售过程中提供的各种服务。其重点是在产需之间创造出一种相互信任的融洽气氛，以促成买卖成交。服务内容主要包括提供热情周到的接待、示范操作、代为办理各种购买和运输手续、产品出库时认真检验产品质量等。

3）售后服务

售后服务是指在产品售出后继续提供的各种服务活动。其重点是使消费者获得最佳的满意度，促进重复购买，并争取获得更多的新消费者。服务内容主要包括：严格执行合同，保证产品按时、按质、按量交货；向消费者介绍商品保养知识、维护技艺；开展售后维修服务和定期访问消费者；实行商品退换制度，做好索赔处理等。

2．按服务性质来分类

1）技术性服务

技术性服务是指向消费者提供产品设计、安装调试、维修保养、保证零配件供应、解答技术咨询、进行技术培训、提供解决问题技术方案等服务。

2）信息性服务

信息性服务是指向消费者迅速、准确、有效地传播有关产品各方面的信息，使消费者能获得比广告宣传更完整的有关产品功能、特色、用途、使用和维修方法等方面的信息，以帮助消费者做出购买的决策。

3）知识性服务

知识性服务是指向消费者深入浅出地传播新的产品概念和科技知识，以提高其知识水平，引导其消费。知识性服务对于高新技术产品更加重要。

4）便利性服务

便利性服务是指向消费者提供货物的运输、储存、包装等便利其购买和使用的服务，以在销售咨询、购买地点、购买时间、付款方式、保修退货、事故处理等方面给予尽可能的方便。

5）财务性服务

财务性服务是指向消费者提供分期付款、延期付款、资金融通、租赁等财务性服务，以扩大产品的销售。

6）态度性服务

态度性服务是指在服务过程中，所用企业员工都要以真诚友好、认真负责、热情耐心、文明礼貌的态度对待消费者，体现尊重、关心消费者的态度。

3．按与商品买卖过程的联系程度来分类

（1）基本服务（主要服务），是指在出售商品过程中必须向消费者提供的服务。其特点是直接与商品销售相联系，在消费者选购产品时发生的服务，这是向所有消费者提供的必不可少的服务。例如，家电在出售时试机等。

（2）连带服务（伴随服务），是指随同购买产品连带向消费者提供的服务。这类服务不是向所有的消费者提供的，而是根据消费者的要求提供的，如送货、订货、安装、退换、维修等服务。

（3）附属服务（补充服务），是指与购买活动没有直接联系的服务。企业提供这类服务可使消费者在选购产品的同时，获得其他需求的满足，如为其创造舒适方便的购物环境等。

连带服务和附属服务是企业开展多功能服务、搞活经营的重要途径，可以体现企业服务的差别和优势。

4．按服务对象来分类

（1）为经销商服务，主要是指为批发商和零售商的服务，如协助经销商搞好促销活动，经常为经销商提供市场信息、产品目录、说明书等。

（2）为消费者服务，主要是指消费者是企业最主要的服务对象，如对消费者所购产品进行送货和安装等。

四、电子电器产品服务策略的内容要求

企业提高服务竞争力是当前市场竞争的重要方面。服务增加了产品的附加值，扩大了产品的销售量，提高了企业的形象，拓展了企业的业务。优质的服务还可以降低企业的成本，能留住老消费者。因此，电子电器企业应尽可能提供全方位的服务，采取恰当的服务策略，以提高企业的市场占有率。

电子电器产品服务策略的内容要求包括如下。

1．提供技术业务服务

（1）咨询服务。咨询服务是指企业运用各种专业知识为用户提供智力服务，包括提供业务咨询和技术咨询服务。业务咨询服务是指根据消费者选购产品时的各种要求，向其介绍本企业的各种业务情况，解答消费者提出的各种问题，帮助其选型订购等。技术咨询服务是指详细介绍产品质量、性能、主要技术参数，向消费者提供样本、目录、使用说明书，介绍生产过程、检测手段及能耗等技术经济指标。

（2）接访服务。接待消费者和访问消费者是企业与消费者直接联系的主要方式，利用这种方式可以及时了解消费者的要求和意见，是收集技术、经济信息的主要渠道之一。接待包括来访接待，来信、来电的处理。访问消费者是指企业每年有计划、有针对性地组织对消费者的拜访，访问方式可分为访调结合、访销结合、访修结合等。

（3）送货服务。送货服务是指企业为购买大型家用电器的消费者提供送货上门的服务。这项服务已成为企业重要的竞争手段。

（4）质量保证服务。质量保证服务是指企业卖出合格产品后，在规定的期限内，消费者在正常使用的情况下，发现质量问题或出现质量事故，企业应负责为消费者保修、包换、包退，以及召回，并承担由此产生的经济责任。企业要提出产品质量保证范围、办法、期限、责任划分及经济责任等。

（5）备品配件供应服务。备品配件供应服务是指企业在产品出现故障时及时供应零配件，以消除消费者的后顾之忧。企业必须做好零配件的生产、保管和运送工作，编制备品配件的生产和销售计划，多渠道供应备品配件。

（6）信用服务。信用服务是指企业在销售时采取的赊销、分期付款等服务。付款采取何种方式会直接影响消费者的经济利益。企业若采用对消费者有利的信用服务，就能增强消费者对企业的信任感，对促进销售起到相当重要的作用。

2．提供满足消费者心理需求的服务

（1）销售人员保持良好的仪表。仪表一般包括容貌、服饰、发型、姿态等。销售人员优雅大方的举止和风度，整洁的衣着和良好的修养会很快使消费者产生好感，取得他们的信任，使其愿意听取销售人员的建议，这不仅有利于买卖成交，也有利于树立企业良好形象。

（2）热情而恰如其分的服务态度和服务用语。优质的服务态度就是要对消费者热情客气、诚心诚意，使其产生好感和信任。在销售服务中，销售人员的语言十分重要，它不仅用来宣传并售卖商品，也用于销售人员与消费者沟通感情。销售人员说话谦逊和气，有礼有节，言辞清晰，表达准确，可缩短销售人员与消费者之间的感情距离，增添消费者的购买欲望。

（3）重视售后服务。在销售完成后，按照约定与消费者建立联系，继续尽可能地向其提供服务。现代市场营销发展的一大趋势就是关系营销，即企业注重与消费者保持长期稳

定的合作关系，对其关心到底。重视售后服务，长期关心企业与消费者之间关系的发展，会使消费者感到受尊重，从而使企业在消费者心中树立良好形象。

我国电子电器行业的很多企业已经深感优质服务的必要性，如果能在服务理念上再有所突破，就会得到更大的好处。电子电器易操作的特点决定了其服务重点主要在于维修、维护和信息反馈上。采取生产企业和维修者这种合作的形式，既能使生产者节省广布网点的费用，又能使维修者获得利润，还可以减少推诿等情况，使消费者得到更加快捷与可靠的服务，减少消费者的后顾之忧，这是一种“三赢”的选择。

课外活动建议

假如你是一名某品牌手机的销售经理，与大家讨论怎样使用产品策略来获取竞争优势。

习题四

1. 电子电器整体产品概念分为哪几个层次？
2. 新产品开发过程中有哪几个阶段？
3. 产品生命周期有哪几个阶段，各有何特点？
4. 如何延长产品的生命周期？
5. 简述品牌命名应遵循的原则。
6. 电子电器产品服务有何特点，如何分类？

实训四

1. 家电市场推出“整套家电”的服务方式，集送货、安装、调试、维修、保养等一系列整套家电相关服务于一体。试用所学理论分析此现象。

2. 请在网上查询资料，并实地到家电市场做某种品牌家电销售的调查，用所学知识分析调查结果。

模块五

电子电器产品市场营销策略之二：价格策略

本模块我们将一起学习电子电器产品市场营销的重要策略——价格策略，首先分析影响电子电器产品定价的内外部因素，在此基础上介绍成本定价法、需求定价法和竞争定价法三种定价方法。结合实际情况制定相应的定价策略，如新产品定价策略、心理定价策略、差别定价策略、折扣定价策略和地理定价策略等。

项目一　影响电子电器产品定价的主要因素

学习目标

1. 了解影响电子电器产品定价的内外部因素。
2. 掌握电子电器产品成本和定价目标。
3. 培养分析问题的能力和对经济信息的敏感度。

学时安排　2 学时

知识模块结构图

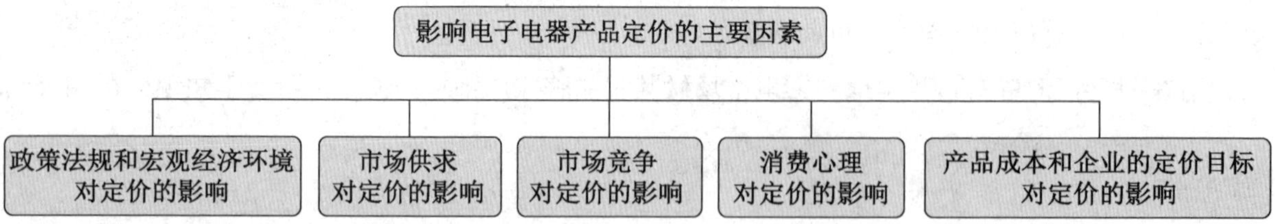

知识链接：

市场营销由四个基本要素组成，即产品、定价、分销和促销，企业通过产品、分销和促销在市场中创造价值，通过定价从创造的价值中获取收益。因此，价格是营销策略中唯一能产生利润的因素。企业之间的竞争有价格竞争和非价格竞争两种主要形式，价格竞争主要是以低价促销的形式进行竞争；非价格竞争主要是以质量、促销、广告、品牌、服务竞争等不同竞争形式进行竞争。价格策略是企业重要的营销策略。

基础理论知识介绍

企业是以盈利为目的的，若电子电器产品定价过低，则无法收回研制开发成本；若定价过高，则可能使消费者难以接受。因此，企业要实现既定的目标利润，就必须确定最佳的价格点。而定价时必须考虑多方面因素，外部因素主要包括政策法规、市场供求、市场竞争和消费心理等，内部因素主要包括成本和定价目标等。

一、政策法规和宏观经济环境对定价的影响

政策法规对定价的影响是指国家通过经济、行政和法律手段对企业定价进行干预和制约，主要包括国家税收、财政、信贷、金融、价格等政策及其变化趋势对定价的影响。

我国对价格问题一直高度重视，并通过立法来加强对价格的管理，通过法律手段来影响产品价格的制定。我国制定的《中华人民共和国价格法》对价格的影响最大。该法明确了企业自主定价的基本依据，还列举了几种不正当竞争的价格行为。这部法律为我国市场经济的健康发展起到了保驾护航的作用。

我国还通过财政、税收等政策措施实施价格管理。例如，我国大力支持发展节能、绿色家电产品，对节能、绿色家电产品在价格上给予补贴，这一政策使得节能、绿色家电产品的实际价格降低，增强了产品的销售力。国家开征或停征某一税种，以及调整某一税率等税收措施也会影响产品的价格。

小案例：

从1989年2月1日起，针对当时流通领域出现彩色电视机等产品供不应求的问题，国务院批准在全国范围内开征消费税，一夜之间彩色电视机价格上涨600元左右。从1992年4月22日起停征彩色电视机特别消费税，使彩色电视机价格又大幅度下降。

在考虑政策法规影响的同时，也不可忽视国内外宏观经济环境对电子电器产品价格的影响，如世界性原油、钢材等原材料价格上升会对企业的价格制定和调整产生极大的影响。

二、市场供求对定价的影响

产品价格受市场供求关系影响最大，市场上产品供求关系反映了产品可供量与社会购买力之间的适应状况。供求规律表现为：供求平衡，市场价格基本稳定；供不应求，市场价格呈上涨趋势；供大于求，市场价格呈下跌趋势。

市场供求对不同性质的产品的影响是不同的，但主要取决于产品需求弹性的大小。有的产品需求弹性较小，采取提价或降价措施对消费者的购买行为都不会产生重要影响；有的产品需求弹性很大，价格对消费者的购买行为起着重要作用。电子电器产品属非生活必需品，其价格需求弹性较大，价格的升降对消费者的购买行为影响很大。一般情况下，企业应根据市场的供求状况采取不同的定价策略。当供大于求时，应采取降低价格策略，以

刺激需求、扩大销售；当供不应求时，应适当提高价格，以刺激生产、增加利润。

三、市场竞争对定价的影响

现实竞争对手和潜在竞争对手的多少，以及竞争对手的竞争强度都会影响企业的定价。价格是竞争者关注的焦点和竞争的主要手段，定价是一种挑战性行为，任何一次价格的制定与调整都会引起竞争者的关注，并导致竞争者采取相应对策。在家用电子电器市场条件下，企业的定价既独立又相互牵制。因此，企业必须想方设法了解竞争对手的产品质量和价格。一般来说，产品质量大体一致，价格也应大体一致；产品质量低一点，价格也应适当低一点。但是，与竞争对手的价格比较，不能仅从质量角度去衡量，企业还应了解和分析消费者对本企业产品与竞争对手产品的看法和价值感。例如，当竞争者产品的质量与本企业差不多或更低些，但竞争者是知名度较高的企业时，那么该竞争者的产品对于消费者来讲，也可能有更高的价值感，本企业定价时就不能盲目地定高价。

四、消费心理对定价的影响

从经济学的角度看，价格是产品价值的货币表现。而营销心理学有关价格的含义则是指建立在消费者心理基础之上的各种产品价格的货币表现形式。因此，对同样的价格不同的消费者会有不同的心理反应。企业要使消费者接受定价，必须分析消费者的心理，使价格符合其心理特点和变化规律。在消费水平较低时，消费者通常追求的是产品经济实惠；当消费水平较高时，消费者大多会追求高档和有品位的产品。

小案例：

2000年国家对广大农村实行了电网改造，这给当地居民的生活带来了翻天覆地的变化。一些生产洗衣机的小型企业趁势推出了定价为400～500元的双缸洗衣机，正好符合了这些尚处于低消费阶段的农民求廉心理，产品很快热销。而生产洗衣机的大型企业则把目光瞄准了城市居民和一些富裕地区有着追求高档名牌心理的农民，推出了价位在几千元的新型洗衣机，取得了高额的利润。

五、产品的成本和企业的定价目标对定价的影响

产品成本是企业定价时必须要考虑的重要因素，它包括固定成本和可变成本。其中，固定成本是指在既定的时间及生产经营范围内，不随产品种类及数量的变化而变化的成本，如厂房的房租费、管理费等。可变成本是指随着产品种类及数量变化而变化的成本，如原材料费、工人的工资等。成本是决定产品价格的最低下限。

电子电器产品的定价还离不开企业的定价目标，因为产品的定价是实现企业既定目标的主要途径。当企业以维持生存为目标时，企业需要把价格定得很低，以刺激消费，促进销售，减少积压。当企业以利润最大化为目标时，要考虑短期利益和长期利益，以此制定相应的价格策略。当企业以提高市场占有率为目标时，通常制定较低的价格，并提高产量，

以低价渗透市场，占领市场。当企业以争取产品品质领先为目标时，通常制定较高的价格来补偿高投入的耗费，以取得高额利润。

知识链接：

进入 2022 年以后，家电行业的价格策略趋势为放弃价格战并转入价值战。其原因如下：一方面企业产品原材料的价格上涨拉升成本水平，如果继续下调产品价格去激发消费则难以覆盖成本，会进入无利甚至是负利润状态；另一方面家电市场处于饱和状态，销售市场的促销节点越来越频繁，模板化、套路化的促销让消费者逐渐失去兴趣，使传统的促销手段逐渐失灵。现在的消费者更加成熟，不再将价格看作唯一的选购因素，而是更看重产品的技术、设计及创新等属性，倒逼企业放弃以价换量的策略，将重心从“运营”转向“产品”。

项目二　电子电器产品的定价方法

学习目标

1. 掌握电子电器产品的定价方法。
2. 理解成本定价法的定价原理。
3. 培养理论结合实际的学习方法。

学时安排　3 学时

知识模块结构图

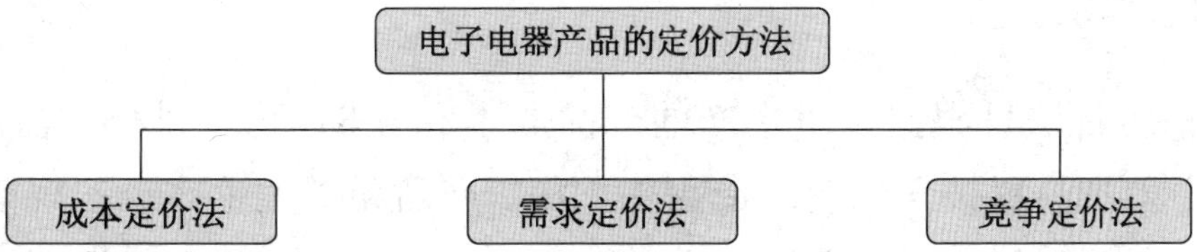

营销案例导入

近年来，在家电市场趋于饱和的形势下，很多企业为扩大市场份额纷纷采取降价销售的策略。价格战不仅使企业利润减少，还使消费者产生了观望的态度，以期在继续降价中获得利益。然而，海尔公司在降价潮中并没有采用降价策略，还使企业形象得以提升，销售量增加，市场份额扩大。究其原因是海尔公司生产不同产品以满足不同的消费群，并制定不同的价格，满足不同需求和购买力的消费者，海尔公司实施了层次分明的价格组合策略，其产品价格段是连续性的，从 10 000 多元到 2 000 多元，几乎每隔 50 元就有两款产品供消费者选择，以满足不同需求和购买力的消费者。

基础理论知识介绍

影响企业定价最主要的因素是成本、市场需求和竞争，与此相联系，定价常见的方法有成本定价法、需求定价法和竞争定价法三种。

一、成本定价法

价格是由生产成本、流通费用、税金和利润构成的。其中，生产成本和流通费用所占比例较大。成本定价法就是以产品成本为主要定价依据的方法，它是一种最简单的、应用十分普遍的定价方法。

这种定价方法的优点是成本数据易于收集，利润比例易于确定，价格容易制定。但成本定价法的缺点是既不考虑市场价格与需求变动的关系，也不考虑市场的竞争问题。这样会造成它不能适应不同的市场环境，在市场景气时，产品价格定得过低，减少了盈利；市场疲软时，产品价格定得过高，使价格缺乏竞争力而引起产品销售不畅。

下面介绍三种电子电器产品常用的成本定价法。

1. 成本加成定价法

成本加成定价法是以单位总成本加企业的预期利润的定价方法。售价与成本之间的差额就是“加成”,“加一成”就是加 10%。其计算公式为：

单位售价=单位总成本×（1+成本加成率）

例：某电子产品的单位总成本是 10 元，预期以成本的 20%作为其利润。

单位售价=10×（1+20%）=12（元）

2. 投资回收率定价法

投资回收率定价法是根据投资生产的产品成本和预期投资回收率进行计算的定价方法。由于电子电器产品科技含量高，企业在开发新产品和扩大生产经营规模时，往往需要投入大量资金，为确保投资的如期回收和投资报酬的实现，企业需根据预期投资回收率和产品成本来制定价格。其计算公式为：

目标定价=单位总成本+（投资回收率×总资产投资）÷预计销售量

例：某电子产品的单位总成本为 10 元，总资产投资为 100 万元，预计销售量为 20 万单位产品，假设投资回收率为 20%。

目标定价=10+（20%×1 000 000）÷200 000=11（元）

3. 目标利润定价法

目标利润定价法是使电子电器产品的售价能保证达到预期的目标利润率的定价方法。其计算公式为：

目标定价=（总成本+目标利润）÷产量

例：某电子企业一年内可向市场提供 80 万单位产品。生产 80 万单位产品的总成本是 1 000 万元，企业本年计划实现利润 200 万元，产品的单位售价应为多少？

目标定价=（10 000 000+2 000 000）÷800 000=15（元）

二、需求定价法

需求定价法是以消费者需求和可能接受的价格作为定价依据的定价方法。企业在定价之前需首先进行市场调研，了解消费者的需求、购买力水平及对价格的接受程度，在此基础上制定能为目标市场消费者接受的价格。

需求定价法在具体运用中，有以下两种方法。

1．认知价值定价法

认知价值定价法又称“理解价值定价法”，即根据消费者对产品价值的理解、感受和认知定价的定价方法。

消费者对产品价值的认知、理解和感受，使他们能够根据自己对产品的功能、效用、质量、档次等多方面的印象，综合购物经验、对市场行情和同类产品的了解而对价格做出评判，即人们购买产品时常说的“值”或“不值”，其实质是产品的效用价格比，其关键是消费者对价值的理解和认可。因此，认知价值定价法的关键有以下两点。

（1）充分运用各种营销策略，其中主要是营销组合的非价格变量，能够影响和提高消费者对商品的认知价值，特别是同竞争对手的同类产品相比较而言的认知价值。例如，一台电冰箱虽然价格很高，但消费者认为“值”，这是因为名牌的声誉大大提升了消费者的认知价值。

（2）尽量准确估测消费者对商品的认知价值。估测过高，会造成定价过高而使消费者感到企业“漫天要价”，从而抑制购买；估测过低，又会造成定价太低而使消费者怀疑产品的质量，从而也不愿意购买，同时定价过低还会影响企业收益。

2．反向定价法

反向定价法是指根据消费者的购买能力确定产品的销售价格，然后由此反推销售成本和生产成本，决定出厂价格的定价方法。其目的如下。

（1）应付竞争：价格是竞争的有力工具，企业为了与市场上的同类产品竞争，在生产产品之前，应首先调查产品的市场价格及消费者的反应，然后制定消费者易于接受又有利于竞争的价格，并由此决定产品的设计和生产。

（2）推出新产品：企业在推出新产品之前，应通过市场调查，了解消费者的购买能力，拟定消费者可以接受的价格，以保证新产品上市时能够畅销。

三、竞争定价法

竞争定价法是以市场上主要竞争对手的同类产品的价格为定价依据，并根据竞争态势的变化而调整价格的定价方法。主要有以下两种。

1. 随行就市定价法

随行就市定价法是根据市场通行的价格水平或本行业的平均价格水平作为企业的定价标准，也可以与竞争对手同类产品的现行价格、行业领导者的产品价格相同，或者稍低于行业领导者的产品价格的定价方法。随行就市定价法是最为常用的定价方法之一，它有利于与竞争者和平相处，避免因价格竞争给企业带来风险，保证企业获得恰当水平的利润。同时，采用这种方法制定的价格也易于为消费者所接受，从而保证产品销路。

2. 投标定价法

投标定价法是以投标者竞争的方式确定产品价格的定价方法。其具体操作程序是在产品或劳务的交易中，由招标人发出招标公告，投标人竞争投标，密封底价，招标人择优选定价格。这种方法通过预期竞争者的价格定价，而不是根据自己的成本或市场需求定价。

项目三 电子电器产品的定价策略

学习目标

1. 掌握电子电器产品的定价策略。
2. 能结合实例理解几种定价策略的运用。
3. 培养理论结合实际的学习方法。

学时安排 2学时

知识模块结构图

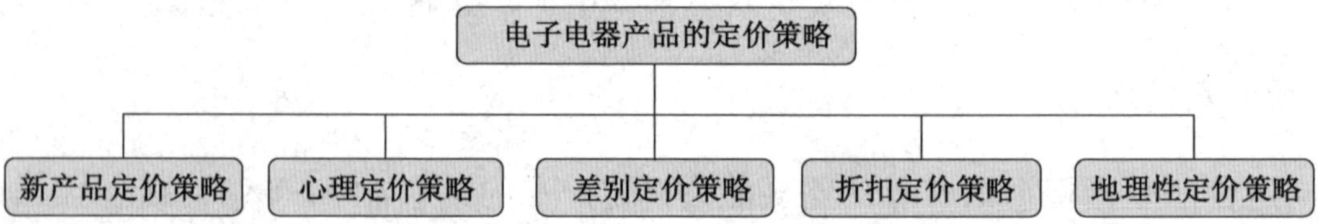

营销案例导入

亚马逊公司差别定价之痛

亚马逊公司在2000年9月中旬开始了著名的差别定价试验。亚马逊公司选择了68种DVD碟片进行差别定价试验。在试验中，亚马逊公司根据潜在消费者的人口统计资料、在亚马逊的购物历史、上网行为，以及上网使用的软件系统确定这68种碟片的报价：对新消费者的报价比对老消费者的报价要低。但是好景不长，这一差别定价策略实施不到一个月，就有细心的消费者发现了这一秘密，那些付出高价的消费者怨声载道，对公司商誉产生了极大的负面影响。就这样，亚马逊公司的差别定价试验以完全失败而告终。

亚马逊公司这次差别定价试验是电子商务发展史上的一个经典案例。为什么亚马逊公司的差别定价策略没有成功？有关人士分析认为亚马逊公司的差别定价策略与其一贯的价值主张相违背，还侵害了消费者隐私，有违基本的网络营销伦理。战略上的失误是导致“试验”失败的根本原因，而实施上的诸多问题则是导致其惨败和速败的直接原因。

基础理论知识介绍

电子电器价格的制定，除需要考虑成本、需求和竞争外，还需要考虑制定价格的心理依据。这是成功制定价格的重要前提，下面主要介绍几种典型的定价策略。

一、新产品定价策略

1. 撇脂定价策略

撇脂的原意是在鲜牛奶中撇取奶油：“先取其精华，后取其一般”。这种方法运用到市场营销产品定价中，就是撇脂定价策略。撇脂定价策略是指在新产品上市之初，利用消费者的求新、猎奇心理，先制定高价获取高额的初期利润，而当竞争者出现时，可以根据市场销售情况逐步适当降低价格的定价策略。撇脂定价策略必须是在产品新颖、短期内没有竞争对手、有足够的目标消费者愿意接受高价的条件下才能奏效。目前，越来越多的企业对新产品采取撇脂定价策略，如智能类电子电器产品等生产企业。

采取此种策略存在明显的不足，高价带来高额利润的垄断局面不可能长期保持，而且会很快吸引竞争对手的注意，因而这种高价下降得很快；从战略上讲，此种策略也不能作为企业长期的定价策略。

2. 渗透定价策略

渗透定价策略是指在新产品上市之初，为了迎合消费者求实、求廉心理，企业采取优质低价的手段迅速渗透并占领市场，待打开销路、占领市场后再逐步提价的定价策略。采取渗透定价策略的产品，一般在市场上有类似的替代品，产品需求弹性大，消费者对此种产品价格较敏感，所以低价可以扩大产品的销售，因而可以增加利润总额。过了一段时间，当消费者认可该产品时，企业可利用消费者对产品的感情和不可缺性，慢慢地提高价格，这样既不会失去消费者，又使企业增加了收益，从而在市场上站稳了脚跟。

3. 反向定价策略

反向定价策略是指企业不是以产品定价格，而是以价格定产品的策略。具体步骤见图 5-1。

反向定价策略主要从消费者心理愿望和购买能力出发，这种策略更能适应消费者的需要，从而有效地扩大市场销量。

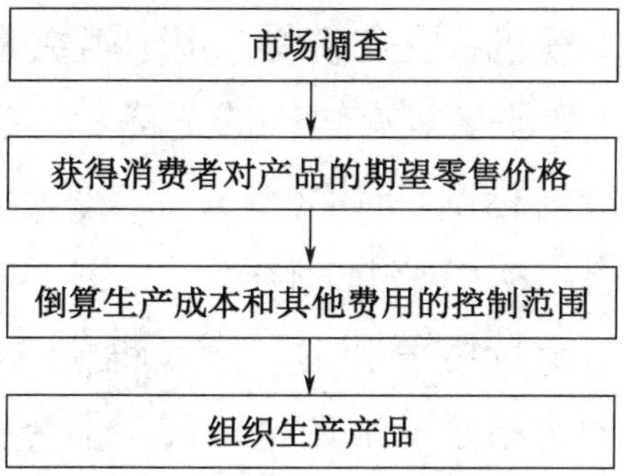

图 5-1　反向定价步骤

二、心理定价策略

1．整数定价策略

整数定价策略是指企业将价格尾数去掉，舍零凑整的定价策略。此种策略通常针对购买档次较高的电子电器产品或偏重质量和品牌商品的消费者。这种定价策略可使消费者产生一种品质高、可靠性强的心理感受，并能满足其心理上的某种荣耀感。例如，立式空调价格为6500元，这样定价可以抬高商品的身价，树立高档名牌形象，满足消费者求新、求名心理。这种策略适用于高档耐用消费品、贵重商品和时髦商品的定价。

2．尾数定价策略

尾数定价策略是指企业保留商品价格尾数，采用零头标价的定价策略。这种策略一般针对收入不高、对价格较敏感的消费者。

尾数定价策略可以使消费者产生如下的心理效应：①定价精确的心理感受；②便宜的心理错觉，如电冰箱定价为1999元就要比把价格定为2000元好销；③赋予消费者一种数字寓意吉祥的感觉，使消费者在心理上得到一种满足，如“8”音同“发”，使消费者产生美好的联想。

3．招揽定价策略

招揽定价策略又称“特价品定价策略”，即对少数几种商品实行特别低的价格，或者采取由消费者自定价格等方法，以招揽消费者的定价策略。它迎合消费者的求廉心理，用某几种低于市面甚至亏本销售的特殊商品吸引消费者到商店来，借机带动其他产品的销售，以扩大销售业绩。采用此策略的关键是“特价品”必须是大多数消费者熟悉且日常生活必需、购买频率较高的产品，“特价品”的数量也要适宜，既不可太多，也不可太少。现在各大电子电器商城都经常使用这种策略，对某几款商品特价销售，从而招徕消费者前来选购，以带动其他商品的销售。

4．习惯性定价策略

习惯性定价策略是指企业按照消费者的习惯心理制定商品价格的策略，尤其是消费者经常购买的产品，如电视机、洗衣机等。由于消费者经常使用，对产品的功能、质量等有详细的了解，在心目中已经形成了习惯的价格标准。不符合其标准的价格则易引起消费者的疑虑，从而影响其购买。如图5-2所示，当产品价格定在习惯价格 P 点时，产品销售量最大（Q 点），无论产品的价格是上涨还是下跌，都会引起销售量的减少。

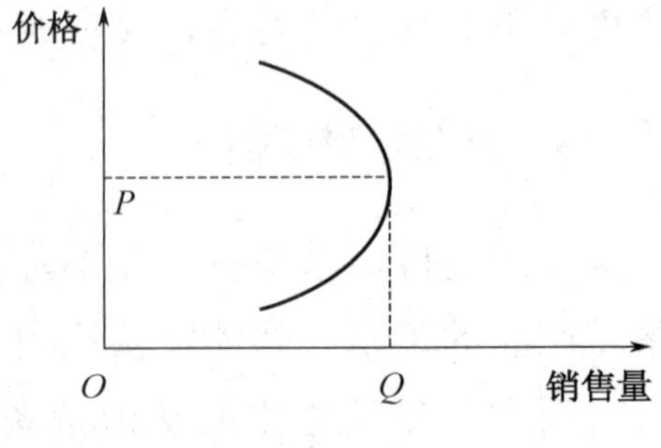

图5-2　习惯价格变动与销售关系曲线

消费者一旦形成价格的习惯性心理，就很难轻易改变。如果因原材料价格上涨，导致成本提高，这时也必须首先考虑消费者的习惯心理。可以对产品做某些改动，而不要轻易改变长期形成的习惯价格。

5．声望定价策略

许多有名望的企业，尤其是生产名牌产品的企业，将价格定得稍高一些，消费者也是乐于接受的。因为消费者认为购买名牌产品不仅可以买得放心且还可以显示地位、身份。企业可以充分利用消费者崇尚名牌的心理。例如，海尔公司不打价格战，要打就打价值战。因为价格并非是吸引消费者的唯一因素，并且也不是最有效的因素。一件产品，只要消费者清楚它贵在哪里，是物有所值的，就很可能得到消费者的认可。

三、差别定价策略

差别定价策略是一种同种产品因条件变化而产生的需求强度差异性的定价，是一种较为灵活的定价策略。具体分为以下几种。

1．消费者差别定价策略

消费者差别定价策略是同一种产品，对不同的消费者制定不同的价格。例如，对新消费者、短期消费者或长期消费者制定不同的价格；对批发商和零售商制定不同的价格等。

2．款式差别定价策略

款式差别定价策略是对同类产品的不同款式、型号、花色等，制定不同价格的策略。

3．地点差别定价策略

地点差别定价策略是同一产品，在不同的地点销售时，根据实际情况制定不同的价格的策略。

4．时间差别定价策略

时间差别定价策略是同一产品，在不同的季节或节假日，甚至翌日内不同的时点销售时，灵活地制定不同的价格的策略。例如，有些商场的限时抢购；旅游旺季比淡季的旅游费用要高等。时间差别定价主要由生产与消费、供应与需求在时间上的不平衡决定。

四、折扣定价策略

折扣定价策略是指企业为扩大销量，将商品的原有价格按降低一定比例后的价格售出的策略。这种策略可以起到刺激消费者购买欲望，增加购买或连续购买的心理作用。

在采用折扣定价策略时，折扣程度既要能引起消费者注意，又要避免造成消费者对产品质量产生疑惑，同时还要注意消费者对不同产品折扣销售会有不同的反应。例如，名牌电器产品折扣幅度降低，并不能刺激消费者的需求；而对那些折扣幅度较大的名牌产品，又可能会引起消费者对其质量及其发展的不信任感和不安全感。另外，折扣销售对不同收入水平和不同年龄的消费者，也会产生不同的影响。一般来说，折扣产品对低收入者影响较大，对高收入者影响较小；折扣对青年人的影响比对中老年人的影响更大。

1．现金折扣

现金折扣又称“付款期限折扣”，即为了鼓励消费者在合同规定的付款期限内提前付款，以便及早结清货款，加快企业资金周转，减少坏账、呆账，减少资金占用，而给予消费者一定的优惠折扣。例如，在企业合同中，常标明“2/10，1/20，*n*/30”字样，以表示在 10 天、20 天内提前付款，分别给予 2%、1%的付款优惠，超过 20 天，在 30 天内付款则全额付款。

2．数量折扣

数量折扣是指按购买数量的多少，分别给予不同的折扣，具体又分为累计数量折扣和非累计数量折扣两种。累计数量折扣是指按消费者在一段时间内的购货总量计算折扣，或者由销售商规定一定时期内应达到的购买总量或购买总金额给予一定的价格上的折扣，以鼓励消费者集中向一个供应商多次进货、连续购买，以建立固定的商务关系。非累计数量折扣又称一次性折扣，即按消费者一次购货的数量计算折扣，以鼓励消费者大批量购买。

3．季节折扣

季节折扣指对购买已过季或即将过季商品的消费者给予的折扣，以鼓励消费者提前购买或在淡季购买，有利于企业均衡生产、减少仓储费用、加速资金周转。例如，对空调、电风扇等家电产品实行的季节折扣。

折价是减价的另一种表现形式，主要有促销折让和费用折让。前者主要是给各类中间商减价，补偿他们的促销宣传费用，以鼓励他们积极开展销售推广活动。后者主要是给路程较远的消费者减价，补偿他们的运输费用，以鼓励外地消费者进货，从而达到拓展企业市场的目的。

五、地理性定价策略

一个企业的产品，不仅可以卖给当地的消费者，还会同时卖给外地的消费者。卖给外地消费者就需要花一些运输费把产品从产地运到消费者所在地，采用地理性定价策略就可避免过多的支出。地理性定价策略是指企业对于卖给不同地区消费者的产品，分别制定不同的价格或统一的价格的策略。

1．原产地定价策略

原产地定价策略是指消费者按照产地价购买某种产品，企业只负责将这种产品运到产地某种运输工具上。交货后，从产地到目的地的一切风险和费用均由消费者承担的定价策略。如果按产地某种运输工具上交货定价，那么每一位消费者都各自负担从产地到目的地的运费，这是很合理的。但是这样定价对企业也有不利之处，距离远的消费者就可能不愿意购买该企业的产品，而购买附近企业的产品。

2. 交货定价策略

交货定价策略是指企业对于卖给不同地区消费者的某种产品，都按照相同的出厂价加相同的运费定价。也就是说，对全国不同地区的消费者，无论距离远近，都实行一个交货定价。这种策略的不利之处和原产地定价策略正好相反。

3. 分区定价策略

分区定价策略是指把全国分为若干价格区，对于卖给不同价格区消费者的某种产品，分别制定不同的地区价格。距离企业远的价格区，价格定得较高；距离企业近的价格区，价格定得较低。这种策略弥补了前两者定价策略的不足。

4. 基点定价策略

基点定价策略是指企业选定某些城市作为基点，然后按一定的产品出厂价加上从基点城市到消费者所在地的运费来定价。有些企业为了提高灵活性，选定许多个基点城市，按照消费者最近的基点计算运费。

5. 运费免收定价策略

有些企业因为急于销售或到某些地区销售，而愿意负担全部或部分实际运费。这些企业认为，如果销售扩大，其平均成本就会降低，足以抵偿这些费用的开支。采取运费免收的定价策略可以使企业加强市场渗透，并且能在竞争日益激烈的市场上站得住脚。

课外活动建议

利用周末时间到商店走一走，看一看当地家用电器市场经常采用什么定价策略。

习题五

1. 简述影响电子电器产品定价的有哪些因素。
2. 简述电子电器产品的定价方法有几种。
3. 简述电子电器产品的定价策略。

实训五

通过对市场进行调查，试举几例电子电器产品的定价运用了哪些定价策略。

模块六

电子电器产品市场营销策略之三：渠道策略

在本模块的学习中，我们将一起来学习电子电器产品分销渠道的概念、功能、类型、分销渠道的策略类型、分销渠道的方式等相关知识，以及如何正确分析并合理运用不同的渠道策略为企业带来竞争优势；学会合理分析并正确运用各种不同分销渠道方式及各种终端销售形式，扬长避短，应对营销市场环境的变化；学会正确分析电器产品实体分配各因素的特点及其适用范围；从而制定正确的实体分配方案。

项目一　电子电器产品分销渠道的功能和类型

学习目标

1. 了解电子电器产品分销渠道的概念、功能及其类型。
2. 能合理运用电器产品分销渠道的功能，从而制定正确的渠道策略。
3. 能正确分析分销渠道的类型，并合理运用其关系。

学时安排　1学时

知识模块结构图

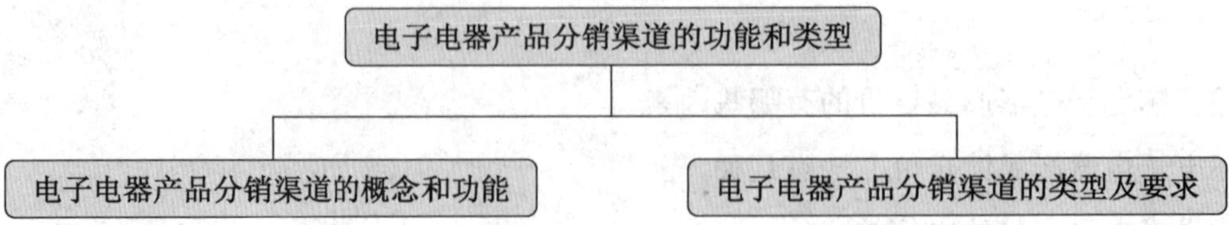

营销案例导入

各大家电企业无不重视电子电器产品的分销渠道，都把分销渠道的建立提升到战略高度。以海尔公司为例。海尔公司非常重视分销渠道的建立，海尔公司在全国各地设立店中店和专卖店，为加强对这些销售网点的管控，在各主要城市设立营销中心负责网点的设立、管理、评价和人员的培训。这种分销渠道扩大了海尔公司的销售网络和销售量。

基础理论知识介绍

一、电子电器产品分销渠道的概念和功能

1. 电子电器产品分销渠道的概念

在现代经济中，绝大多数企业都不是将其电子电器产品直接销售给消费者，而是通过一系列的中间商，实现电子电器产品在生产者和消费者之间的转移。电子电器分销渠道含义有两层。

（1）电子电器产品在营销中所经过的路线，构成了电子电器产品分销渠道，也称营销渠道。

（2）分销渠道是指实现电子电器产品从生产者向消费者转移的所有组织和个人。

凡是在将电子电器产品及其所有权向最终消费者转移过程中，每个承担若干工作的中间环节都构成一个层次。层次的多少表示渠道的长度，最短的可使电子电器产品从生产者直接抵达最终消费者；最长的要经过进口商、批发商、零售商等诸多层次，才能使电子电器产品抵达最终消费者。同一层次环节的多少表示渠道的宽度。分销渠道的管理是市场营销管理的关键所在，忽视渠道战略，企业的竞争能力将会下降。

2. 电子电器产品分销渠道的功能

电子电器产品分销渠道的基本功能是把电子电器产品从生产者手中转移到消费者的手中，其目的主要在于消除电子电器产品、服务与它们的使用者之间存在的差距。这种差距具体表现在时间、地点和所有权等方面，为了弥补这些缺口，需要分销渠道各成员的共同努力。

具体而言，分销渠道的主要功能有调研、促销、联系、配合、谈判、实体分配、融资、风险承担。

（1）调研：为了制订计划和促进交换收集必要的信息。

（2）促销：向消费者发出刺激消费者的各种信息，以达成销售的目的。

（3）联系：寻找潜在的消费者，并与之进行沟通。

（4）配合：按照消费者的要求相应地调整供应物，包括整理、分等、分类、装配、包装等活动。

（5）谈判：为了实现电子电器产品所有权的转移，而就电子电器产品的价格和其他条件达成最终协议。

（6）实体分配：从事电子电器产品的运输、储存等活动。

（7）融资：为了负担渠道工作所需要的费用而进行资金的收取和支出。

（8）风险承担：在执行渠道工作的过程中承担有关的风险。

小贴士：

在这8项功能中，前5项是为了帮助达成交易，后3项是为了完成已经达成的交易，它们均是分销渠道的重要功能，因此必须由渠道成员予以执行。但是每一功能又由谁来具体执行呢？如果是生产者执行这些功能，其成本就会增加，从而使电子电器产品的价格最终上升；如果把一些功能转移给中间商，生产者的费用和电子电器产品的价格下降了，但中间商的费用支出必然增加了。因此，由谁来执行分销渠道的功能则是企业分销决策中的一个重要问题，在制定具体的策略时，企业要优先考虑效率和效益原则。

二、电子电器产品分销渠道的类型及要求

1. 基本分销渠道关系

基本分销渠道关系如图6-1所示：

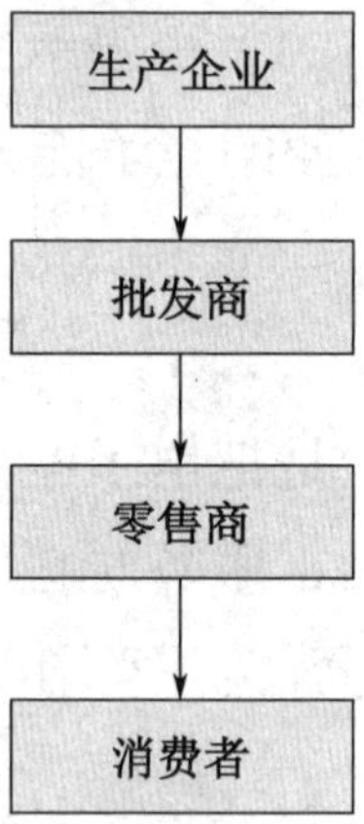

图6-1　基本分销渠道关系图

（1）生产企业，是指创造电子电器产品的企业。

（2）批发商，曾经是渠道的主导，它们通过设计和发展渠道将许多零售商和生产企业的活动连接起来。

（3）零售商，是分销渠道中最靠近消费者的一环，它利用各种购物环境，把不同生产企业的电子电器产品提供给消费者。

（4）消费者，是整个分销渠道的终点。生产企业、批发商、零售商的诸多努力都是为了满足消费者的需要，实现电子电器产品的销售，从而最终实现各自的盈利。

2. 电子电器产品分销渠道的类型及要求

按照分销渠道中是否需要中间商的参与，可以把分销渠道分为直接渠道和间接渠道。直接渠道也称零层渠道，是指生产企业直接把电子电器产品卖给消费者，在电子电器产品从生产企业向消费者转移的过程中，不需要任何中间商的参与。间接渠道是指电子电器产品从生产企业转移到消费者的过程中有中间商的参与。

基本分销渠道的结构类型有以下几种形式：

零层渠道（见图 6-2），它是一种最短、最简单的销售渠道。没有中间商，电子电器产品的生产企业派推销员直接与消费者接触，通过诸如邮购、电话销售、上门推销、电视直销、网上销售、生产企业自己开办销售处等方法，把本企业的电子电器产品直接销售给消费者。

图 6-2　零层渠道

一层渠道（见图 6-3）。生产企业直接把电子电器产品供应给零售商，然后再由零售商将电子电器产品分销给消费者。目前，国外一些大型商店、超级市场、连锁商店都有自己的采购中心或进口部，进口后自己再销售。

图 6-3　一层渠道

二层渠道（见图 6-4）。生产企业直接把电子电器产品供应给批发商，然后由批发商将电子电器产品分销给零售商，再由零售商将电子电器产品分销给消费者。如果生产企业对外出口，这里批发商有时又是进口商，从而减少了进口商这个环节。

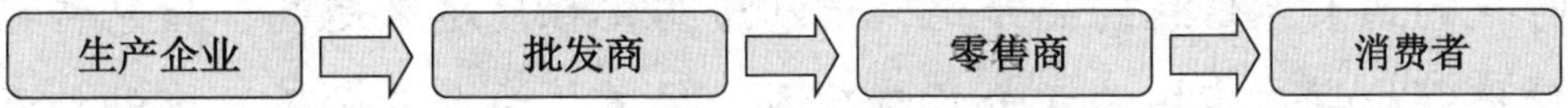

图 6-4　二层渠道

三层渠道（见图 6-5）。这是传统的分销渠道模式。因为它适应国际营销的发展需要，所以仍具有很明显的优势。特别是一些小型企业和中间商都将此种模式看作是可行的渠道模式。

图 6-5　三层渠道

小贴士：

有许多跨国公司在同一个市场上同时使用两种或两种以上分销渠道。他们多采用以下几种模式。

① 直接通过自己的零售店出售电子电器产品，或是在百货商店等租赁铺面销售自己的电子电器产品；

② 把自己的电子电器产品卖给进口商，由进口商卖给批发商或直接卖给零售商；

③ 把电子电器产品卖给大零售商，并由这些大零售商遍布全国各地的商店直接销售。

项目二 电子电器产品分销渠道的选择决策

学习目标

1. 了解电子电器产品分销渠道选择策略的影响因素。
2. 掌握电子电器产品分销渠道的策略类型。
3. 能正确分析分销渠道的策略类型，并合理运用不同的渠道策略为企业带来竞争优势。

学时安排 2学时

知识模块结构图

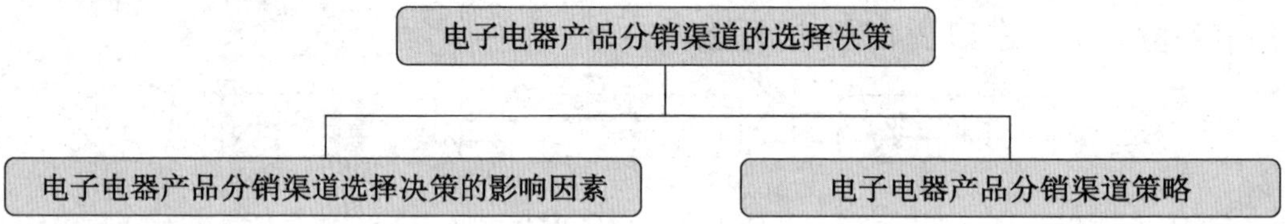

营销案例导入

拥有好的产品不一定能称霸市场，相反，有能力管理不同渠道及其带来的经验和关系，才能使自己与众不同，脱颖而出。

互联网时代的到来，信息的公开化，信息透明化程度越来越高，信息传播的速度越来越快，信息传播得越快，市场的竞争就越激烈，渠道作为企业必不可少的外部资源同样面临市场巨变带来的压力。方便、快捷、高效、高性价比成了消费者选购产品的特征，消费者的消费动机更科学、更成熟。所有这一切变化，对企业的营销渠道战略提出了新的挑战。因此，如何设计出和控制能够适应时代发展、具有持续竞争力的渠道策略是企业在市场竞争中成败的关键所在。

基础理论知识介绍

一、电子电器产品分销渠道选择决策的影响因素

企业可选择的营销渠道有很多种类型。对各企业来说，在设计市场营销渠道时就必须选择建立理想、可行而且实用的渠道。选择营销渠道时，应综合考虑影响选择的诸多因素，如电子电器产品特征因素、市场因素、企业自身因素、国家政策因素、企业营销策略因素等。其中，电子电器产品特征因素在确立主渠道时起着非常重要的作用。而企业的电子电器产品并非一种，它是由种类、型号、规格很多的电子电器产品形成的电子电器产品组合。具体来说，影响电子电器产品分销渠道选择的因素主要有以下几种。

1. 市场因素

市场的状况是影响企业分销渠道选择的关键因素。市场中潜在消费者的数量、地理分

布、消费者的购买习惯、购买频率、平均购买数量、消费的季节性等因素不同，分销渠道的选择也会有所不同。

（1）当市场的规模较大，潜在消费者的数量众多且分布集中时，可以选择较宽、较长的分销渠道，增加产品市场覆盖率，以满足众多消费者购买电子电器产品的需求。

（2）如果消费者购买量小，但购买频率较高，企业应该选择长渠道，因为少量而频繁的订货使交易成本上升，长渠道可以分摊成本。

（3）当市场竞争激烈时，为了增强消费者接触电子电器产品的次数，宜选择较宽的分销渠道。

2．电子电器产品因素

电子电器产品的单位价格、产品的体积与质量、电子电器产品的式样和款式、电子电器产品的易毁性、电子电器产品的技术与服务、电子电器产品的标准性与专用性、电子电器产品的寿命周期、电子电器产品的季节性等因素都将影响电子电器产品分销渠道的决策选择。

（1）电子电器产品的单位价格。一般来说，电子电器产品单价越低，分销渠道应越长；反之，电子电器产品单价越高，分销渠道应越短。

（2）产品的体积与质量。体积过大或过重的电子电器产品，应选择较短的分销渠道，最好是采用直接分销渠道；体积小而轻的电子电器产品，数量较多时，有必要设置中间环节。

（3）电子电器产品的式样和款式。对于那些样式变化快、时尚程度较高的电子电器产品，应尽可能地缩短分销渠道，减少分销环节，以免电子电器产品过时而造成的产品积压。

（4）电子电器产品的易毁性。如果产品容易损坏，应采取较短的分销渠道，以求尽快地把产品送到消费者手中。

（5）电子电器产品的技术与服务。对于技术性较强而又需要提供售前售后服务的电子电器产品，如耐用消费品和多数工业产品，应尽量减少中间环节或采用直接式销售。

（6）电子电器产品的标准性与专用性。通用的、标准的电子电器产品，因具有明确统一的规格和质量，可以间接式销售；专用电子电器产品，例如，专用设备、特殊品种规格的电子电器产品，一般需生产者和用户直接面议质量、规格等要求，签订供货合同，采取直接式销售，而不宜经过中间商进行销售。

（7）电子电器产品的寿命周期。处于介绍期的新电子电器产品，企业为了尽快打开销路，通常采用强有力的手段去占领市场。为此，企业不惜花费大量资金，组成推销队伍直接向消费者出售电子电器产品，在情况许可时，也可考虑利用原有的分销渠道。成熟期的电子电器产品，大批量投入市场，则需要通过中间环节进行销售。

（8）电子电器产品的季节性。季节性强的电子电器产品，应充分发挥中间商的作用，以便更好地推销产品。

3．企业自身因素

企业自身的特性也是影响渠道选择的主要限制因素。这些特性主要有企业的规模、资源、电子电器产品组合及企业所采取的营销策略等。

（1）企业的规模决定了市场的范围、所需要的中间商的规模及与中间商合作的制约力。大规模的企业要选择具有相应实力的中间商来经销电子电器产品，同时也会因为自身的实力而在挑选中间商时有较大的选择余地。

（2）企业的资源决定了企业所能承担的营销功能和中间商所承担的营销功能。如果企业有足够的资源来自己建立销售网，并且有丰富的销售经验和较强的管理能力，企业可以选择较短的分销渠道。如果企业的财务能力比较薄弱，则只能依靠中间商经销电子电器产品。

（3）企业的电子电器产品组合也会影响渠道的选择。电子电器产品组合越广，企业和消费者直接接触的能力就越大。电子电器产品组合越深，企业采取独家经销或少量有选择的代理就越有利。电子电器产品组合的关联性越强，就越应该采取性质相同或相似的分销渠道。

（4）渠道的选择还取决于企业对渠道控制的态度。如果企业要想有效地控制消费者面临的电子电器产品价格和质量，加强渠道管理，建立市场信誉，有效地进行销售活动，往往愿意花费更多的直接销售费用，采取短渠道分销。

4．竞争因素

企业分销渠道的选择受到竞争者使用的渠道的制约。有的企业希望进入和竞争者相同或相似的经销渠道，以和竞争者的电子电器产品相抗衡。

小贴士：

竞争因素要分析以下几项内容。

竞争者的渠道战略（直销、总经销、独家经销、密集经销、独家代理、特许经营或其他）。

竞争者的渠道战略意图（增加销量、提高市场占有率、独占市场、制造声势或其他）。

竞争者的渠道优势与劣势（是否存在自己学习的优点？是否存在可供进攻的薄弱环节和漏洞，如伙伴关系是否密切等）。

竞争者的渠道结构及产品辐射分布地区。

竞争者反击的可能性及力度。

5．中间商因素

企业在进行渠道选择时要考虑不同类型的中间商在执行营销职能时的优势和劣势。相同的中间商在执行不同的营销职能，如运输、广告、储存、消费者服务职能时，有各自的优点和缺点。企业要根据中间商承担的各项职能来具体确定渠道的中间环节。

6．环境因素

当经济不景气时，企业都希望以最经济的方法、最低的成本将电子电器产品推入市场，以保证消费者能以较低廉的价格买到该电子电器产品。这就意味着会采取较短的分销渠道，而取消一些非本质性的、会提高电子电器产品售价的服务。

二、电子电器产品分销渠道策略

企业可以通过渠道的建立与管理来发展和保持长期的竞争优势。大体有 8 种不同的渠道策略能为企业带来竞争优势。如图 6-6 所示。

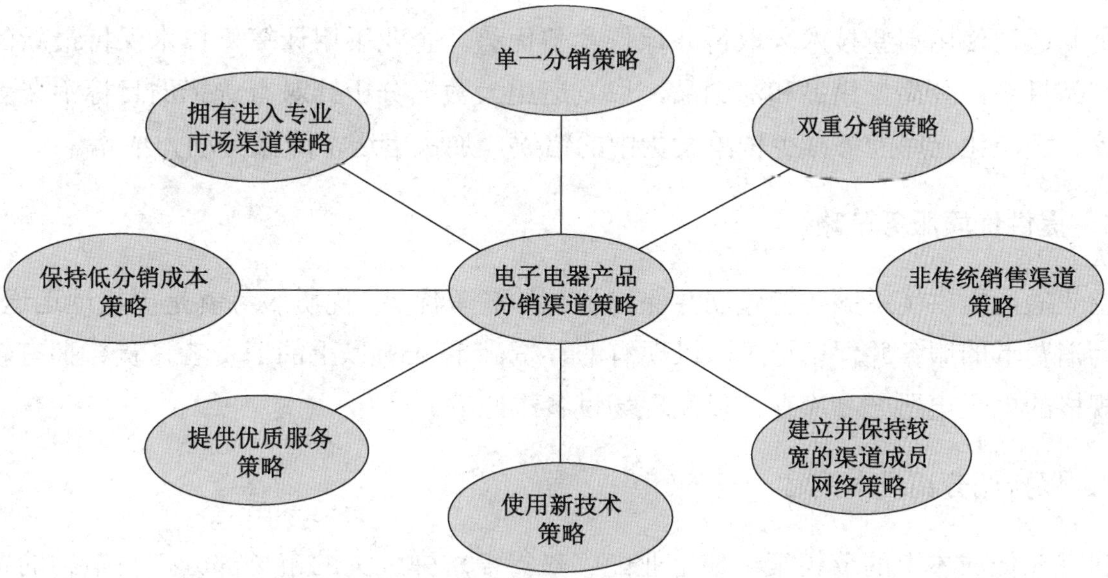

图 6-6　8 种不同的渠道策略

1．单一分销策略

单一分销促使完全服务性的中间商向消费者提供高水准的服务。单一分销让分销商放心地开发自己辖区内的市场，而不必担心会有其他批发商和零售商来争夺自己辛辛苦苦开拓出来的市场。通过单一分销，企业能与分销商保持长期的亲密合作关系。

小案例：

东芝在进入美国市场的早期，将电子电器产品的 80%交给史勒伯百货连锁店销售，通过有实力的中间商很快打入美国市场。这说明，在单一分销这种策略下，企业在某市场上的成功必须依赖于其中间商的成功。

2．双重分销策略

生产企业往往通过两条以上竞争的分销渠道销售同一商标的货物，或销售两种商标的、基本相同的电子电器产品。生产企业使用双重分销策略，比使用单一渠道更能实现更深的“市场渗入”。

3. 非传统销售渠道策略

网上直销、电视直销等属于非传统销售渠道策略，非传统销售渠道使得消费者能在方便的地方购买电子电器产品和得到相应的服务。

4. 建立并保持较宽的渠道成员网络策略

为建立并保持比较宽的渠道成员网络，企业要使用地区性和全国性的广告，并创立和维持一个地区性的或全国性的品牌形象，还要提供整个市场范围一定水平的满意服务。

5. 使用新技术策略

企业通过使用高新技术来取得并保持竞争优势。企业采用计算机技术保持最新的电子电器产品目录，分离畅销品和滞销品，以及运用大数据分析针对有选择的目标消费者进行促销等。智能化仓库能够减少依单发货中的错误，加快运送，降低劳动力成本。

6. 提供优质服务策略

企业通过提供优质服务能建立并保持长久的竞争优势。优质服务就是更快地运送产品、做好为消费者的服务并保留记录、以现有的存货满足 95%以上的消费者订货、拥有较多品种和规格的电子电器产品库存，以及现场设备维修等。

7. 保持低分销成本策略

建立在低成本上的分销策略使企业能够赢得需求弹性大的市场部分，将节约的费用让利给消费者，并通过挑战竞争对手的价格而获得满意的利润。企业可以建设智能化、网络化的系统来完成订货、仓储管理、记账等工作，以降低企业人力成本；租用租金较低的场所作为展厅、仓库、零售店等；通过自选购物、目录销售或对运输、设备安装和修理等收取额外费用，将提供给消费者的服务减至最少等方法来降低其成本。

8. 拥有进入专业市场渠道策略

专业市场是大进大出、大流通、大辐射的代表性商业业态。拥有成熟的大型专业市场，可以辐射广大区域，销售额和销售量也会是巨大的。我国的专业市场大约起源于 1980 年，在 1990 年以后快速发展。如当年的广州、深圳都有电子电器产品专业市场。企业如没有通向专业市场的通路，就不得不想办法将它的电子电器产品和服务推向更大范围的市场。

项目三　电子电器产品的分销渠道方式

学习目标

1. 了解电子电器产品分销渠道的方式。
2. 能合理分析电器产品各种分销渠道方式的利弊。

3. 能正确运用各种不同分销渠道方式，扬长避短，应对营销市场的变化。

学时安排 2 学时

知识模块结构图

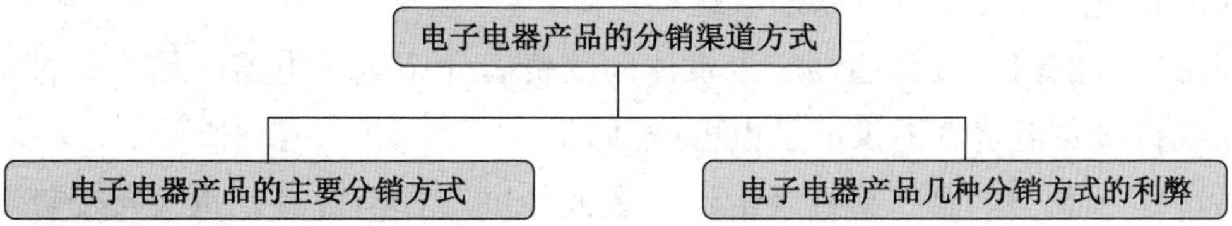

营销案例导入

中国家电市场已由先前的以产品为导向的“产品竞争时代”向以服务为代表的“服务竞争时代”转变。在这个过程中，家电企业产品本身之间的差异越来越小，而越来越多的家电企业变革都以围绕如何能快速方便地将产品送达消费者的手中，提高本企业在激烈竞争环境中的市场占有率为中心展开。有的企业选择了“渠道为王”，将渠道重心下沉，优化渠道效率的策略；有的选择了“终端为王”，广开网点的策略；有的选择了利用传统大卖场的强势，期望快速走货的策略等分销方式。

基础理论知识介绍

一、电子电器产品的主要分销方式

一种电子电器产品的销售可以通过不同的分销渠道进行。

小贴士：

作为批发商和零售商在电子电器产品的转移过程中，实际拥有电子电器产品的所有权，而代理人和经纪人在电子电器产品的销售过程中，并不直接拥有电子电器产品的所有权，但是他们帮助完成了电子电器产品的交易活动，在电子电器产品所有权转移中充当的是不可缺少的角色，因此属于间接拥有电子电器产品的所有权，它们都是分销渠道的一个层次。

分销渠道有不同的层次。所谓渠道层次是指电子电器产品在从生产者转移到消费者的过程中，电子电器产品所经过的每一个直接或间接拥有其所有权的机构。例如，批发商、零售商、代理人、经纪人等。

1. 直接渠道和间接渠道（见图 6-7）

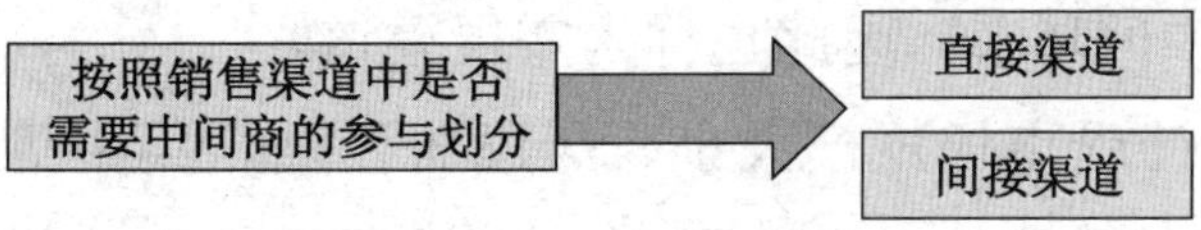

图 6-7 直接渠道和间接渠道

直接渠道是指生产者直接把电子电器产品卖给消费者或最终用户，在电子电器产品从生产者向消费者转移过程中，不需要任何中间商参与的渠道。

直接渠道的主要分销方式有以下 7 种。

（1）企业直接接受消费者的订货，按照合同或协议书销售。这主要是针对大型工业品的分销方式，少量的消费品也可以采取这种方式。

（2）利用广告推销，直接通过广告媒体向消费者介绍电子电器产品，通过邮递提供电子电器产品或直接向消费者提供电子电器产品。

（3）通过邮递电子电器产品目录给消费者或经过选择消费者，直接接受订单，直接向消费者提供电子电器产品和服务，这种方式的优点是经济灵活。

（4）直接派出销售人员上门销售，即所谓的“直销”，让销售人员主动接近消费者，进入消费者的家中或办公室等地，向消费者面对面地推销电子电器产品。这种方式比较灵活，可以有针对性地解决消费者的疑虑，促进交易的达成，而且可以同时进行市场的调查研究，提供电子电器产品咨询服务，并与消费者建立良好的关系。

（5）传统的店铺销售。很多企业都在消费者集中的地方，自己设立零售店或销售机构，有的企业是在生产现场设店销售。这是一种“守株待兔”的销售方法，很多企业都普遍采用这种方法，因为这些自设的销售点不仅可以销售电子电器产品，也可以使企业了解市场的动向，掌握市场行情。

（6）参加各种展销会或订货会，和消费者直接签订销售合同。

（7）网络直销。随着网络经济的到来，由于网络直销使企业的营销成本大大降低，企业能以较低的价格销售产品，受到消费者的欢迎，现在企业利用网络直销的规模越来越大。

间接渠道是指电子电器产品从生产者到消费者的过程中有中间商参与的渠道。间接渠道是社会分工的结果，分销渠道除了两端的生产者和消费者之外，还有中间环节处于其中。这里的中间环节包括经销商、零售商、批发商或代理商等，间接渠道可以有一层或多层中间环节。

2. 长渠道和短渠道（见图 6-8）

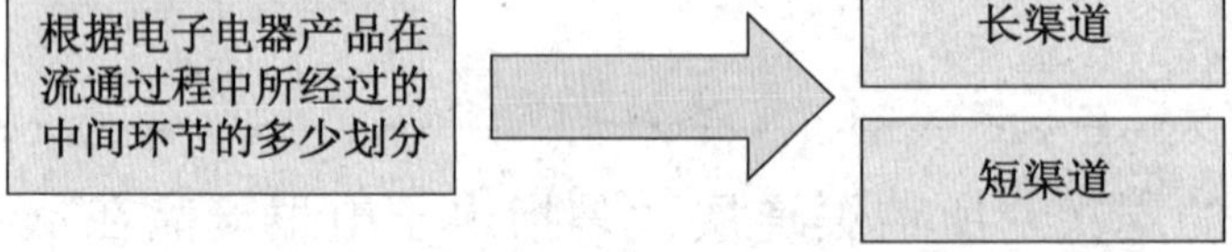

图 6-8　长渠道和短渠道

长、短渠道只是相对而言，没有绝对的划分标准。一般把拥有两层或两层以上中间环节的分销渠道称为长渠道，没有或只有一层中间环节的分销渠道称为短渠道。最短的渠道是直接渠道，没有任何中间环节，因此也称为零层渠道。

分销渠道长短的设计受市场规模大小、居民居住是否集中等因素的影响。市场规模大、居民居住分散，适宜采取长渠道；反之，市场规模较小，居民居住集中，则适宜采取短渠道。

3. 宽渠道和窄渠道（见图 6-9）

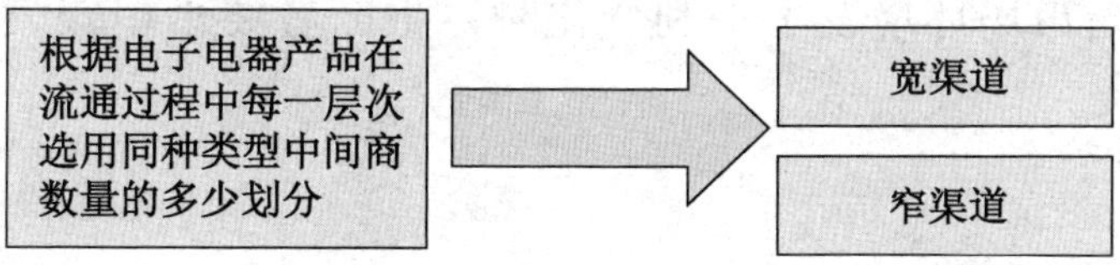

图 6-9　宽渠道和窄渠道

分销渠道的宽窄通常以每一层及使用同类中间商的数量、竞争程度、市场覆盖密度等来划分。

宽渠道是指企业的某种产品在特定市场直接利用两个或尽可能多的销售商供应给尽可能宽阔的市场的销售渠道。

窄渠道是指企业的某种产品在特定市场中只有一个中间环节的销售渠道。独家营销是最窄的渠道，适用于消费者重视品牌、技术性强、服务要求较高的产品销售。

宽渠道和窄渠道也是相对而言的，企业具体选择宽渠道还是窄渠道分销，取决于电子电器产品的属性和企业的发展策略。例如，生产便利品的企业通常选择较多的批发商和零售商共同组成其分销渠道，以使分散的消费者能够方便地购买产品；而生产特殊品的企业往往在一个地区选择较少的经销商经销产品，因为目标消费者不管其所处位置的远近都会前去购买。前者属于宽渠道分销，因为同一层次有很多的同类的中间商；后者为窄渠道，每一层次中间商的数目相当少。

二、电子电器产品几种分销方式的利弊

1. 直接渠道

直接渠道的优点：

（1）生产者和消费者直接接触，有利于生产者及时、迅速、全面、具体地了解消费者的需求及市场的变化情况，从而能够及时地调整企业的生产经营策略；

（2）能够为消费者提供良好的售前、售中和售后服务，能够提供良好的咨询服务；

（3）由于销售环节减少到最少，电子电器产品可以很快地送到消费者手中，从而简化了电子电器产品的流通过程，缩短了流通时间，使流通费用得以降低；

（4）生产者直接销售，有利于对电子电器产品价格的控制，有利于企业进行低价竞争；

（5）销售款返回迅速，加快了企业的资金周转速度；

（6）企业在销售过程中，不涉及其他的分销渠道成员，因此可以避免渠道成员目标不一致或行动不协调所引起的问题和麻烦。

不足：

（1）生产者要设立自己的销售机构，会相应地增加各种销售费用；

（2）生产和销售是两种不同的职能，各有自己的工作特点和工作方式，企业进行直接销售容易分散生产者的精力，从而最终影响到企业的生产工作；

（3）生产者自身的销售力量总是有限的，只依靠直接渠道进行销售不利于市场的扩大；

（4）生产者从事销售要相应地增加产品库存，占用流动资金，而且电子电器产品库存集中在生产者手中，当市场环境发生不利变化时，生产者要承担较大的营销风险。

2. 间接渠道

间接渠道的优点：

（1）生产企业不需要与大量的消费者直接接触，只需要面对数量有限的中间商，可以节省在营销上的费用；

（2）专业化的分工，中间环节的介入，扩展了产品销售覆盖面，还可以借助中间商的声誉和经验，提高产品的市场占有率；

（3）由于中间商具有挑选、整理、分类、装配、加工能力，可以把生产中的一些简单工作转移到中间商的手中，从而减少生产工序；

（4）中间商的介入也可以起到方便消费的作用，适应消费者的需求；

（5）中间商拥有庞大的销售网络，能够掌握市场动态，具有较强的引导消费和反馈市场信息的能力，分担了企业经营风险。

不足：

（1）中间商的介入，相应增加了销售环节，从而使销售费用有所上升，使消费者面临电子电器产品价格上升的事实，使电子电器产品从生产者到达消费者经过的时间增加；

（2）中间商掌握的维修、安装技术有限，对电子电器产品的生产过程和技术性能不是很了解，只能向消费者提供有限的售前、售中和售后服务；

（3）中间商的介入使生产者对于销售渠道的影响被削弱，弱化了生产者和消费者之间的联系，各种市场信号在传递过程中可能会被扭曲或失真，从而影响企业营销计划的效率。

（4）中间环节不宜过多，否则会增加产品的经营成本。

3. 长渠道

长渠道的优点：批发商和零售商组成的渠道长，分布密，可以有效地覆盖市场，从而扩大电子电器产品的销售范围和销售规模。渠道越长，则批发商、代理商、零售商的营销任务越多，企业的经营业务机会减少，有利于集中精力从事生产。

不足：销售环节多，会增加销售费用，使电子电器产品价格相应提高，影响了电子电器产品的竞争力。长渠道中间环节多，使信息反馈变得慢而失真率高，妨碍企业的有效决策。中间商增多，使生产者和中间商、中间商和中间商之间的关系更复杂，建立密切的合作关系也显得更加重要。

4. 短渠道

短渠道的优点：由于环节少，电子电器产品流通时间短、费用省，可以增加电子电器产品的竞争力，信息反馈迅速，生产者和中间商之间容易建立直接、密切的合作关系。

不足：由于渠道短，难于向多个市场范围扩展，市场覆盖面小。同时，短渠道使渠道分担风险的能力下降，增加了生产者的风险。渠道越短，则企业的经营任务越多。

5．宽渠道

宽渠道的优点：有利于使产品迅速进入流通和消费领域；有利于中间商竞争；可以不断提高产品销售效率，尽快实现产品价值，满足消费需求。

不足：由于中间环节较多，产销关系松散，企业必须加强与中间环节的合作。

6．窄渠道

窄渠道的优点：有利于企业与中间商之间相互依附关系、利益关系保持密切，通过密切合作提高销售能力。

不足：窄渠道由于双方的紧密联系，如一方发生变化，则另一方就会产生风险。

> **想一想：**
> 请你说说看，结合前面的分析，你也来分析一下，宽渠道和窄渠道的优缺点。

项目四　电子电器产品的终端销售方式

学习目标

1. 了解电子电器产品有哪些终端销售方式。
2. 能合理分析电器产品各种终端销售方式的利弊。
3. 能正确运用各种不同的终端销售方式，扬长避短，应对营销市场环境的变化。

学时安排　2 学时

知识模块结构图

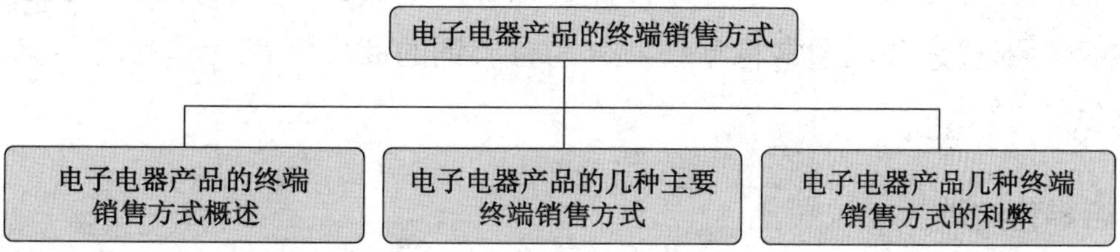

营销案例导入

海尔公司的微博网络营销

一名网友在微博上说想买一台豆浆机。引来众多的家电企业官微评论，这条微博转发量超过 12 万，评论过 9 万。众多的企业乘此机会在各自的官微上推出广告促销、抽奖活动等营销活动。但是等这次微博红利期高峰一过，绝大多数企业官微就降低了更新频次时，海尔公司却仍然不断更新微博，使得微博内容更加趣味化，并在各大微博红人区抢热门评论，抢回复，与网友互动很接地气。使得海尔公司的产品深得人心，再次在微博上形成一股海尔热潮。

基础理论知识介绍

一、电子电器产品的终端销售方式概述

一般来说，电子电器产品只有经过零售商才最终完成从生产领域经过流通领域的运动过程。简单地讲，零售商是指将电子电器产品和服务直接销售给最终消费群体的企业，也称为电子电器产品终端销售企业。

小贴士：

零售商的职能可以用五个“合适”来说明，那就是，合适的电子电器产品、合适的地点、合适的时间、合适的价格、合适的数量。

随着社会的进步，科技的发展，市场的竞争，企业的营销渠道日益缩短，终端销售越来越受到企业的关注，除零售商外的非商店零售商在渠道中的终端地位越来越重要了。

知识链接：

20 世纪 80 年代家电企业主要依赖于原有的百货商场作为家电产品的分销渠道。在 90 年代后期，中国家电销售网络发生迅速变化。家电销售中百货商场逐渐减少，家电连锁经营崛起。家电的零售市场份额已向一些家电销售经营巨头集中。目前我国家电可分为传统渠道和新兴渠道两种，专业家电连锁店是新兴渠道的典型代表。

二、电子电器产品的几种主要终端销售方式

零售业的分类多种多样。改革开放前直到 20 世纪 80 年代，中国的零售业根据经营电子电器产品的品种范围和规模大小可分为百货商店、专业店（如收音机、电视机商店等）。

按零售经营形式划分，通常将零售业分为有店铺的商店零售、非商店零售以及合作零售组织等方式。

1. 商店零售终端

商店零售终端是指有固定实体商店，独立从事产品的零散销售业务，对经营的产品拥有所有权的企业，即店铺销售。

消费者在购买电子电器产品与接受服务时，可以选择的商店越来越广泛。主要有以下几种零售店类型：专业商店、百货商店、超级市场、购物中心等。

专业商店：一般经营单一电子电器产品线甚至单一电子电器品牌产品，或经营针对某个消费者群，品种较为齐全的电子电器产品，便于消费者选择。

百货商店：经营范围广，品种繁多，规格齐全。除日用百货外，电子电器产品销售也为其中一部分。

超级市场：商品分类上架，自选商品为主，集中结算付款。市场经营范围大，是消费者光顾频繁的零售商形式。主要经营食品、日用品、电子电器产品、服装等。

购物中心：占地面积大、产品种类齐全，由众多商店组成（包括电子电器产品商店），集购物、餐饮和娱乐于一体的超级购物广场，能满足消费者综合消费需求。

2．非商店零售终端

非商店零售终端是指借助其他形式而非固定实体商店，独立从事产品的零散销售业务，即无店铺销售。

虽然大多数货物和服务是由商店销售的，但是非商店零售的发展速度也很快。非商店零售商按其借助的具体形式主要有三种方式：直复市场营销、直接销售、自动售货。

直复市场营销：营销者用一种或多种广告媒体（如广告牌、报纸、电台、电视机等）传播产品信息，介绍所销电子电器产品，消费者通过打电话等形式订货，订购的产品一般通过邮寄或快递交货，消费者用信用卡或手机转账等形式支付。

电视营销和网络营销也都属于直复市场营销的方式。通常都是在电视或网络上播出一到两分钟的广告，劝诱性的介绍一种产品，消费者可以通过随广告播出的免费电话订货。也可以是对某种产品用一定时段播出广告节目，介绍产品功能、价格、进行效果演示等，促使消费者产生购买意向达成交易的销售方式。实施过程中应确定有看电视和网络习惯和爱好的目标消费群；因广告费用高，应确定合适的、价值较大的日常生活用的家电产品，日常生活用家电广告能促使消费者产生购买冲动；还应注意确定节目内容，网络、电视广告可以树立企业和产品形象，提高知名度、美誉度。电视、网络营销最终目的是为了让消费者订货，所以制作时要主题鲜明、贴近生活、有可信度，产品功能、特征、使用效果、价格、购买方法等信息是重点。

直接销售：营销者通过雇佣、培训推销人员，由其直接与消费者面对面推销，或举办推销会，由销售人员向参会人员介绍电子电器产品。为了更好吸引消费者有时还会赠送些小礼品给参与者。从发展看，除某些特定种类电子电器产品向特定消费者可以直接销售外，这种方式逐渐被电子销售所代替。

自动售货：利用自动售货机进行销售。自动售货机可提供全天候服务，目前只能对微小产品销售使用。但可以广泛安置在很多地方，方便消费者购买。

社会生产和消费需求的发展变化，新的非商店零售终端的方式还将不断涌现。

三、电子电器产品几种终端销售方式的利弊

几种终端销售方式的利弊及应对，如表 6-1 所示。

表 6-1　几种终端销售方式的利弊及应对

类　型	利　弊	应 对 方 法
专业商店	利：电子电器产品规格齐全 弊：电子电器产品类别受限制	增加电子电器产品种类，扩大经营范围
百货商店	利：电子电器产品种类齐全 弊：电子电器产品规格受到限制	增加电子电器产品规格，更新电子电器产品，加速电子电器产品换代
超级市场	利：电子电器产品价格低 弊：电子电器产品规格和种类不如专业商店	增加电子电器产品规格，更新电子电器产品，加速电子电器产品换代
直接营销	利：更好了解消费者信息，面对面介绍产品 弊：人员成本费用高，越来越受到人们的反感	特定产品对特定消费者使用此方式
直复市场营销	利：可以使广告信息所到之处迅速产生需求反应 弊：达不到刺激消费者的偏好和树立品牌形象	可在广告费用支出一定范围内选择可获得最大订货量的媒体做广告，以达到实现潜在的交易
电视、网络营销	利：通过场景与声音的结合，使产品由静态转为动态，效果直观、强烈；产品的演示，可使有购买意愿的观看者注意力集中，信息接受率较高 弊：制作成本高；某种产品只对特定的消费者有吸引力；播放时间和次数有限，稍纵即逝	创新电视、网络营销方式——家庭购物节目。通过建立专门销售某种产品的完整节目，观看者只需锁定即可随时收看，并通过免费电话与企业联系
自动售货	利：可全天候售货服务 弊：需经常为分散的售货机补货，售价通常较高	合理安排补货，广泛设置在需求高的地方，方便消费者购买

项目五　电子电器产品的实体分配

学习目标

1. 了解电子电器产品实体分配的含义及其应考虑的因素。

2. 能正确分析电子电器产品实体分配各因素的特点及其适用范围，从而制定正确的实体分配方案。

3. 能正确确定最佳存货量。

学时安排　1 学时

知识模块结构图

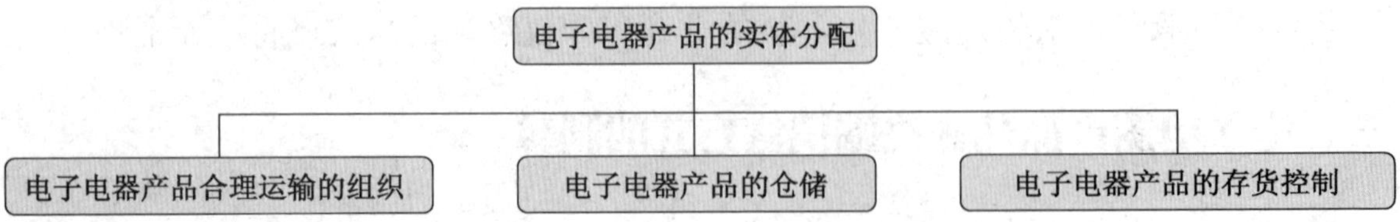

营销案例导入

家电行业在激烈竞争中都把物流放到了企业发展的重要地位。企业整体物流系统是应用整体系统的方法进行实体供给和实体分配。海尔公司采用 7R（适当的成本 RightCost、适当的时间 RightTime、适当的地点 RightPlace、适当的消费者 RightCustomer、提供适当的数量 RightQuantity、适当的品质 RightQuality、适当的产品 RightProduct）模式以达到提高服务、降低成本、增进企业利润目的。短短几年就取得了骄人的成绩，对企业的发展起到了积极的作用。后在实践中不断重组、整合，通过统一采购，实现每年降低材料成本 5%；统一仓储使呆滞物资降低 90%，库存资金减少 63%；实施一体化供应链管理，下达订单周期由原来的 7 天以上缩短为 1 小时以内；订单响应速度由整合前的 36 天缩短到不到 10 天。时至近年，海尔公司随着国内外家电市场的变化仍不断在优化着实体分配。

基础理论知识介绍

电子电器产品的分销是否成功，不仅受分销渠道的制约，很大程度上还受企业实体分配能力和决策的制约。

什么是实体分配呢？它是指通过计划、执行和控制，将原材料和制成品向用户转移，以满足他们的需要的过程。对实体分配的理解，存在广义和狭义之分。广义的实体分配是包括原材料向企业的转移、半成品在企业内部的流转和制成品向用户的转移。而狭义的实体分配仅指制成品从生产者向消费者的转移。狭义的实体分配是营销学所要研究的发生在分销渠道内的电子电器产品的实体转移。

小贴士：

实体分配决策时要考虑哪两个重要问题呢？

企业管理者关心的第一个问题是实体分配的总成本，这在生产企业销售额中占有较大的比例。实体分配决策的不协调，会导致较高的成本，影响企业的利润水平。因此，企业应从库存、运输、仓储、店铺设置等方面进行实体决策，以有效地降低成本。

企业管理者关心的第二个问题是实体分配能有效地促进消费者购买。企业可以通过改善实体分配活动，提高服务质量，在消费者需要的时间和地点及时、足量地提供电子电器产品，以满足消费者的需求，并吸引新的消费者。

一、电子电器产品合理运输的组织

运输是影响消费者满意程度的又一次实体分配决策，因为运输的好坏决定了是否能准时送货，直接影响到电子电器产品的价格和电子电器产品在抵达运送地时的损耗情况。

小贴士：

① 运输决策主要包含两个方面的内容，即选择运输方式和选择运输路线。

② 运输决策有五种主要的运输方式可以选择，分别是铁路、水路、公路、管道和航空运输。

1．企业需要针对不同电子电器产品对运输的要求，选择合适的运输方式

（1）铁路运输成本低廉，适用于长距离、大批量、单位价值较低的笨重电子电器产品的运输。随着新的运输方式的发展，铁路运输在运输中所占的份额正在缩小，但它依然是重要的运输工具，发挥着不可替代的作用。

（2）水路运输是最慢的运输工具，受气候的影响很大，但其运输成本很低。水路运输一般适用于体积较大、价值较低、不易损坏的电子电器产品。很多电子电器产品是利用各种船舶在内河和近海水域运输的。

（3）公路运输的特点是灵活、迅速、适应面广。他们能够直接送货上门，不需要倒装，减少了装卸的次数和产品的损耗，适用于中、小批量电子电器产品近距离的运输。公路运输费用较高，但因能提供快速的服务，所以很多时候较铁路运输有较强的竞争力。

（4）航空运输在运输业中的比重很小，但作为一种先进的运输工具，其重要性正日益显现。航空运输比铁路运输、公路运输的成本要高很多，但是对于那些要求到货速度甚于成本、需求时间紧迫的电子电器产品而言，航空运输是理想的运输方式。一般来说，航空运输的优点适用于高价值、小体积、精密电子电器产品的运输。航空运输的优点是迅速可靠，能为用户提供良好的服务。

2．企业需要从三个方面选择运输路线

一是把货物运送到消费者处所需的时间尽可能短；二是尽量减少总的运输距离；三是保证用户得到良好的运输服务。具体确定运输路线时，企业常常运用线性规划等数学方法。

二、电子电器产品的仓储

仓储决策包括确定仓储场所的数量、选择仓储地点和仓储类型。

（1）企业必须首先确定储存场所的期望数量。储存场所越多，企业就能更迅速地将电子电器产品送到消费者手中。但是，仓储场所的设立费用和管理费用会随着其数量的增加而增加。仓储场所的数量的确定必须兼顾企业要达到的服务水平和能承担的分销成本。

（2）仓储地点的决策要考虑消费者的地理位置、交通的便利程度、每个订单的数量和供货的频率。例如，有的企业将仓库设在工厂附近，有的设在消费者集中的地方，有的则分散在全国各地。

（3）企业在仓储类型上可以有多种选择。如企业可以选择使用自有仓库或是租用仓库。自有仓库便于企业的控制，但牵制了企业的资本的使用；租用仓库则灵活，有较大的选择余地。企业还可以选择使用储备仓库或是中转仓库。储备仓库的电子电器产品储存时间为中期到长期；中转仓库从各个工厂收到存货后会尽快发送出去，储存时间为短期。在仓库形态上，企业可以选择老式的多层建筑的仓库，也可以选择新式的自动化仓库。老式仓库效率缓慢，而新式仓库借助计算机管理和自动化设备提高了效率，降低了成本。

三、电子电器产品的存货控制

存货水平是影响消费者满意度的另一项实体分配决策。为了保证消费者的需求和足量、准时地供货，企业应该维持较高的存货水平。但大量的存货会增加储存成本，占用流动资金，加大市场风险，最终影响企业的经济效益。

企业在进行存货控制时，要分析高存货带来的销售量和利润的上升是否能抵补高存货形成的成本，要在服务水平和存货水平之间寻求平衡存货量。存货控制包括何时进货和进多少货两个问题。

进多少货的问题即确定订货量的问题。

小贴士：

何时进货要考虑“订货点”的问题。

企业的存货水平随销售的进行而不断下降，当降到一定数量时，就需要重新订货，这个需要重新订货的存货量就是“订货点”。订货点是企业事先制定的，订货点的确定和办理订货手续的繁简、运输时间的长短、使用频率的高低、发生意外情况概率的大小、所要求服务的多少等因素有关。订货点不能定得太高，否则存货过量会增加费用；当然也不能定得太低，否则企业面临产品脱销的风险。最终的订货点是在权衡风险和成本之后才确定下来的。

订货量大，订货次数就少，企业用于订单处理的成本就低些。而订货量少，订货次数就多，企业用于存货的仓储保管费用就少些，这些保管费包括仓储费用、占用的资金成本、保险费用、产品折旧和报废形成的成本等。因此，企业在进行订货量决策时，必须权衡两种成本的支出，确定一个最佳订货量，使总成本达到最小。因为，随着订货量的上升，分摊到每一电子电器产品的单位订单处理成本会随之下降，而单位存货保管成本会随订货量的上升而增加。当订货数量使两种成本支出的总和存在一个最小值，即最佳订货量，如图 6-10 所示。

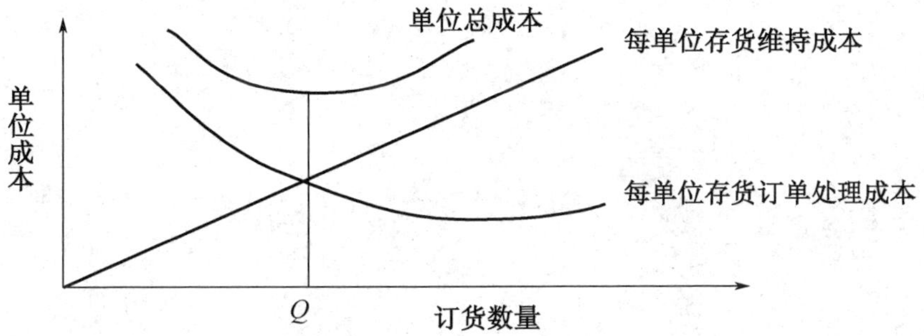

图 6-10 最佳订货量的决定

最佳订货量可以通过观察以往不同的订货量水平发生的订单处理成本和保管费用之和的情况来确定，也可以通过公式计算得到。计算公式为

$$Q=\sqrt{\frac{2RC}{PI}}$$

式中　R——年需要量；

C——每次订货费用；

P——单位成本；

I——存储费用率。

因此，确定产品的订货量要充分考虑到年需要量、单位订货费用和成本，以及仓储费用率等问题。

习题六

1．简述如何合理运用电子电器产品分销渠道的功能，制定正确的渠道策略。

2．简述如何正确分析分销渠道的类型，合理运用其关系。

3．分析电子电器产品各种终端销售形式的利弊，及如何运用各种不同的终端销售形式，扬长避短，应对营销市场。

4．影响电子电器产品分销渠道选择策略的因素有哪些？简述电子电器产品分销渠道的策略类型。

5．简述电子电器产品实体分配各因素的特点及其适用范围，以及如何制定正确的实体分配方案。

6．如何确定最佳存货量？

实训六

了解市场，举一两例分销渠道的策略类型，并试分析其应该如何合理运用不同的渠道策略为企业带来竞争优势。

模块七

电子电器产品市场营销策略之四：促销策略

在本模块的学习中，我们将一起来学习电子电器产品分销渠道的概念、功能、类型、分销渠道的策略类型、分销渠道的方式等相关知识；学习如何正确分析并合理运用不同的渠道策略为企业带来竞争优势；学会合理分析并正确运用各种不同分销渠道方式及各种终端销售形式，扬长避短，应对营销市场的变化；学会正确分析电子电器产品实体分配各因素的特点及适用范围，并能制定正确的实体分配方案。

项目一　人员销售

学习目标

1. 了解在电子电器产品营销中人员销售的特点及管理。
2. 能合理接受各种方式的培训。
3. 能掌握并正确运用常用的销售技巧。

学时安排　1 学时

知识模块结构图

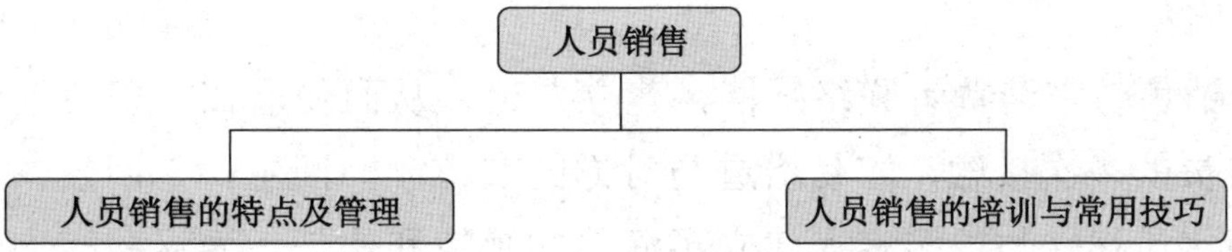

营销案例导入

从 1978 年创业起家到如今的世界微波炉霸主，广东格兰仕集团留给人们太多的惊叹，“格兰仕现象”“格兰仕奇迹”等字眼频繁见诸各大媒体，同时也被业内专家和经济学者称道。2007 年 6 月格兰仕启动的“Elite 实习生计划”又一次吸引了媒体的眼球和各大高校的关注。记者以此为切入点，寻找格兰仕成功的钥匙之一：人才战略。

在进行人员销售时，推销人员只有掌握一些销售技巧才能更容易打动消费者的心。如在销售扫地机器人时可根据卖点向消费者提问一些封闭型的问题，即尽量让消费者回答“是”的问题。什么外观是否时尚，声音是否小等。一旦消费者说“是”，销售过程就可继续了。再有就是尽量让消费者参与到销售互动中，让消费者亲手操作体验，增加其购物信心；通过设想使用后潜意识的暗示，可使得销售成功的概率大增。还有一些销售技巧可综合运用。

基础理论知识介绍

人员销售是企业通过推销人员直接向消费者或消费者进行推销，说服消费者购买的一种促销方式。人员销售主要用来对企业、政府机关、事业单位购买的产品和服务进行销售推广。这种方式尽管是最古老的，然而在现代市场上，它仍然发挥着重大作用，是现代企业开拓市场的一个重要手段。为什么人员销售在现代企业和市场中仍具有如此重要的地位呢？这与其特点、管理有关。

一、人员销售的特点及管理

1．人员销售的特点

（1）人员销售工作弹性大。能充分发挥人的主观能动性。人员销售是由消费人员直接把商品“推”给消费者，在与消费者面对面的交谈中，可以观察到对方的情绪、态度和特点，随时调整自己的推销技巧，还可多次与其接触。

（2）人员销售信息双向沟通。便于了解购物的需求和动机，并及时将这些信息反馈给企业。由于电子电器产品科技含量较多，因此，销售人员在与消费者的直接接触中，一方面可以向其介绍宣传本企业的产品及其他有关情况，另一方面又可以听取其意见和要求，这样，就使双方的信息得以沟通。销售人员把这些意见和要求及时反馈给企业，企业以此为根据对产品加以改进和提高，从而使产品更加符合消费者的需要。

（3）人员销售能直接提供咨询和其他技术服务。消费者在购买商品中有什么疑问，销售人员可以马上解答，有的商品需要提供安装或操作使用服务，销售人员可及时解答，有利于其放心地购买。

（4）人员销售易与消费者联络感情，建立友谊，从而使潜在消费者转化为现实的消费者。销售人员的多次接触，容易增进与对方的友谊。一回生，二回熟，三回成为好朋友。优秀的销售员往往与许多客人建立了深厚的感情和信任，而这些客人也就成了他的长期买主。

（5）人员销售与广告相比，其针对性强，无效劳动少。广告所面对的受众范围广泛，其中有些根本不可能成为企业的消费者。而销售人员总是带有一定的倾向性访问消费者，目标明确，往往可以直达目标，因而，无效劳动较少。

2．人员销售管理

电子电器产品市场人员销售的管理主要从提高销售人员的素质入手。当一名好销售员并非易事，需要有较高的思想素质、文化素质、业务素质和身体素质。

（1）思想素质。销售人员应具有良好的道德品质和正确的销售观念。文明经商，作风正派，不弄虚作假，以劣充优，不招摇撞骗，坑害消费者，不见利忘义，唯利是图，真心实意地为消费者服务；要严格执行国家的政策、法规，给消费者以可靠感。同时，还要有吃苦耐劳、百问不厌的精神和坚韧不拔的毅力。

（2）专业素质。销售人员应具备一定的文化水平和专业素质。现在市场上电子电器的科技含量都较高，销售人员具备一定的文化素质。上岗前乃至工作中应不断加以对所销产品的专业知识学习，提高销售水平。合格的销售人员，应具有一定的经济学、管理学、心理学、公共关系学等方面的基础知识。在此基础上，还要有较深的市场营销学、推销学、电子电器专业基础知识，并能有效地运用这些知识。

（3）业务素质。销售人员不仅要知识面广，而且要具有丰富的业务技能和销售经验，能够排除种种推销障碍，成功地说服消费者采取实际购买行为。对销售人员的业务要求如下。

第一，熟悉业务，掌握企业、产品、消费者和市场等方面的情况。企业情况包括企业的历史，现状及发展战略，企业在同行中所处的地位，企业生产经营的产品及其定价、渠道、销售方式、服务项目等；商品情况包括商品的功能、用途、用法、维修、式样、规格、包装，电子电器产品的耗电量等；消费者情况包括其购买心理与购买行为、购买习惯、购买决策权、购买条件、购买方式和购买时间等；市场情况包括市场竞争状况、现实消费者情况、潜在消费者及潜在销售量等。

第二，熟悉行情，善于捕捉各种有关的市场信息。销售人员应当思维敏捷，善于捕捉各种有关的市场信息并能及时从中分辨出有价值的市场信息，并加以有效利用。市场信息来源十分广泛，销售人员必须是这方面的有心人，时时留心，处处注意，不断向企业提供具有新价值的市场信息。

第三，善于察言观色，具有较强的应变力。销售人员要与消费者打交道，所接触的众多客人在性格爱好等方面均有差异，销售人员应能针对这些差异分别采取不同的销售策略。

第四，善于言辞，具有较好的表达能力。销售人员要说服消费者采取购买行为并非易事，必须有一定的语言艺术。否则，不仅难以说服其购买，还会使其产生反感。常言道："会说的说笑了，不会说的说跑了"。优秀的销售人员应当善于言辞，具有较强的表达力。

（4）身体素质。销售工作是一项十分艰苦的工作，经常出差在外，四处奔波，或长时间接待消费者，没有一个健康身体是无法胜任的。为此，要求销售人员必须经常锻炼身体，以饱满的热情和旺盛的精力来完成好本职工作。

二、人员销售的培训与常用技巧

人员销售的培训必不可少。销售培训是有费用支出的，但培训意义重大。培训费用是对销售人员的一种投资。人员销售培训具体目标应该包括以下内容。

1．要销售人员了解本企业各方面的情况

大多数企业把培训计划的第一部分都安排为介绍企业历史和经营目标、组织结构设置和权限情况、主要的负责人员、企业财务状况和措施，以及主要的产品和销售量。

2．要销售人员通晓本企业的产品情况

培训人员应向销售人员介绍产品制造过程及各种用途，说明本企业产品的功能及使用方法。

3．要销售人员深入了解本企业各类用户和竞争对手的特点

销售人员要了解各种类型的消费者的购买动机、购买习惯。要了解本企业和竞争对手的策略和政策。

4．要销售人员要知道如何做有效的推销展示

销售人员要接受推销术的基本原理。此外，企业还应专为每种产品概括出推销要点，提供推销说明。

5．要销售人员懂得实地销售的工作程序和责任

销售人员要懂得怎样在现有消费者和潜在消费者间分配时间，合理支配费用，如何拟定报告，拟定有效推销路线。

6．销售人员常用技巧

（1）刺激反应法。主要是销售人员通过“劝讲”来刺激消费者的反应。其做法是，销售人员在不了解消费者需要的情况下，事先准备好几套介绍方法。在询问时，销售人员先介绍（刺激），看消费者的反应。通过运用一系列刺激方法来引起消费者的购买行为，这一方法主要是用于消费者没有明确的购买目标或对各种品牌举棋不定时。

（2）销售公式法。主要是销售人员通过“劝讲”引起消费者的交谈兴趣。即设想其在实际购买前要经历注意→兴趣→想买→决定买这几个阶段，并用一种“公式化的谈话”来吸引消费者逐一越过这些阶段而成交。其做法是，销售人员事先已基本了解消费者某些方面的需要，在访问中销售人员先多讲，讲到“点子”上时就会引起消费者的交谈，以至在相互交谈中促成交易。

（3）需要满足法。主要是销售人员通过“劝讲”引出消费者的需要，而后说明怎样满足。其做法是，销售人员先要设法引起消费者的需要，然后说明所推销的产品如何能满足这些需要。这是一种创造性推销，要求销售人员具有较高的推销技巧，甚至使消费者感到销售人员成了他（她）的参谋。

上述3种销售技巧，各有所长，必须灵活加以运用。当消费者对产品的关注度不高时，宜应用刺激反应法；当大多数消费者有类似需求和要求时，不论是招揽订货还是接受订单，

销售公式法都可适用；而在应对消费者的不同需求时，需要满足法更显重要。

项目二 广告促销

学习目标

1. 了解在电子电器产品营销中广告促销的特点及决策。
2. 了解广告效果评价的内容。
3. 掌握对广告促销效果进行评价的方法。

学时安排 2 学时

知识模块结构图

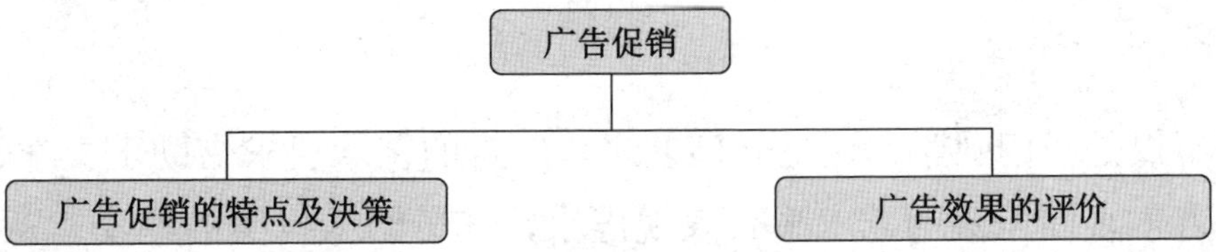

营销案例导入

2008 年北京奥运会期间，海尔公司统揽了央视网所有视频资源，视频框包装+视频贴片的广告形式组合，使观众在观看央视网的奥运会视频时都会看到海尔公司的企业形象广告和产品形象展示，海尔公司的“有视频的地方，就有海尔”的视频广告无疑随着奥运会得以在海内外传播，巩固了海尔公司的企业和产品形象。由于广告效果良好，继而延续到 2009 年春节。

基础理论知识介绍

一、广告促销的特点及决策

企业从事广告促销活动，总的要求是既要符合国家的政策和法规，又要吸引和刺激消费者购买商品。

1. 广告促销的特点

1）真实性

真实是广告促销的生命，失去真实，广告促销就失去生命力。广告促销的真实性要求广告对产品的介绍必须符合实际，要诚实地说明产品的本来面目，向消费者提供经得起检验的信息，从而真正起到扩大销售、促进生产、指导消费的作用。真实，才能使产品和企业在广大消费者心目中树立良好的形象，企业才能享有较大的市场占有率。那种弄虚作假的广告，尽管有可能骗人于一时，但最终必然会失信于大众，败坏企业和产品的声誉，严重者还会受到法律惩罚。

2）思想性

任何广告都应注重思想性，弘扬社会主义核心价值观，注重社会效果。强调广告的思想性是指要求广告促销宣传内容要健康、积极向上，不能为了刺激需求，扩大销售而宣传低级、庸俗甚至腐朽的东西。企业在广告促销中，既要讲经济效益，也要讲社会效益，要把思想性寓于广告促销的内容之中。

3）科学性

广告促销是一门科学，广告的制作和宣传都要讲求科学性。广告的科学性是建立在真实性和思想性基础上的。它要求广告必须符合科学发展的要求，设计合理、制作精细、工艺优良、技术先进、节省材料、文字规范，能概括描述产品的基本特征，并以最少的费用取得最大的效果。

4）艺术性

广告促销不仅是一门科学，还是一门艺术。广告的艺术要求借助于文学、美术、音乐、戏剧、曲艺等人们喜闻乐见的艺术形式表现出来，充分给人以美的享受。从而吸引和感染消费者。讲究广告的艺术性，必须在广告策划上推陈出新、富有创造性、独具匠心、不落俗套。例如，“海尔洗空气空调，把长寿村的健康空气带回家”。通过用孩童口吻描述了春雨后极佳的空气质量，画面展现广西巴马长寿村的美景美物的自然环境为人们带来优质空气的感受，以此类比海尔洗空气空调通过生态水幕水洗科技净化后的空气，这种广告的美感易于受众的观赏，从而激发其购买欲。

2. 广告促销的决策

做任何一件事情，要想获得预期的成功，首先就要把与这件事情相关的情况调查清楚，才有可能做出正确的分析判断。电子电器产品广告促销的决策也是如此。

1）做好广告促销活动之前的调查

企业在开展广告促销活动之前，必须清楚了解广告产品目前在市场上销售情况怎样，也就是供求关系怎样。了解清楚这一点，对于是否投入大量资金开展广告促销活动具有很大参考价值：广告产品在同类竞争产品中，有没有与众不同，独一无二的功效或优势，而且这种功效或优势又是消费者最需要的；如果广告产品价格太高，或包装太差，或质量明显低劣，或销售网点分布不合理，或存在其他严重的销售障碍，即使广告做得再好，也难以推动销售。除此外，企业还需拥有足够的、大量的、源源不断的货源，才值得花大价钱去做广告宣传，否则得不偿失。企业广告宣传的力度，也像产品生命周期规律一样，成周期性的变化，这也是在企业做出广告促销决策之前应首要考虑的问题。

2）对广告公司进行调查与选择

企业开展广告促销活动要选择一家最合适的广告公司，全部代理自己的广告宣传和促销活动。广告公司的类型分为综合性和专业性两种类型。综合性广告公司规模较大，能为消费者提供广告调查、策划、创作等全方位服务，并有较大的工作场地和完备的设备，专业人员素质水平较高。专业性广告公司只为消费者代理某一类广告，或只经营广告活动的某一部分，在某一类广告上或广告活动的某一个局部上具有自己突出的优势，但工作场地小，设备简陋。选择哪类广告公司也是决策前要考虑的。

3）企业在和广告公司签约后，还需要双方合作对市场上相关情况进行调查

这是采取正确、有效的广告促销措施的前提和基础。包括三方面内容：①对广告产品的目标消费者进行调查；如有可能购买广告产品的目标消费者是哪种类型的人，目前最大的销售障碍是什么；②对广告产品本身最能打动消费者购买的优点进行调查；③对竞争产品进行调查，如竞争产品的质量、价格、包装、销售网络、采用什么促销手段等。

小案例：

很多广告公司每月都向一些媒介公司订购竞争品牌的广告情报，都非常重视搜集竞争的举动。海尔公司几乎每个产品事业部都设有专门搜集同行竞争对手情况的机构。

4）对媒介的选择是企业开展广告促销活动中最需要的一环

如果是报纸、杂志应了解它的发行量；如果是电视机、广播，则要了解它所覆盖地区观众或听众的总人数，以及收视率或收听率。网络广告等新媒体的选择已经成为企业的优选之一，几乎所有的网络营销活动都与品牌形象有关，在所有与品牌推广有关的网络营销手段中，网络广告的作用最为直接。通过互联网，可浏览到大量商业信息，同时还可以发布自己的新产品信息、优惠促销信息等。

小贴士：

企业选择名人、明星等在做广告宣传代言时，既要看代言人是否适合广告产品；是否适合广告产品品牌个性；是否适合广告产品的消费群体，以及成本费用等，还应提前做好对代言人的品德、艺德等方面了解，远离是非人物，避免由于代言人的负面言行给企业形象带来负面影响和财物损失。

二、广告效果的评价

企业花钱做广告，最关心的是广告后的效果问题。有多少目标消费者收看或收听到广告；有多少人由此产生兴趣并购买广告产品；付出的广告投资是否值得；如何在广告发布之前、发布当中、发布之后及时地测定其效果，调整广告活动中存在的问题和缺陷。因此，广告效果的评价已经成为广告促销活动中一项重要的内容。

1. 广告效果评价的内容

广告效果评价可分为广告的信息沟通效果的评价和广告促销产品的评价。

1）广告的信息沟通效果的评价

广告的信息沟通效果的评价包括在一段特定的时间内，广告覆盖地区接触到广告一次以上的目标消费者总人数的比例，接触广告的次数和他们对广告相信的程度。对广告信息沟通效果的评定，能客观的判断广告作品和广告媒体的效力大小。因此构成了广告效果评价的主体。

2）广告促销产品的评价

广告促销产品的评价是评价广告发布一段时间后，广告商品增加了多少销售额。广告与销售额之间的关系是比较复杂的，一方面可能是广告活动本身确实存在缺陷或问题，使广告达不到促销目的；另一方面可能是广告之外的客观因素制约了销售量的增长。因此可以说，广告促销产品的效果好，其信息沟通效果一定好；而广告的信息沟通效果好，不一定促销产品的效果好。

2. 广告效果评价的方法

1）广告效果的事先评价

广告效果的事先评价，就是在广告作品发布之前，请消费者代表，或请专家和有经验的营销人员，或通过某种技术设备和技术手段，评价、预测广告发布后可能产生的实际效果。具体评价方法如下。

（1）专家意见综合法。例如，把两个广告作品或广告活动方案放在一起比较优劣，将挑出来的优秀作品或方案再次进行比较，直至选出最佳方案。

（2）消费者评定法。例如，一个电视机广告作品，可把这个电视机广告的声音和字幕去掉，请消费者看图像，看消费者仅仅凭看图像能否正确领悟广告的主题和创意，如果不能，就要对图像进行修改，一直到消费者只通过看图像，就能准确理解广告主题和创意为止。

（3）仪器评价法。例如，通过测定受试者的生理反应：心跳、血压、瞳孔的扩大、出汗等来评价广告引人注意的程度。

2）广告效果的事中评价

广告效果的事中评价，是指在广告发布过程中进行各种跟踪、调查，以测定广告的效果。

当发现广告内容本身、选择的广告媒体、广告发布的时间、广告发布的频率、广告媒体的组合发生较大偏差时，及时地对问题进行修改和调整，以减少经济损失，使广告达到预期目的。如广告发布后，调查人员直接到销售现场去观察广告产品销售的情况，同时询问购买了广告产品的消费者：你是怎样知道这一产品的？是广告吸引你来买的吗？还可询问现场销售人员，广告发布前后商品的销售有什么变化等。

3）广告效果的事后评价

广告效果的事后评价，就是在整个广告活动结束后对广告效果加以评估。

这是根据既定的广告目标来测定广告效果，因此，测定的内容视广告而定。例如，某公司做过两次广告，每次广告后，调查广告效果。如果第一次广告和第二次使用的广告内容，或广告媒体，或发布广告的时间和频率，比第一次有效得多，可就此为依据，进行必要的调整。

项目三　公共关系促销

学习目标

1. 了解电子电器产品营销中公共关系促销的特点。
2. 了解电子电器产品营销中公共关系促销的要求及主要形式。
3. 能正确运用各种不同方式的公共关系手段进行促销。

学时安排　1 学时

知识模块结构图

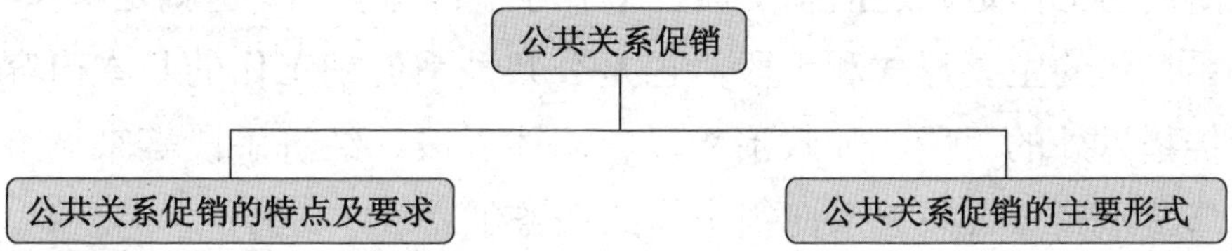

营销案例导入

海尔公司这个有着极高的知名度和美誉度的家电品牌企业，在 2020 年 4 月 21 日看到黑猫平台上有一位网友投诉，称 2019 年 10 月 22 日在芜湖市融汇广场海尔专卖店新店开业时现场的销售人员推销的一款净水器涉及虚假宣传。投诉给海尔公司造成非常不利影响。海尔公司没有推诿扯皮而是积极面对，立即调查核实着手解决。仅过几天，于 4 月 30 日网友在黑猫平台回复称已解决。海尔公司为消除影响，不久利用一次 5 月 21 日海尔公司一名服务工程师在途经四川自贡市富顺县的一个小区救了一名 5 岁女孩的偶发新闻事件，5 月 22 日海尔公司官方微博就发布消息为弘扬见义勇为的精神，传递正能量，对救人的工程师予以重奖。海尔公司的这一奖励措施引发巨大反响，网友纷纷点赞，更认可企业产品，树立了企业的良好形象。成功的通过公共关系化解了危机。

基础理论知识介绍

从市场营销角度讲，公共关系促销是企业为了树立自身的良好形象、扩大声誉而对社会公众开展的一系列活动。它是一种间接的促销方式，它直接目的是赢得消费者，扩大销售。

一、公共关系促销的特点及要求

1. 公共关系促销的特点

1）明确公共关系促销是一种公众关系的促销

公共关系是社会组织与其内外公众的关系，它不是私人之间的交往关系，而是一种群体间的社会关系。公共关系人员在开展工作时，必须以组织和公众的共同利益为出发点，而不能用个人利益去干扰甚至损害公众利益。

讨论：假如你是卖场的公关人员，当遇到销售人员与消费者发生纠纷时，你该怎样做呢？你是站在销售人员一边去指责消费者呢，还是通过自己的言行，协调卖场与消费者的关系，维护卖场整体的形象？还是其他？为什么？试举个例子说说你如何去做，大家评判补充。

2）公共关系促销是一种传播活动

公共关系促销的工作是通过信息交流，调节好主体与客体，也就是组织与公众的关系。传播是公共关系工作的主要形式和手段，也是公共关系促销工作的基本内容。如果超出这个范围，运用传播以外的手段，如政治手段、法律手段、经济手段等来调节组织与其相关公众的关系，那就不属于公共关系促销工作的任务了。

企业可以借助于一定的新闻媒介进行大众传播，也可以求助于社会公益活动进行人际传播、群体传播，还可以通过演讲、社交礼仪活动等进行亲身传播。其目的都在于使公众更好地了解组织，扩大组织的知名度。

3）公共关系促销是一种管理职能

公共关系促销是一项专业性很强的管理工作，有一套系统的工作程序，有完善的调查研究计划，有双向的信息沟通渠道，同各类公众保持密切联系和良好关系。因而公共关系工作人员常被吸收参与组织的决策活动，向决策者提供咨询服务等。从这点说，公共关系促销又是一种管理职能。

4）公共关系促销是一种长期行为

企业要想树立可靠的信誉和美好的形象，绝不是一朝一夕之功，而必须要经过有计划的、长期不懈的努力。必须经过平时点点滴滴的扎实工作。那种急功近利、临渴掘井的短期行为，是公共关系促销工作之大忌。

2. 公共关系促销的要求

公共关系促销要求，一方面公共关系的促销目标要为组织的总体目标服务，另一方面，公共关系促销的目标应尽可能具体化、数量化。企业制定正确的公共关系促销目标对知名度起到良好的作用，也保证了公共关系目标和企业的整个决策目标的实现。

二、公共关系促销的主要形式

传播是连接公共关系主体和客体、也称企业和公众的桥梁。公共关系活动的过程，同时也是企业与公众之间进行信息传播和交流的方式，公共关系工作从本质上说就是信息传播、信息交流的活动。因此，传播既是公共关系促销方式的手段，又是公共关系促销方式的过程。

传播是指人与人之间信息的传递与分享，是人们制作、传递、储存信息的过程。自人类诞生以来，就产生了传播行为，传播是人类社会赖以生存和发展的基础。

可以说，人们的交往就是一种传播，脑中的自我对话也是一种传播，如果说语言、声音、音乐是有声的传播，那么，手势、文字、绘画、服饰就是无声的传播，传播随时随地都存在着。

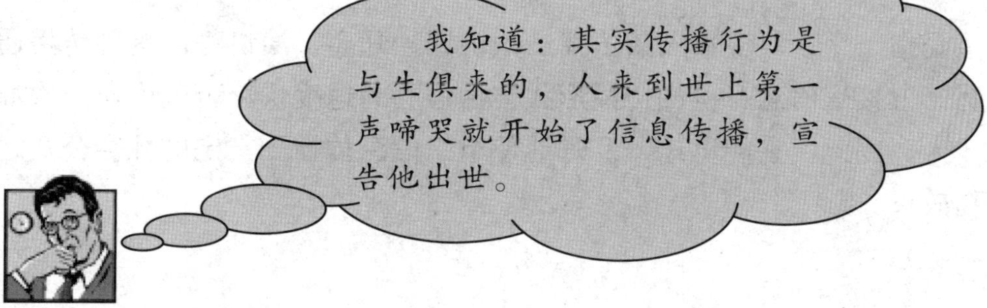

1. 人际传播

人际传播又叫人际沟通，是指个人与个人信息沟通。包括面对面的传播和非面对面传播两种情况，后者如写信、打电话等。虽然人际传播是个人与个人的信息交流、信息沟通，但是在公共关系工作中，公共关系人员利用人际传播的方式并不意味着是一种纯私人性的交往，而是作为一个社会角色和企业的代表来从事人际传播活动的。

人际传播具有的 3 个主要特点：

1）随机性

人际传播通常是面对面的信息交流和沟通，传播者可以及时得到反馈，了解信息发出后在对方引起的反应；可以根据这种反馈的信息来检查自己的传播行为，了解传播效果，以便及时调整自己的传播行为。因此，人际传播对于传播者来说，具有较大的随机性，便于随机应变。

2）灵活性

人际传播无论在时间还是在地点的选择上，都具有较大的灵活性。茶余饭后、旅游之中都可以利用进行人际传播；而休息室、火车上、家里，也都可以作为人际传播的场所。有时，在比较随便的场所反而更有利于双方的倾心交谈。这些都显示了人际传播的灵活性。

3）针对性

人际传播有较强的针对性。传播者必须考虑到接受者的个性特点、心理特征、经验范围等多方面的情况，并在这一基础上开展工作，这样才能获得较为理想的效果。同时，人际传播又利于传播内容的深化，便于对一些问题做深入讨论和交换意见。但是人际传播也有其局限性。它传播范围小，因而影响面也就比较小，但又是公共关系促销的主要形式之一。

2. 群体传播

群体传播是通过一定的组织形式进行的传播活动。群体传播的形式有 3 种：

1）小组传播

小组传播是指在 6～10 人进行的信息交流活动。如座谈会、总结会等。小组传播中切忌强行压制，应更多地运用民主的方法。

2）公共传播

公共传播一般是指一个人对多数人的传播。如讲课、开会、演讲等。这种传播通常是一方发出信息，另一方接受信息。这种传播形式传播信息的速度快，范围广，一次演讲会听众可达成百上千人。因此，它能迅速、及时地使组织信息传播到一定的社会公众之中，并收到较好的传播效果。

3）组织传播

组织传播是指企业所控制的媒介与公众进行的信息传播活动。组织传播面对的是群体或组织。组织传播主要运用企业自控的媒介，如企业内部刊物、黑板报、有线广播、闭路电视机等进行信息传播。此外，组织传播还可以通过展览、店庆、文体活动等公共关系专题活动来进行。

3. 大众传播

大众传播是职业传播者通过现代传播媒介，如报纸、杂志、广播、电视机、网络，向社会大众提供信息的传播方式。与其他几种传播形式相比，大众传播具有几种特点。

1）广泛性

人际传播、群体传播总要受到一定时间和空间的限制，接受传播的人数有限，传播的信息量也有限。大众传播借助于现代科学技术的力量，大大突破了时间和空间的限制，它的传播范围遍及一个地区、国家直至国际上众多的个人和组织；传播的信息涉及政治、经济、军事、文化、生活方式、思维方式、行为方式等，无所不包。

2）间接性

人际传播和群体传播，基本上是面对面的传播，信息传递较为直接，较少受到干扰，较少失真，并能及时得到反馈。大众传播接受者多而分散，传播者与接受者互相不熟悉，距离遥远，联系和反馈较为困难、缓慢，难免出现信息干扰和失真现象。

3）专业性

大众传播是一个拥有现代化制作技术和载体的机构。如报社、电台、电视台等，其工作人员以传播活动为职业，并具有明确细致的分工。

4）权威性

大众传播赋予所传播的信息以某种特殊的重要意义。社会上每天发生的事很多，但能通过大众传播媒介报道出来的只是很少一部分。因此，一条信息被报道出来这个事实本身就表明这条信息是很重要的；另外，人们对人际传播、群体传播中的某些信息，如非亲眼所见就难免持怀疑态度，但如果此信息经大众传播媒介报道就能起到证实事件真实性的作用，使人们坚信不疑。

项目四　销售推广

学习目标

1. 了解电子电器产品营销中销售推广的特点。
2. 了解电子电器产品营销中销售推广的内容及主要形式。
3. 能正确运用各种不同的销售推广方式进行促销。

学时安排　1 学时

知识模块结构图

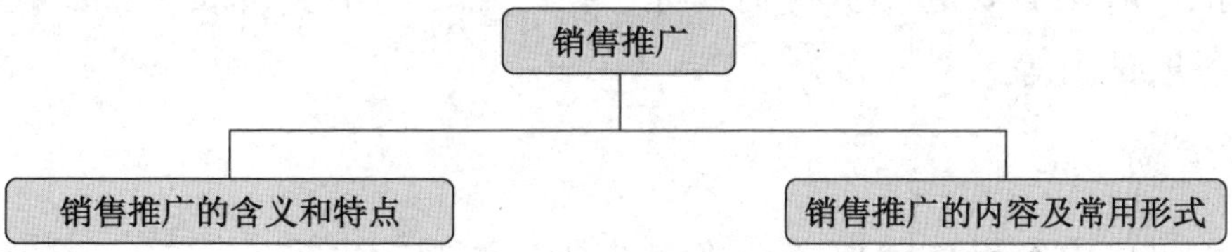

营销案例导入

企业促销产品或服务的四种途径是：人员促售、广告促销、公共关系促销及销售推广。在实际运用中，广告促销和销售推广更多的是用来促销人们生活资料产品。

基础理论知识介绍

一、销售推广的含义和特点

销售推广是指企业在特定的目标市场上为迅速起到刺激需求的作用而采取的促销措施。销售推广是电子电器产品市场促销策略的重要组成部分。对在短时间内争取消费者扩大购买具有特殊的作用。与其他促销形式比较，销售推广具有独特的特点，主要表现在以下几个方面。

（1）见效快。销售推广的措施一经推广和使用，能立即扩大销售。但这些措施必须以正确和可行为前提，否则会收到不良效果。因此，选用销售推广的措施必须考虑消费者心理、产品特点，以及外界环境等情况后才能做出决定。正确的销售推广措施能够迅速唤起广大消费者的注意，具有较强的吸引力或诱惑力，在短时间内收到良好的效果。

（2）变化快。采用销售推广的措施收效快，但变化也快。消费者对某种措施的兴趣时间往往比较短暂，一旦兴趣过去，这种措施也就失去效用。这就要求企业不断变更销售推广措施，做到花样不断翻新，使用如抽奖、赠送礼品、分期付款、现场演示等不同手段，不断刺激消费者的口味，促使其产生新的兴趣和需求。

（3）易逆反。销售推广的措施都具有一定的特殊性，针对性，刺激性较强。运用得当，能迅速产生积极效果；运用不当，会产生消极作用，使消费者感到销售者在急于兜售，从而引起对产品质量、价格等方面的怀疑。一旦引起猜疑，消费者往往会产生逆反心理。销售推广措施就会产生副作用。因此，企业应在运用销售推广手段时，尽力避免逆反心理现象出现，注意选择切实可行的措施，灵活多变的加以应用。

二、销售推广的内容及常用形式

1. 销售推广的内容

为了充分发挥销售推广的积极作用，避免出现消极现象，企业在开展销售推广活动中，首先要确定好销售推广的内容后，再加以实施。销售推广内容包括以下几方面。

1）销售推广的对象与目标

销售推广要明确推广的对象是中间商还是消费者；是男性消费者还是女性消费者；年龄段等。确定推广对象后要进一步明确目标，是为稳定老消费者还是发展新用户；是鼓励继续购买还是争取试用等。

2）销售推广的措施

在确定销售推广内容后，就要合理确定选择具体的销售推广措施。由于销售推广的各种措施特点不同，因而要比较后选择最适当的措施。一般说来，在一次销售推广活动中，选择的措施不宜太多，以便增强针对性。

3）销售推广的规模与时间

确定销售推广的规模，应与目标消费者结合起来考虑，如目标消费者面广，可把规模扩大。要尽可能选择效率高而费用省的销售推广方法，以收到事半功倍的效果。销售推广的时间一般不宜过长，以免出现逆反心理，失去吸引力。但也不可能太短，避免失去一些能够争取到的潜在消费者，造成促销遗憾。

此外，销售推广内容中还应包括参加者的条件、费用、预算及其他有关问题等。

2. 销售推广的常用形式

销售推广的形式很多，可根据不同的对象分为三大类：第一类是面对消费者的，有赠品、奖券、代金券、现场表演等；第二类是面对中间商的，有购货折扣、合作广告、推销奖金、经销竞赛等；第三类是面对销售人员的，有奖金、接力推销等。

知识链接：

销售推广的具体办法

① 赠送样品、纪念品、试销品等。可以挨户赠送，也可以在商店和闹市区散发，还可以公开广告赠送。这种方法有利于推销新产品，打开销路，但推广费用较高。

② 有奖销售。即企业销售某种商品时设立若干奖励，并印有奖券，规定购买数量。达到一定购买数量后，可获得奖券。这种推广方法利用了人们的侥幸心理，对消费者刺激性较大，有利于在较大的范围内迅速促成购买行为。

③ 展览和展销。即通过举办展览会、展销会进行现场表演、示范操作，招揽消费者。这种方法销售集中，说服力较强。

④ 廉价包装。即在商品包装或招贴上注明，廉价包装比一般包装减价若干。这种廉价包装可以是一件商品独立包装，也可以是几件商品的混合包装。这种方法对于刺激短期销路非常有效。

⑤ 商品陈列。即在橱窗或货柜前集中陈列商品，突出特色，吸引消费者的注意力。

⑥ 折价购货券。即由销售者向消费者赠送或散发折价购货券，持券者可凭此享受价格优惠的待遇。企业通常规定折价购货券的有效期、购货地点和折扣商品的品种。

⑦ 推销竞赛。即企业确定推销奖励的办法，刺激、鼓励中间商及企业推销人员努力推销商品，展开竞赛，成绩优良者给予奖励。

⑧ 表演销售。即由企业在销售现场表演操作方法，使消费者了解产品的构造及工艺流程，产生信任感，激发其购买的兴趣和欲望。

习题七

1. 简述电子电器产品营销员销售的特点、管理及培训。

2. 简述在电子电器产品人员销售营销中常用的销售技巧。

3. 简述在电子电器产品营销中广告促销的特点、决策及对广告促销效果进行评价的方法。

4. 简述电子电器产品营销中公关促销的特点、要求及主要形式。

5. 简述电子电器产品营销中销售推广的特点、内容及主要形式。

实训七

1. 通过市场调查，试分析你所调查的销售人员运用了哪些技巧，效果如何。

2. 试举一例运用公关促销的实例，并对其效果逐一分析。

3. 假如你是一名电子电器销售企业的销售人员，在向消费者促销时运用哪种推广方式进行促销，为什么运用这种方式？

模块八
电子电器产品新颖的经营理念与方式

在经济全球化时代，电子电器产品营销除去运用传统的经营理念与方式外，还应结合社会发展运用新的经营理念与方式从事营销活动。建立绿色营销、数据库营销、网络营销、定制营销等理念与方式适应市场的变化。

项目一　绿色营销

学习目标

1. 了解电子电器产品绿色化的几个方面及绿色营销的概念。
2. 掌握合理运用电子电器产品绿色营销的竞争手段，争取在竞争中立于不败之地。
3. 在绿色营销中增强环保意识、法律意识等。

学时安排　1 学时

知识模块结构图

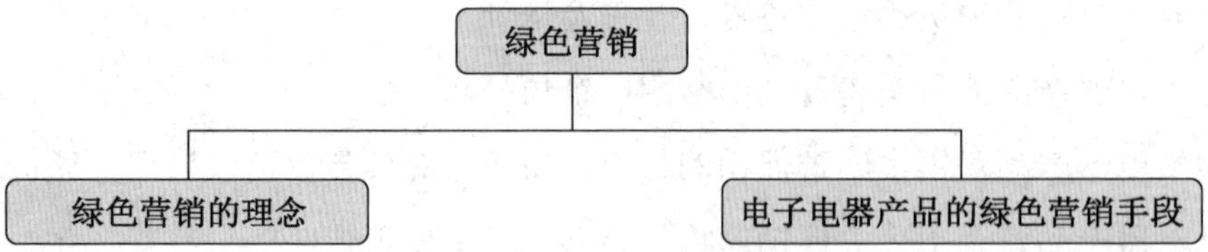

营销案例导入

电子电器产品绿色营销是在全球绿色消费的驱动下和我国节能减排，可持续发展战略及日益重视环境保护、绿色发展的要求下产生的，这已成为 21 世纪的经营理念。进入 21 世纪后，国际市场产生“绿色壁垒”，主要表现为绿色关税制度、市场准入制度、绿色技术标准制度、绿色环境标志制度等。在 2014 年 11 月中国家电技术大会的绿色高峰论坛上，“绿电”概念的正式提出，不仅改变了原有家电健康标准的评判，而且引领家电行业开始了新的绿色时代。国际家电营销因其“绿色壁垒”有技术高，灵活多变的特点，也促使我国企业“实施绿色营销，突破绿色壁垒”成为必然。

基础理论知识介绍

一、绿色营销的理念

在电子电器产品企业之间以各种招数不断争抢市场份额的激烈竞争中，面对绿色经济、低碳经济的世界潮流和国家的经济发展战略，以保护环境，满足消费者日益增长的环保节能意识形成的绿色市场需求，绿色营销竞争应运而生。

社会的进步和经济的发展同时也带来了一种恶果——环境污染。人类正在一手创造巨大的物质财富，改善自身生存条件；一手又破坏了自然平衡，从而危及自身生存。环境污染、生态失衡对人类的威胁，使人们越来越认识到不能以牺牲生态环境，损害人类健康，贻祸后代来满足自己当前的需求。

协调环境与消费的关系，要从“黑色”或“白色”走向“绿色”，保护我们的地球，人类的家园。处理好生态平衡与经济增长的关系，使人类与自然和睦相处，还地球以本色，给子孙留下一片生存的净土，以环保为主题的绿色化消费观念就日益为人们所接受了。

1. 绿色化

绿色化是借用植物生长旺盛期的色彩来比喻事物的生机与活力。绿色化代表了地球的安全，生态的平衡，环境的和谐。绿色兴旺为人类赖以生存的地球带来繁荣与朝气；绿色的消亡，意味着人类的灾难与毁灭。绿色化已成为人类超越自我，善待自然的唯一选择，绿色化已成为一种社会发展的必然趋势，形成以地球的安全、生态的平衡、资源的节约、人类的健康为基本潮流，以经济与环境协调发展为基本方向，具有时代性、前瞻性、开创性。

2. 产品绿色化

产品绿色化的理念是使用安全，对人类健康与生态环境不构成危害，节约资源。

产品绿色化是指产品生产环境的绿色化，生产过程的绿色化，使用过程，乃至报废回收再利用等的绿色化。产品无论是在生产中，还是在销售中，都必须要以产品绿色化为主流，否则将违背潮流，产品将被淘汰。

1）生产环境绿色化

生产环境绿色化指生产产品的环境无污染。只有清除生产环境的污染，才能提供清洁、安全、合格的产品，这是绿色化生产的源头保障。在电子电器产品生产中，只有保证土地、水源、大气等条件的无污染，才能谈及产品的绿色化生产。

2）生产过程绿色化

生产过程绿色化指产品在设计、生产、运输、销售的每一个环节全面绿色化。必须在辐射度、噪声度、含氟量等达到环保标准范围内。例如，彩色电视机规格在 74cm（29 英寸）以上，产品照射率（X 射线）不超过每小时 0.07 毫伦，在此范围内不会对人体造成伤害；电冰箱要求制冷发泡系统不再消耗含氟物质，制冷系统处于无氟状况，这样既不会出现漏氟问题，又不会因氟泄漏造成对大气层的污染；洗衣机绿色标准则是低噪声、节省水，波轮式洗衣机的噪声为50～60db，滚筒式洗衣机的噪声在60～65db。生产中还要求减少、消除生产过程中的废水、废气、废物及噪声污染等。不但要生产出健康、符合卫生环保标准的产品，还要创造清洁、干净的周边环境。尤其要最大限度地节约原材料与能源的使用，减少碳排放，对生产出的电子电器产品的包装、运输禁止使用非环保材料。维护资源与生态的平衡。这是由地球资源的有限性决定的。

3）使用过程绿色化

使用过程绿色化指产品在使用中，节能、节水、无辐射，碳排放少等，即不会对使用环境造成污染，也不会影响使用者的健康。

4）回收绿色化

产品废弃后的回收处理要做到简便易行，而且不污染环境。对回收的废产品内的一些资源可再次回收利用。

小贴士：

在2020年5月16日国家发改委官网发表了一份由发改委、工信部、商务部、市场监管总局等部委联合发布的《关于完善废旧家电回收处理体系推动家电更新消费的实施方案》。这个方案不仅推出了面向废旧家电行业的回收体系建立和完善方案。还引导消费者及时更换过时的老旧家电，推动智能化、节能化、绿色化产品的生产与销售。

绿色化的浪潮强烈地冲击着经济与社会生活各个方面，改变着人们生产与生活方式。加强环境保护，推动绿色化发展对推动生态文明建设起到了积极的作用。

小贴士：

为保证绿色化深入开展，给绿色化以法律保障。我国于1979年颁布了《环境保护法》，为合理利用自然资源，防治环境污染和生态破坏，实现可持续发展奠定了法律基础。并相继颁布了《全国生态环境建设规划》，将生态环境建设作为将我国现代化建设事业全面推向21世纪的重大战略部署，向世界做出诸如分阶段取消采用氟利昂作为制冷剂的产品生产，在不长时期内全部生产绿色产品等的承诺。中国向世界承诺的“力争2030年前实现碳达峰，2060年前实现碳中和。”双碳目标的提出，对经济社会的发展提出了更高的要求。家电企业更要承担起为消费者提供高品质家电，畅享低碳生活，为生态文明建设的社会责任。

社会的舆论，政府的干预，法律的保障逐渐使绿色化主导了电子电器产品生产领域。在这种内在意识的觉醒与外在环境的压力下，电子电器产品生产开始自觉不自觉地向绿色化方向转轨，绿色产品的开发生产出现热潮。在产品经营上绿色营销也就悄然而至，而且越来越将绿色化作为品牌推向市场。品牌本身就是市场中的佼佼者，而绿色品牌则更是市场宠爱的新秀。品牌绿色化标志着市场竞争的巅峰地位，成为企业追求的最高境界，也成为企业通向市场，扩大销售，争取消费者的必经之路。绿色营销在21世纪的市场中成为竞争核心。谁从事绿色营销，谁就能把握市场主动权；谁从事绿色营销，谁就能争取到消费者，扩大市场占有份额，开创企业的新天地。

绿色营销就是遵从环境保护法律，从可持续发展出发，以不污染环境，不损害健康，不浪费资源为产品特点，争取消费者的营销策略。

二、电子电器产品的绿色营销手段

1．电子电器产品绿色程度已成为企业竞争力的首要因素

电子电器产品的问世导致了人们生活方式的变革。在20世纪电子电器产品的竞争主要表现为从产品竞争走向品牌竞争，进入 21 世纪则表现为从绿色产品竞争走向绿色品牌竞争。品牌成为21世纪的商战利器，而其关键又在于品牌的绿色化程度。绿色消费已成为新世纪的生活基调。保护自然，回归自然成为消费时尚。产品的价值顺序日益从品质、服务转变为健康、环保、品质、服务等。消费者对电子电器产品的需求都要从生态保护、资源节约出发。而对环境产生破坏的电子电器产品将受到消费者的排斥和抵制，电子电器产品绿色程度已成为企业竞争力的首要因素。在社会进入绿色产品竞争时代，随着时间的推移与境界的提升，将走向绿色品牌竞争，完成竞争发展的高级形态的重复与螺旋式上升过程。

2．收集绿色信息，定位于绿色市场

在电子电器产品市场积极收集各种绿色信息，调查和预测绿色需求，分析绿色市场动态，做出企业的战略决策，进而制定绿色发展计划，积极创新绿色科技，为生产经营做好充分准备。把握同行业竞争品牌的绿色进程。发挥自身电子电器产品的优势，寻找绿色市场空当，实行“人无我有，人有我优。人优我全”的营销战术操作。

电子电器产品营销必须顺应绿色潮流，在绿色营销上下功夫。如制冷类的电子电器产品推出“无氟”绿色产品，绿色电冰箱与健康空调，一定会赢得电冰箱、空调市场的广泛认可；视听类的电子电器产品推出运用低辐射、低视力伤害、低听力伤害、低回收污染绿色技术的绿色环保电视机定会扩大在电视机市场上的销售量；洗浴类的电子电器产品推出低耗能、低噪声、低污染，以健康为主题开发和生产的绿色洗衣机、热水器产品也会在众多洗衣机、热水器产品的市场上占据有利之地；电子类产品推出低磁场、低回收污染的绿色电脑产品肯定受到消费者的喜爱等。只有抓住消费者的需求，通过细密的市场跟踪与调查，按消费行为与特点的变化进行超前性研究，把握市场需求新特点，遵从消费者意愿，加大产品的绿色含量，对绿色消费展开层次分析与发展预测，确定绿色产品推出的时间，使绿色电子电器产品既能适时适应市场需求，又能代表和引导消费潮流，让更多消费者青睐绿色电子电器产品。

3．电子电器产品在绿色营销中，要注重外在形象的塑造

电子电器产品在绿色营销中不只要注重产品的内在品质绿色化，还必须要注重其外在形象的绿色化。

（1）确立电子电器产品绿色化理念，以环保为己任，以奉献清洁产品为宗旨，形成产品鲜明的绿色文化。例如：

“小鸭”洗衣机、热水器——“健康小鸭送给人们健康”；

“海信”电视机——“绿色环保安全健康是全人类共同的期盼”；

“海尔”无氟电冰箱——“世界多一个海尔，地球多一分安全”。

（2）在品牌标志与产品装潢上富有绿色寓意，传达产品的绿色内涵。

首先绿色电器必须有国家颁布的环保产品认证标志，该标志为绿色背景，绘有青山绿水图案。要获得“绿色”认证，国产家电应以资源节约型、低噪声性、减少废物型、低毒安全性型为主。其次，企业在品牌标志与产品装潢上可设计出富有绿色寓意，传达产品的绿色内涵。

（3）做好品牌绿色化宣传，提高品牌绿色化宣传，以绿色打动人，吸引人。

例如，“海尔”空调突出了健康清洁的特点，对市场产生了较强的震动；“海信”电视机以降低辐射、保护视力、便于回收三大优点为绿色环保电视机的宣传，曾在平淡的彩色电视机市场上刮起过“海信”绿色旋风。

（4）在国际市场积极争取绿色标志。

绿色标志又称环境或生态标志，是产品绿色品质与环保能量的表征符号。国际标准化组织（ISO）于 1996 年颁布了 ISO14000 产品环保质量认证标准，这是品牌国际化流通的“绿色通行证”。家电企业在国际市场销售产品不但要取得中国环境标志，取得产品销往的国家环境标志，还必须争取取得国际通行的“绿卡”——ISO14000 认证。只有在营销中突出绿色标志的宣传，取信于消费者，才能更好地占领市场，走向世界。

课外活动建议

请同学利用上网查询和进行调研等方式了解电子电器产品绿色营销的相关知识。

项目二　数据库营销

学习目标

1. 了解电子电器产品数据库营销的概念、内容。
2. 能分析电子电器产品数据库营销的优势，从而制定正确的营销策略。
3. 能合理运用电子电器产品数据库营销的基本手段。

学时安排　1 学时

知识模块结构图

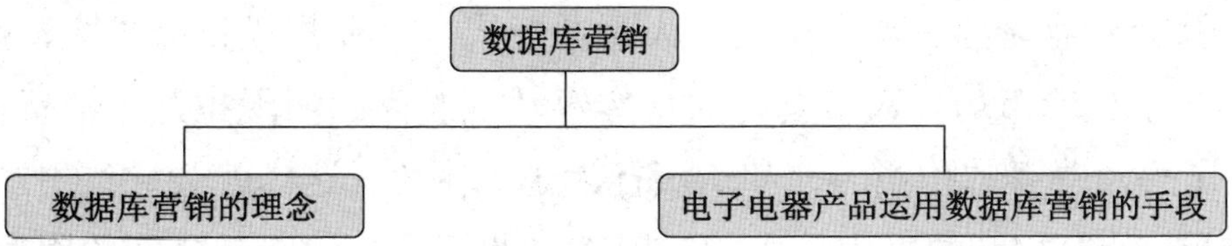

营销案例导入

2012 年底海尔公司正式推出整套婴儿家电，组建婴儿家电数据营销团队，采用大数据营销战略方式，以个性化的按需定制为 80 后新生代母婴人群提供更健康安全的解决方案。营销团队首先对海尔公司庞大的老消费者数据库进行梳理，按年龄、区域、职业、性别和购买产品等进行分类。划分为潜在的 80 后消费者群和潜在的 80 后消费者的父母群，而且最好是女性。这是购买电视机、空调、洗衣机等与婴儿家电有一定关联产品的消费者群体。同时考虑到 80 后父母热衷网络互动分享的特点，开设了“优知妈咪汇”平台网站。通过所有注册的数据信息和海尔公司商城其他所有访问数据，与老消费者数据一起整合成为海尔公司婴儿家电大数据营销的基础层：大数据源。之后将海量的数据经过清洗和处理，建立大数据营销模型。通过多维交叉分析，如潜在消费者的消费特征数据与婴儿家电产品特征数据分析；消费者细分与产品的聚类分析；消费者消费习惯与产品价格分析等，实现产品供给与潜在消费者需求两者特征的相互耦合。借助潜在消费者的电话、微信、电子邮箱、微博、博客账号等数据针对性地通过电话、短信、邮件、社交网络信息等方式精准推送。这种数据库的高效营销，使海尔公司的销售收入增长远超传统营销。

基础理论知识介绍

随着时代的进步，科学技术的发展，数据库技术和市场营销有机结合后形成数据库营销。

一、数据库营销的理念

数据库营销是指企业为实现销售产品目标，通过搜集和积累消费者的信息数据，利用经过分析筛选后的数据，精确定位，有针对性地向潜在的消费者传送营销信息，以达到销售产品的目的。这是一种全新的销售手段。

数据库的建立与对信息的分析，可帮助企业准确了解用户信息，确定目标消费群，使营销工作有针对性，提高营销效率。对数据库的建立与分析最终是为了解市场，以进行有效的营销活动。

1. 数据库营销诞生并发展的原因

（1）由于当今消费者追求时尚化、风格化、个性化，而企业根据消费者的需求，对市场进行细分，细分的结果使某种产品市场规模减小，传统的广告促销已不能适应这种市场状况，就迫使企业寻求更经济更有效的促销方式，而这关键就是找准目标消费群，使得建立消费者数据库应运而生。

（2）由于社会专业化分工，大市场、大流通形成，企业规模日益扩大，产品辐射能力大大增强，形成了全球市场。大市场、大众传媒及批发商的涌现拉开了消费者与企业之间的距离，企业了解消费者的购买习惯和购买行为越加困难。这样就会导致生产与消费脱节。为解决这个问题，计算机和数据库技术的发展为企业缩小与消费者之间的距离提供了机会。通过储存消费者情况，企业可以更好地满足消费者需要。

（3）激烈的市场竞争迫使企业必须与自己的消费者建立牢固的关系。而企业如何与消费者建立起牢固的关系呢？只有运用现代通信技术、计算机技术和数据库技术，才能直接介入消费者的生活去接近和了解消费者，与消费者建立良好的关系。

2．数据库营销含有5个要素

（1）对信息的有效应用。

（2）向成本最小化、效果最大化努力。

（3）使消费者终身价值的持续性提高。

（4）含有“消费者群”观念，即一个特定的消费者群对同一品牌或同一公司产品具有相同兴趣。

（5）通过双向个性化交流，实现购销双方各自利益。企业可通过双向信息交流将消费者的意见或建议或满意度输入数据库，根据反馈改进产品或保持优势，实现最优化。

3．数据库营销的优势

（1）数据库营销可使企业准确找到目标消费者群。过去在生产观念指导下的营销，各种类型的消费者接受的是相同的、大批量生产的产品和信息。而在市场细分后的营销，是根据人口状况和消费者共同的心理，将消费者划分为若干类，但仍然还是较大的消费者群。利用计算机和数据库技术可使企业能够涵盖现有消费者和潜在消费者，将消费者群划分得更细，甚至将目标消费群落在最小的消费单位——消费者个人身上，达到精确定位。

（2）数据库营销可通过数据库将信息汇编，帮企业判定消费者和目标消费者的消费标准，并为企业选定一个竞争力强的定位，制定营销策略，满足目标消费者的需求，以获得高利润。

（3）数据库营销可使企业在最适当的时机将最合适的产品推出，满足消费者需要，以降低成本，提高效率。一方面数据营销者通过数据库信息资料推出产品时可减少不适当地推荐产品带来的无谓浪费，另一方面还提高了企业形象，让消费者拥有“这个企业理解我，知道我喜欢什么产品，什么时候需要这种产品”的良好感受。扩大了销售，数据库营销易使消费者产生购买动机，扩大销售。

（4）数据库营销可帮助企业根据最新信息和结果制定出新策略，培养消费者成为本企业产品的长期忠实用户。企业投资建立数据库，以便能够记录消费者最新反馈信息，利用企业最新成果分析出针对性强的保证稳定消费者群的计划。

（5）数据库营销使企业可随时更新数据库的消费者信息、企业推销的新产品信息、促销方式信息等，提高企业销售收益。

（6）数据库营销可以发展新的服务项目并促成购买过程简单化，带来重复购买的可能。企业根据消费者资料信息，把消费者去年的订货单寄给消费者，这样可以有效地提醒他们订货的时间到了，消费者就可以按原样购买，或选一些新的产品购买。

（7）数据库营销可以选择合适的营销媒体。企业可根据消费者数据库信息确定目标，从消费者所在地区、购买习惯、购买能力、销售门店多少做出相应的销售预估。这是决定营销媒体分配，充分传达广告内容，使消费者产生购买行为必须要考虑的内容，在制定媒体计划阶段，有关消费者情况成为营销人员必须掌握的内容。数据库营销的着眼点是某一个人而不是消费群体。由此，必须根据数据库提供的信息，研究应以何种频率与目标人物进行沟通才能达到良好的效果。

（8）数据库营销可使竞争更加隐秘，避免公开对抗。一般来说，企业拥有自己的忠诚消费者非常重要。通过数据库，经常同消费者保持双向沟通，可以维持和增强与消费者的感情联系，增强抵抗来自其他企业竞争的干扰能力。数据库营销不用借助大众传媒，竞争比较隐秘，容易达到预期的促销效果。

数据库营销不仅是一种实现短期的以盈利为目的的促销活动方式，还可依赖庞大的消费者信息库进行长期促销活动。数据库营销使企业通过建立与消费者的交流渠道和信息管理系统来实现消费者最大满意度和企业利润最大化。数据库营销的核心是数据挖掘；收集更多的消费者信息，不断充实消费者数据库，形成一个丰富的企业独有的广告媒介，实现最大化销售，达到市场营销效果最大化。

数据库营销随着信息技术、通信技术的发展和计算机的普及应用，越来越多的企业采用数据库营销这一现代化的营销方式。因为在未来激烈的市场竞争中，了解消费者习惯和爱好是十分重要的。

二、电子电器产品运用数据库营销的手段

1．消费者数据库资料构成

消费者数据库建立的是关于市场状况的综合数据源，而不只是一个消费者名单。消费者数据库的构成根据企业状况有所不同。在一些小企业，消费者数据库可能是一些消费者名单。而一些大企业，消费者数据库中的资料可能还包括一些基本的人口资料、竞争资料等。一个专门搜集消费者资料的数据库，还会包括诸如性格特征、消费形态、使用习惯，甚至年龄、性别、职业、职称、婚否、学历、子女状况等背景资料。有的还会包括消费者对本品牌的忠诚度、看法、评价等。消费者数据库要有足够的灵活性，适应营销者的需要，补充新的消费者信息，调整数据库结构。数据库的有效性关键是对数据的及时校对和修改，清除不良数据或无效数据对数据库的影响。数据库价值的高低，完全取决于企业建立数据库的目的及其内容的质量和功能的高低。

消费者数据库一般以资料来源、消费者类别和资料内容“三层”构成。如图 8-1 所示。

建立的消费者数据库中可以显示每位消费者的地址位置、心理特征、联系方式、电子电器产品购买历史等。营销人员从消费者数据库的信息可判断哪些消费者会更换电子电器产品，哪些消费者何时购买的本企业的电子电器产品。营销人员可据此判断出谁对本企业和新式产品感兴趣。对本企业的大买主，可能其生日时表示祝贺或送上小礼物，以换取他们对本企业电子电器产品的再次购买。营销活动与消费者数据库的关系如图 8-2 所示。

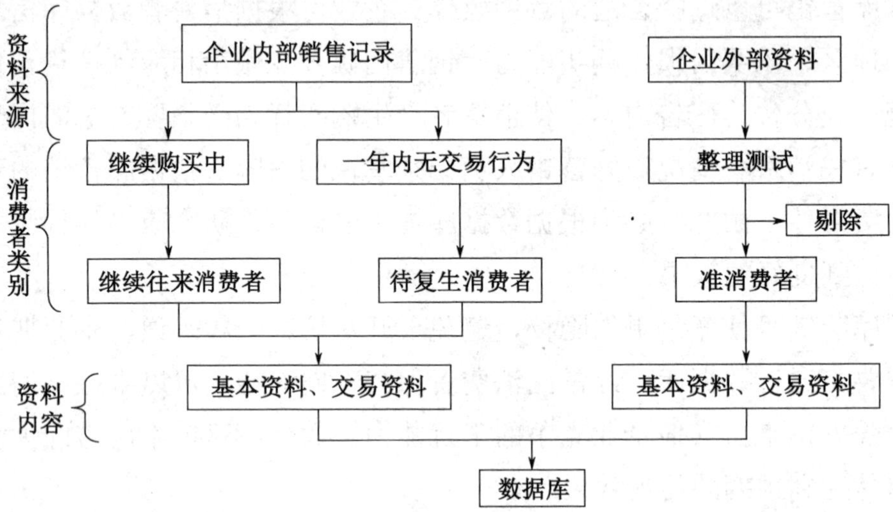

图 8-1 消费者数据库构成

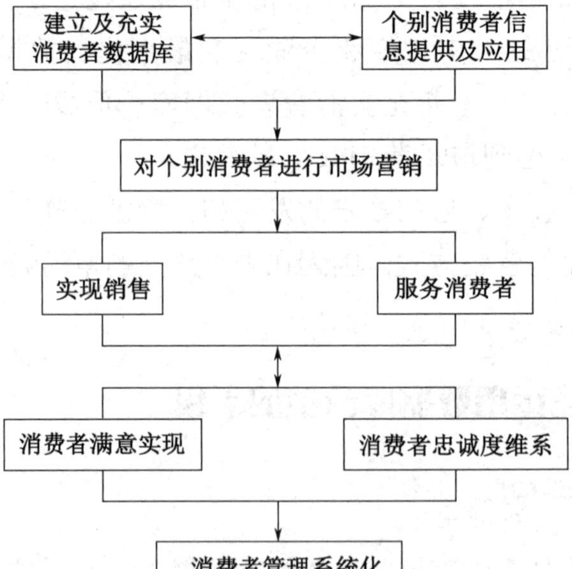

图 8-2 营销活动与消费者数据库的关系

2. 建立数据库的六个基本过程

（1）数据采集。数据库数据一方面通过电子电器产品市场调查消费者消费记录和促销活动的记录来采集，另一方面利用公共记录的数据，采集消费者的有关信息。

（2）数据存储。将收集的数据，以消费者为基本单元，逐一输入计算机，建立起消费者数据库。

（3）数据处理。运用统计技术，利用计算机将不同的数据综合为有条理的数据库，在强有力的各种软件支持下，产生有关部门（如营销部门、公共关系部门等）所需要的详细数据库。

（4）寻找理想消费者。根据消费者的大量数据信息，用计算机技术分析出消费者对电子电器产品具有的某些共同特点，如喜好名牌、喜好廉价等，建立该类消费者模型。以某类消费者（如喜好某品牌）作为营销工作目标（如推销某品牌电子电器产品）。

（5）使用数据。数据库数据用途多样。数据库不仅可满足信息，还可进行数据库营销项目开发。如即可根据消费记录判定消费者消费档次和品牌忠诚度，又可根据消费者特性，制作相应广告进行有效营销等。

（6）完善数据库。建立数据库后要不断随着各种消费者信息的收集、增加和完善数据库，使数据不断得到更新，及时反映消费者需求的变化趋势，使数据库适应企业经营需要。

3．在数据库营销中要建立潜在消费者群

潜在消费者是企业未来产品的购买者，有效地挖掘潜在消费者将有利于企业扩大营销范围，增加产品购买量，从而获得更高的企业利润。因此，挖掘潜在消费者是营销工作的重点。

（1）根据数据中的资料和信息，将消费者分成不同的类型，对不同类型的消费者采取不同的营销方法。

如按个性划分消费者类型，就可以将企业新开发出的电子电器产品向对新事物有特殊兴趣的消费者推销。因为这类型消费者对任何新事物都会产生一种迫切地想了解新产品的性能优点及与之有关的一切情况，这种有的放矢的营销往往能取得很好的效果。反之，将新开发的电子电器产品向保守、传统型的消费者推销往往难于取得预期效果。根据数据库的信息将消费者分类，再根据产品的特点确定营销目标和对象，就可以更好地挖掘潜在的消费者。

（2）营销人员应对可能的潜在的消费者进行筛选，挑选其中一部分最有可能成为现实购买者的消费者进行重点营销，舍弃购买可能性很小的消费者。

小案例：

同是音乐发烧友的两个消费者，往往不惜重金购入昂贵音响。当采用最新技术，音响效果有很大提高的新一代音响产品推出后，营销人员会将两人都作为营销对象。但营销人员从数据库中的最新信息知道其中一人已在上月花重金购入了一套优质音响，而另一人由于当时资金紧张而未买。根据这种情况营销人员会舍弃已购音响的消费者，转向另一消费者作重点营销。使其放弃原购买目标，而选择本企业的新产品。筛选可能的潜在消费者，挑选其中一部分最有可能成为现实购买者的消费者进行重点营销是非常重要的。最后，在数据库营销中，要充分抓住潜在消费者的心理，有效地利用营销技巧，将潜在的消费者转变为现实的消费者，从而达到成功营销的目的。

（3）留住消费者，使消费者成为企业长期忠实的用户，保证企业拥有稳定的消费者群，保住老消费者比寻求新消费者更经济、更实惠。

运用数据库营销可分析出消费者是什么人，采取什么样的措施可以留住消费者，与消费者建立起紧密的关系，使其不转向竞争者。利用消费者资料数据库建立消费者忠诚度数据库。通过营销数据库，对有过一次购买记录的消费者可再次推销本企业产品，对于重复消费的消费者，可加强企业与消费者之间的关系，有效防止品牌改换。

数据库营销的一个宗旨是：个性化。通过建立强大的营销数据库，进行统计分析，确定目标消费者群，针对不同的目标消费者，实施不同的营销策略。同时还要通过及时的反馈以不断修正营销数据库，不断调整策略，真正实现企业与市场和消费者的互动。

小案例：

由数据库中的信息得知家住某个地方的消费者因企业未在此地设销售点，消费者在购买大件电子电器产品时很不方便，那么企业就应把送货上门作为主要的服务之一。通过与消费者接触获得信息输入数据库可便于企业对电子电器产品跟踪服务，处理消费者的意见，化解消费者抱怨，留住提出抱怨的消费者，还能够通过他们之口引来新的消费者，取得双倍效应。利用数据库可通过数据库中的资料制作与发送邮件，在数据库的推波助澜下，数据库营销成了当今世界上的“直接营销”和“无店铺营销”的有力营销工具。

数据库营销的优势明显，但也要注意避免过度营销，那会给数据库营销带来不良影响。如消费者时不时地接到推销电话，或由自动拨号记录信息器（ADRMP）发出的计算机控制的电话，干扰了消费者的工作和生活，必定会引起消费者厌烦，产生拉大与企业的感情距离等问题，而且还会引起消费者增加怀疑态度和极低的反应率，甚至反感。

4．建立、使用消费者数据库的法律规定

现实生活中，我们个人信息安全是受法律保护的，企业在收集消费者信息建立消费者数据库和使用消费者个人信息时要遵守相关法律规定。《中华人民共和国消费者权益保护法》第二十九条规定经营者收集、使用消费者个人信息，应当遵循合法、正当、必要的原则，明示收集、使用信息的目的、方式和范围，并经消费者同意。不得违反法律、法规的规定和双方的约定收集、使用信息。经营者及其工作人员对收集的消费者个人信息必须严格保密，不得泄露、出售或者非法向他人提供，确保信息安全。在发生或者可能发生信息泄露、丢失的情况时，应立即采取补救措施。经营者未经消费者同意或者请求，或者消费者明确表示拒绝的，不得向其发送商业性信息。企业必须依法进行数据库营销。

课外活动建议

请同学 3～5 人结成小组，通过自身感受和对其他人的走访，了解企业对消费者数据库的使用利弊，并就如何更好发挥数据库的作用，改善不足，形成本小组的调查结果。

项目三　网络营销

学习目标

1. 了解电子电器产品网络营销的概念，了解网络营销和运作的环境 Internet，在市场营销中的功能。

2. 能分析和比较网络营销比传统营销具有的优势。

3. 初步掌握电子电器产品运用网络营销的做法。

学时安排　1 学时

知识模块结构图

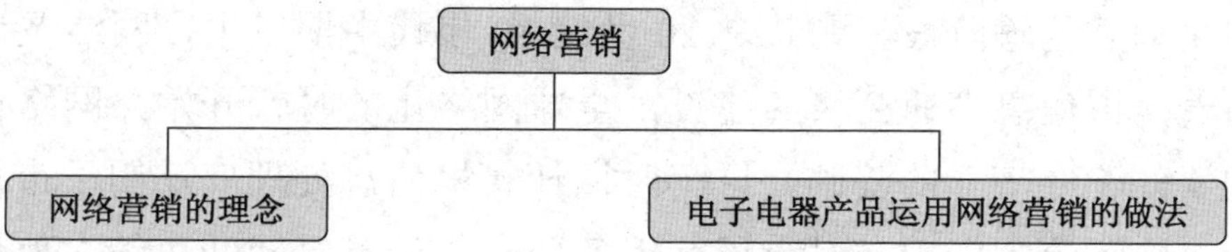

营销案例导入

海尔公司这个国内外著名的家电企业在“要么触网，要么死亡的互联网时代”“，早在 2002 年就迈出了网络营销的一步。通过 BBP 交易平台当时每月就接到 6000 多个销售订单，定制产品品种逾 7000 个，采购的物料品种达 15 万种。大幅降低呆滞物资，库存占压资金也大幅减少。海尔公司通过内部整合建立了强大的供应链网络，实现即时采购、即时配送、即时分拨物流的同步流程。在企业外部，计算机网络架起了连接全球的用户资源网，实现了与用户零距离。网络营销的运用提升了海尔公司的核心竞争力。

基础理论知识介绍

一、网络营销的理念

网络营销也称网上营销、电子营销，是指以现代营销理论为基础，基于互联网络、通信和数字媒体技术等连接企业、用户及公众，向用户和公众传递有价值的信息与服务，实现营销目标的活动。网络营销是企业整体营销战略的一个组成部分，网络营销活动不能脱离一般营销环境孤立存在，是传统营销理论在互联网的应用和发展。

小贴士：

网络营销不等同于电子商务，二者密切相关又有明显不同。电子商务核心是电子化交易。网络营销是企业整体营销战略的一个组成部分，不是完整的交易过程，是促成电子交易的支持，发挥着主要的信息传递作用，这点尤其在交易发生前更为明显。

网络营销不等同于网上销售。网上销售是网络营销发展到一定阶段的产物。网上销售是利用互联网，依托于超媒体进行的对产品实现销售的目的。通常的营销手段有：①通过微信、抖音等有影响力的社交平台通过分享信息，挖掘产品的爆点，关注加粉丝加热门推荐吸引流量的社交营销。②通过百度、搜狐等知名的自媒体平台发布文章、视频满足对应用户群体的要求，吸引关注的自媒体营销。③通过短视频平台主播直播带货，利用粉丝的关注实现销售的短视频营销。网络营销是对产品或品牌的深度曝光，为最终实现产品销售，提升品牌形象的营销活动。

1．我国现代市场网络营销的发展

我国现代市场营销经历了20世纪60年代至80年代计算机信息处理阶段和80年代中期至今的网络信息传输阶段，尤其是20世纪80年代中期以来，网络及通信技术得以长足发展，随着全国信息高速公路的建设，全球网络化的时代开始，网络化的计算机技术成为新兴的“知识经济”的基础。这一时期计算机信息处理广泛用于市场环境分析、营销情报检索、物流流程管理和对市场营销各要素的计算机辅助决策，使传统市场营销步入计算机辅助市场营销。由于现代科学技术，尤其是计算机技术及其网络、通信和多媒体技术的应用与发展，市场营销的效率和效能得以大幅度提高。网络营销是在20世纪90年代互联网媒体，以新的方式、方法和理念通过一系列网络营销策划和实施中发展起来的新型营销模式。

我国网络营销发展大体经过了五个阶段：2000年以前为产生探索阶段；2001～2004年为应用发展阶段；2005～2009年为快速发展阶段；2010～2015年为普遍应用发展阶段；2016年以后为多元化应用发展阶段；如今网络营销无处不在，已经成为营销常态。究其原因，是互联网技术和功能的快速发展给了网络营销的发展提供了可能。特别是进入21世纪后，我国的网站数（域名注册者）快速增长，国内大部分企业都已建立自己的网站，通过网络寻求本企业的消费者。使用互联网的网民越来越多，特别是智能手机的普及更使网民数急剧增加，超大的上网人数，网上庞大的消费群体，巨大的商机，促使企业的营销习惯变化。为网络营销提供了广阔的空间。市场竞争的日益激烈，网络营销利用计算机网络为营销环境，可以节省店面资金，减少库存资金占用，降低商品供应链上的费用，缩短运作周期，经营规模不受限制，有利于扩大市场和经营规模，从根本上能增强企业的竞争优势，这也为网络营销的产生提供了现实基础。

2. 网络营销的特点

网络营销具有跨时空性、多媒体性、交互性、及时性、高效性、经济性等特点。

跨时空性是指网络营销建立在新的时空观念上。企业可借助互联网覆盖全球，没有地域和时间的限制，全天候随时传递企业的形象、经营理念和产品等信息。

多媒体性是指网络营销可利用多种媒体的优势，在网络上采取文字、图像、视频等多种形式传输信息，详尽地、形象生动地展示产品或服务。

交互性是指网络营销的信息传播模式由单向变为双向，消费者在网络营销中可以起主导作用。企业在网络上发布信息，消费者主动上网自由选择信息，直接通过网络完成交易。

及时性是指网络营销不仅可及时为消费者发货，提高消费者的购物效率；当消费者购买产品后出现问题，可通过网络直接与企业联系，及时地得到技术支持和服务，化解矛盾。

高效性是指网络营销能获得消费者个人信息，特别是使用会员注册的方式更可以使企业获得大量消费者个人信息。而且通过技术手段能准确统计某个时间段受众数量、地区、访问时长等，甚至还可获取消费者的购物特征，精准投放网络广告，增加消费者的多次点击关注。

经济性是指网络营销可压缩在传统媒体上促销、销售中间环节等成本，减少企业经营成本，从而使产品或服务价格有下降空间，得以以优惠的价格销售产品或服务，增加交易。

网络营销的特点主要在于其扩散的广度、更新的速度、内容的深度，以及可实现供求双方的在线相互交流等，这不是一般媒体所能比拟的。而网络营销多路传送，适时快捷的功能，可将产品的最新信息提供给众多的消费者同时阅览或查询。正因为如此，网络营销成为企业不可或缺的一种营销方式。

3. 网络营销和运作的环境——互联网在市场营销中的功能

1）推广企业的形象和经营理念的功能

企业在激烈的市场竞争中，越来越注意强化产品的品牌和形象。企业将精心设计的企业或产品的网页，通过互联网把企业的形象与经营理念及时传播给消费者，使消费者对于企业的基本状况、近期规划、发展远景、产品情况、技术与服务等有了更直接、生动的了解。拉近了企业与消费者之间的距离，有助于相互建立信赖的关系。

2）产品的推广与信息发布功能

网络营销的核心就是推销产品。通过互联网可使产品推销过程更生动，将产品的规格型号、销售信息、产品的外形、功能、使用方法等以图文并茂的形式展示出来，甚至增加动感。使产品推销由于知识性、趣味性和真实性更加生动具体。有助于吸引消费者，激发他们的购买欲望，产生购买动机。

3）与消费者进行在线交易功能

使用互联网可以通过网络收集订单，根据订单，完成产品设计、物料调配、人员调动、生产制造，实现在线交易。

4）通过网络收集信息功能

通过互联网可收集诸如时事、政治、经济、技术、消费者需求、同类产品信息等各方面信息，将其反馈回企业，以研究开发新产品。如通过网页上在线填写的一些调查表格，可获取消费者信息及反馈意见。还可根据这些信息和反馈分析出不同的消费习性群体，为以后的生产、销售做好准备。

5）提供多元化的消费者服务功能

网络服务如同虚拟的销售人员，通过令消费者产生好感的网页界面和丰富的数据库，同时提供多人、多层次的数据咨询、意见交流、业务技术培训及售后服务等，使消费者可获得自己所需的内容，享受多元化的服务。

4．网络营销与传统营销的比较

传统营销与网络营销的基本特征比较，见表 8-1。

表 8-1　传统营销与网络营销的基本特征比较

	传统营销	网络营销
环　境	基于农业经济和工业经济，注重于物流形成及流程的各个环节	基于以 Internet 为基础的信息经济的环境，较以传统营销活动各方之间地理上的距离，被网络上的电子空间距离取代之。各方相隔的“时差”几乎不复存在
界　面	面对面，或在电信手段辅助下的面对面	商业主页，Web 是互联网的信息资源平台，24 小时全天候向网上消费者开放
地　点	取决于营销双方或多方向的物理距离	网络空间成为市场营销的新途径，分布于世界各地的消费者和消费者的个人计算机成为购物场所
产　品	目标市场确定慢，产品定位批量大，产品生命周期长，新产品开发风险较大	可以是任何种类的产品或服务项目，最适合网络营销的产品是流通性高的产品
价　格	涉及企业定价、市场结构、需求弹性、成本结构、竞争状况、有关政策、反应速度快慢、竞争力影响	所受因素与传统营销基本相同，但通过 Web 销售时，可将价格调整到比传统营销更具竞争力的位置上
销　售	物流过程：在适当的时间、地点，以适当的价格供应购买方，销售采用依赖库存和中间环节（分销商）迂回模式	销售存在“距离”和“时差”上的优势，实现零库存，直接销售模式（甚至无分销商）的高效动作
促　销	运用广告、促销宣传、人员推销和口头传播等手段，控制企业在市场上的形象，本质取决于人本身	运用电子邮件、动态广告、虚拟现实等各种广告形式。网络营销的运行，与促销活动和电子媒体等各种媒体共同运行可发挥最大的整体效益
决　策	主要依赖于人工决策，综合营销环境对企业产品的组织、市场定价、销售渠道、物流管理、促销手段及广告管理等进行决策	同传统营销一样进行综合决策，但以企业内部网连接 Internet 构成的信息系统综合环境，将各种决策条件和资源有效地集成，为在线决策提供了有力支持，使决策项目更多，内容更丰富，响应速度更快

小贴士：

Web 是英文 World Wide Web 的缩写，即全球广域网，也称为万维网。是建立在 Internet 上的一种网络服务，为浏览者在 Internet 上查找和浏览信息提供了将图形、音频、视频信息集合于一体，易于访问的直观界面。

由以上比较可见，网络营销比起传统营销有很多自己的优势。

1）硬性化生产与柔性化生产的结合

网络营销的硬性化生产与柔性化生产的结合，使消费者既能继续享受到低成本生产的好处，同时又能充分实现个性消费。将产生的标准部分与定制部分结合，成为符合消费者需要的产品。这种一对一的营销使得消费者获得更多的有形无形的收益。

2）公平、公正、公开的经营特色

网络营销中公平、公正、公开的经营特色，体现在销售和服务的价格、质量等方面，将市场的主动权转到了消费者手中，消费者真正成了市场交易活动中的主角。这种公平、公正、公开体现了——消费者当家做主。

3）网络营销使购物的过程方便快捷

网络营销简化了购物环节，节省了消费者的时间和精力，将购买过程中的麻烦减少到最小。对消费者来说，网上购物不再是一种沉重的负担，甚至有时是一种休闲、一种娱乐和一种享受。这种便利快捷让消费者充分享受购物乐趣。当企业将传统经营形式中的销售服务和技术支持搬到网上，借助互联网充分展示产品服务和技术支持信息，及时准确地收集消费者的反馈，并做出回应给消费者以最大的便利时，可以为消费者提供准确高效的服务营销。

4）互联网虚拟化的特征使上网企业的规模变得无关紧要

通过开放的互联网虚拟空间，上网企业不用租赁铺面，只付上网服务费，网站的自动应答系统节省了经营费用，接到订单或收款后，直接从供应商处发货，降低了库存和装运费用。企业可以尽可能低的成本获取或发布尽量多的信息，这样就可以利用网络虚拟化特征，降低营销成本。

知识链接：

网络营销引起的市场性质的变化体现在，市场的多样化、个性化和时空变化；市场细分的彻底化；商品流通和交易方式的改变。网络营销引起营销方式的变化，体现在将传统营销方式中“为大众服务”演变为“为个人服务”。

网络营销引起消费行为的变化，体现在消费者直接参与生产和商业流通循环；满足了消费者的行为、需求和愿望的变化；消费选择范围的扩大化和消费行为的理性化。

二、电子电器产品运用网络营销的做法

电子电器产品要进入一个商机无限的全球大市场，就必须进入互联网。企业进入能提供无限商机的互联网，互联网就会为企业提供一个向世界展示形象的舞台，大大缩短了企业开拓新市场及产品投放市场的时间，增加了企业直接与客商和消费者的交流频度。因此，利用互联网开展网络营销，已成为电子电器产品新的经营之道。企业上网找市场，不上网就会被淘汰，这已是营销人员的共识。

1. 电子电器产品进行网络营销，要有自己的网站，并注册自己的域名

域名是一种网上主机地址的助记符号，为了便于别人认识自己。一个已注册的域名，其他机构就不能再注册相同域名了，所以，域名在互联网上是唯一的。从这个角度讲，域名有了与商标、企业识别物类似的意义。因此，域名地址又被人称为“网络商标”。实际上域名已是公司形象的一部分。

企业在互联网上注册域名，设立网址后，就可以被全球所有的互联网用户随时访问，随时查询，建立广泛的商业联系。域名在商业竞争中不只是一个网络地址，而且涉及重要的商业新机会。正因为如此，网络上时常发生抢注域名，重金购买域名，用法律手段保护自己的域名权。

小贴士：

设立域名的通常做法是，一般来说著名企业借助原有的知名度，以企业名称为域名，如海信集团 hisense.com.cn；某一行业佼佼者，以产品名称或品牌作为域名，如海尔公司 haier.com；对产品多样化、生产规模大的企业，其某种品牌产品有了非常独特的个性，并拥有了相对较大规模市场忠诚度时，则需要为这种产品的品牌独立注册域名，以培养、尊重和强化消费者的消费忠诚度。一旦企业生产的某一品牌产品出现信誉危机时，不会妨碍其他产品的信誉度。

2. 一个企业的网站要取得成功，还要科学地规划网页

一个企业的网站要取得成功，还要科学地规划网页，使网页反映的电子电器产品信息准确，要有高度概括性和强烈吸引力的标题。将突出推销的电子电器产品放在醒目的位置上，让浏览者容易捕捉到，同时辅以精美的设计刺激浏览者，诱发其点击链接点。在网页设计中文字与图形的布局要突出重点，应让浏览者在有限的时间里尽快找到自己所需要的信息。

小贴士：

网页中的菜单似网上商店的“导购员”，设计菜单时可采取网页中的在线目录，以图片方式为用户或消费者展现一系列的电子电器产品目录，如电冰箱、洗衣机等。该目录可以电子电器产品的种类进行排列，以方便用户选购。设计中要按菜单加超文本链接方式设计连接结构，以尽可能快地满足用户浏览查询的要求，方便用户操作，以达到留住用户的最终目的。

3．从事网络营销人员的素质

随着网络营销的发展壮大，互联网技术不断升级，企业应该加强对网站运营、网店运营、互动营销、网络推广等网络营销人员的技能提出新的要求。

网络营销人员应遵纪守法具有良好的职业道德，正确的“三观”与严于自律的从业品质。具有较强的书面表达能力；收集资料能力；有较强的市场感知能力；敏锐把握市场动态的能力；有较强的实际操作能力；创新意识和服务意识；懂得网络营销的相关知识，有一定的网络营销策划能力及掌握推广方式；熟练使用网站编辑软件；熟悉流量原理及提升排名的各种技巧；熟练操作计算机及有关网站制作工具的使用等专业能力。只有具备一定的思想品质、专业知识和技能等综合素质才能够做好企业的网络营销工作。

4．网络营销需避免的弊端

网络营销尽管有着消费者群体丰富；营销成本低；可通过声音、视频、动画等展现产品和服务；互动性强、时效性强、数据详细的优点，但也存在一定的弊端。

（1）信任问题。这是网络营销的重要性障碍。网络营销为交易双方提供的是一种虚拟的、不见面的交流空间，其开放性容易使消费者对网络信息产生不信任感。信任度直接影响交易的效果，如缺乏信任很难完成交易。对此，企业应努力通过产品和宣传信息的真实性，对出现的问题及时化解，提高消费者的信任度，培养稳定的本企业品牌产品的消费者群。

（2）信息安全问题。由于互联网的开放式，信息在传递中存在被不法分子截取、篡改、滥用，以及用户的信息被不良商家出售等问题。对此，用户尤其担心自己的银行账号和密码被不法分子窃取。对信息安全问题的担心影响了用户参与网络营销。对此，企业应加强法律意识，做好保护消费者信息的保密工作，及时修补网络漏洞。

（3）价格竞争问题。在传统营销中，消费者要多方查找才能比较出价格的不同；网络营销的产品价格可以在网上一览无遗做出比较，企业为了以价格优势销售不得不采取以更低的价格吸引消费者，使得利润空间被压缩。对此，企业除在保证原有质量基础上努力降低成本外，还应努力打出自己产品的品牌特色以稳定价格。

总之，网络营销是各国争先发展，各个产业部门最关注的领域。在更新换代、日新月异的电子电器产品营销中，网络营销无疑是一个有力的手段。

知识链接：

网络营销的具体方式

① 搜索引擎营销。用户通过搜索关键词，点击关键词进入企业网站/网页了解产品或服务信息，拨打网站的客服电话，在线沟通或直接提交表单实现购物目的。

② 搜索引擎优化营销。运用网站内及网站外的优化手段，使网站在搜索引擎的关键词排名提高，以获得更多流量，达到直接销售或建立网络品牌的目的。

③ 电子邮件营销。以订阅方式及产品信息通过电子邮件发送给特定用户，与用户建立信任、信赖的关系。

④ 即时通信营销。通过互联网即时聊天工具向网民推广宣传产品或服务的营销方式。

课外活动建议

请同学3～5人结成小组，结合自己的网上购物体验及所学知识，了解要调研的企业是如何开展网络营销的。

项目四　定制营销

学习目标

1. 了解电子电器产品定制营销的概念。
2. 初步掌握电器产品运用定制营销的做法。

学时安排　1学时

知识模块结构图

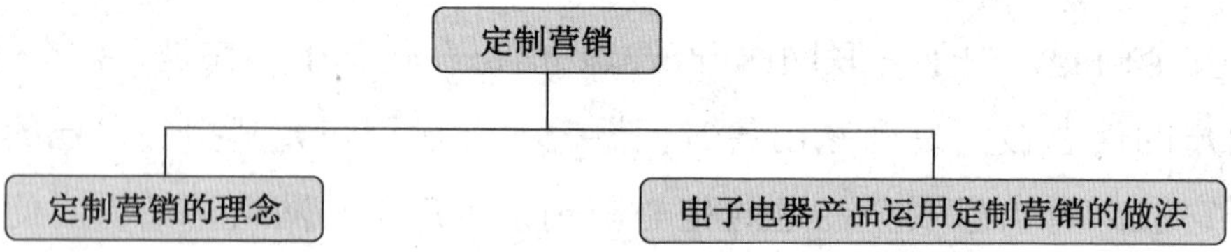

营销案例导入

据青岛市工业和信息化局2022年初发布消息，海尔智家股份有限公司（“定制化服务”模式）入选国家第三批服务型制造示范企业。该公司坚持以用户体验为中心，形成以用户需求为主导的全新大规模个性化定制服务，让用户在交互、定制、设计、采购、生产、物流等环节全程参与。用户既是消费者，又是设计者、生产者，实现“产服合一”新业态。通过发展大规模个性化定制服务，产品不入库率提升到75%。

今后，公司将实施以体验为中心、场景连接用户的数字化再造，以创新设计、互联网技术为突破点，结合5G、区块链、人工智能等技术，推动定制化服务持续升级。

基础理论知识介绍

一、定制营销的理念

定制营销是指在大规模生产的基础上，将市场细分到极限程度，把每位消费者视为一个潜在的细分市场，根据每位消费者的特定要求，单独设计、生产产品的营销方式。定制营销的核心是以消费者同意支付按其对产品或服务的特定要求为之设计、生产并提供产品或服务的价格，且企业因此能获得一定利润的产品或服务定制。这是一种个性化集中营销。

1. 定制营销的发展

定制营销其实早已有之，是对过去经营方式的一种重复，但不是简单的、完全的重复，而是进步了的重复。

在农业经济时代，小手工业者普遍采用的产品经营方式，就是定制营销。那时，消费者在生产者的店铺里直接查看产品，并向生产者提出自己的特定需求，要求生产者按自己的需要生产出自己满意的产品。消费者与生产者双方经过讨价还价，达成一致意见后，生产者为消费者定制产品。在这种营销方式下，每件产品都是专门为一个消费者定做的。从这个意义上说，一对一的定制营销是一种古老的营销方式。时至今日，服装店为每位消费者量体裁衣，仍是延续这种营销方式。

进入工业社会以后，由于定制营销与机器工业生产体系中通过资源、批量生产来追求规模、成本经济效益的要求相冲突。批量生产、标准化生产、制式生产的最大好处是可以大量生产产品，大幅度降低成本。因此在工业社会中定制营销方式被淘汰，而普遍实行目标市场营销。目标市场营销是一种大规模无差异营销，它不是专为某个消费者设计和生产产品，而是按某个消费者群体的要求设计、生产产品的。这个消费者群体的大小，以企业生产批量能否满足市场“盈利”的要求为最低界限。因为目标市场营销在基本满足消费者需求的时候，又能兼顾生产经济性的要求。所以，目标市场营销成为工业社会中最佳的营销方式。但目标市场营销存在着无法充分满足消费者特定需要的不足。

随着计算机及网络的产生与发展，市场进入多样化和复杂性日增的时期。计算机化的生产使产品更具多样化，能够满足不同消费者的特殊需求。在全新的网络环境下，机器大工业可以最低成本向市场提供产品的营销与能充分满足消费者需求的定制营销相互结合，提供完全定制营销的产品或服务，就兴起了大批的运用这种高级的、进步的营销方式——定制营销的企业，以满足消费者的需要。定制营销被美国著名营销学者科特勒誉为是21世纪市场营销最新领域之一。

2. 定制营销与传统的营销方式相比的优势

1）竞争优势

企业在传统营销模式下，大批量生产雷同的产品品种，只能满足某些群体的需求，而无法满足消费者的个性化需求，在同行业中竞争优势不明显。定制营销则更能体现以消费者为中心的营销观念。其从消费者的需要出发，由消费者自己设计，企业根据其要求进行定制生产。这种注重设计创新产品和特殊化、个性化的差异性服务，实施一对一的差别营销，最大的满足了消费者的个性化需求，能够与消费者建立良好的关系。提高企业的竞争力。定制营销与传统的营销方式相比有其特有的竞争优势。

2）降低成本

企业在传统营销模式下，通过追求规模效益，努力扩大产量降低单位产品成本实现利润最大化，就易出现库存积压，造成资源限制和浪费。定制营销实现了企业生产运营受消费者需求的驱动，根据订单安排生产与采购，以销定产，使企业库存量减至最小，加快企业资金周转速度，降低了成本。

3）减少风险

企业在传统营销模式下，挖掘市场需求往往是通过研发人员通过市场调查、分析得出结果推出新产品。但研发人员、市场调研人员受到主客观影响的制约，对结果有时会产生误判。企业定制营销由于是企业以消费者的设计定制生产运营，在一定程度上规避了企业新产品开发和决策的风险。

二、电子电器产品运用定制营销的做法

1．“零起点营销”

传统营销多为通过库存缩短供货时间。定制营销库存较少甚至为零。企业为满足消费者获得定制产品或服务同时，依然满足快捷的期望，降低消费者购买决策的风险，就要求企业在最短时间，尽快满足消费者的需要。这对于企业信誉提升有重要意义。

2．畅通信息化渠道

企业要及时响应市场和消费者的需求，企业的信息化十分必要。通过畅通的信息渠道，及时发布企业的生产或服务信息供消费者根据自己的需求去选择，及时了解消费者的差异需求，迅速回复争取订单。

3．选择合理的定制营销方式

企业在进行定制营销时应根据自身产品的特点及消费者的不同需求选择不同的定制营销方式。如当产品对于消费者用途一致，且结构简单，消费者参与程度较高时，可采用消费者设计，企业按要求生产产品或提供服务方式；如消费者参与程度较低，企业可以根据其对不同场合，不同需要，对产品进行调整、变换、重新组装满足其特定需求。

4．构建快速生产模式

企业为使定制营销的产品或服务尽快送达到消费者手中，实现以最短的交货期，最大的满足其需求，同时具有经济的方式，提高企业竞争力，就需要用先进的管理和制造加工技术与设备，及快速调整生产的能力，快速生产出消费者满意的产品。

课外活动建议

请讨论：什么是定制营销理念？现代的定制营销是如何进行的？

习题八

1．电子电器产品新颖的经营理念和方式有哪几种？

2．什么是绿色营销理念？为什么会形成绿色营销理念？

3．试举几例电子电器产品进行绿色营销的方式。

4．数据库营销之所以诞生并发展的原因是什么？

5．消费者数据库如何构成？

6．运用网络营销的做法？

7．网络营销的基本特征是什么？

8．什么是定制营销理念？现代的定制营销是如何进行的？

9．试举电子电器产品是如何运用新颖的经营理念进行营销的几个例子。

实训八

1．中国 PC（个人计算机）市场的笔记本电脑销量巨大，市场细分就成为一种趋势，这促进了“面向细分行业定制”业务的发展。试对这种现象进行分析。

2．为什么说网络环境从 Web 1.0 这种用户被动接受向 Web 2.0 用户主动参与的方式转变以后，就意味着网络营销体验已经改变，企业要改变，就要向更具消费者生活方式的方向改变，就要寻找更有效的营销战略。

模块九
电子电器产品企业营销战略

在本模块的学习中，我们进一步学习营销战略的含义，结合海尔公司的成功经验理解电子电器产品的营销战略，以及电子电器产品竞争的四层含义；学习海尔公司是怎样制定竞争战略和全球营销战略的。

项目一　电子电器产品的营销战略

学习目标

1. 了解企业营销战略的含义与企业营销策略的区别。
2. 掌握企业营销战略的构成。
3. 培养忧患意识和长远发展的战略思想。

学时安排　2 学时

知识模块结构图

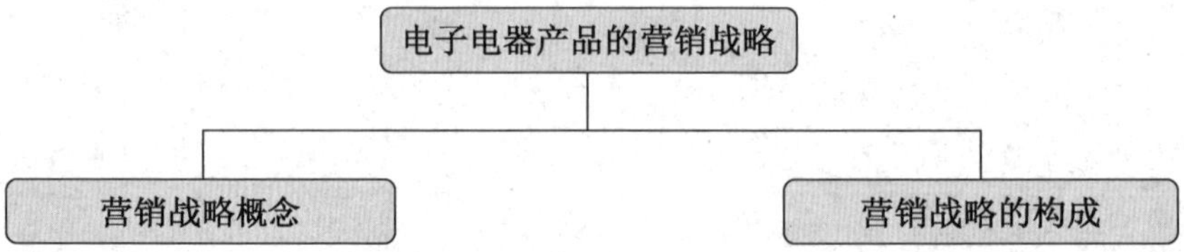

营销案例导入

海尔公司为应对国际、国内同行业的激烈竞争，未雨绸缪，早在中国加入 WTO 之前就积极制定企业的发展战略，将战略重心移至国际市场，实施跨国经营战略，提出“从制造业转向服务业的理念，以消费者满意为目标的经营理念，是服务与产品的整合，是向所有消费者提供最大限度使其满意的海尔服务”。海尔公司在全球 30 多个国家建立本土化设计中心、制造基地和贸易公司，重点发展科技、工业、贸易、金融四大支柱产业，现在海尔公司早已发展为大规模的跨国企业集团。海尔公司在“走国际化道路，创世界名牌”的思想指导下，实施名牌战略、多元化战略和国际化战略。为适应国际化战略的总目标，企业制定了关于人才培养等既明确又符合实际的发展战略目标。为实现战略目标海尔设计了一整套的促企业发展，催员工奋进的机制，使得海尔公司成为世界最大的白色家电企业之一，并始终保持着持续稳定的高速增长。

基础理论知识介绍

一、营销战略概念

战略一词本是军事用语，演变到今日，战略指关系到重大的、关系事物全局的、涉及时间相对较长的，同时又决定或严重影响事物发展前途和命运的重大谋划。战略是一种思想，一种思维方法，是一种分析工具和较长远的整体规划。战略成为人们对待事物和决定自己行为的前提和关键。战略进入企业经济领域最早见于 1965 年美国安绍夫的《企业战略论》一书，首次提出企业战略的概念。

1．企业营销战略

企业营销战略是指企业为求得生存和发展，根据其所处的内外环境而制定的长远计划和选定的奋斗目标，并提出实现长远目标的策略和途径。企业战略也可以理解为是企业意欲在目标市场上用以达成它的各种营销目标的广泛的原则。

企业营销战略是实现长期目标的方法。对于现代企业而言，营销战略与企业的宗旨和使命相吻合。往往是企业发展战略的核心内容。

2．企业营销战略与企业营销策略的区别

企业营销战略是解决企业宏观面的，范围广泛的全局性、纲领性的企业发展目标和发展方向问题的规划。简单说是根据市场的需要和变化，企业制定发展目标，为实现目标往哪个方向发展的问题。有一定的稳定性。

企业营销策略是解决企业发展中为落实战略目标而采取的具体的、细节上的应对方法和措施。解决的是如何满足市场需求，如何为企业营销战略服务的问题。可随市场变化及时调整以适应市场。

二、营销战略的构成

营销战略从内容角度看主要由三部分构成，包括目标市场战略，营销组合战略，以及营销费用预算。而从营销管理过程的角度来看，营销战略可以区分为三个阶段，即营销战略计划，营销战略执行和营销战略控制，如图 9-1 所示。其中，营销战略控制一般有年度计划控制、利润控制和战略控制三种类型。

1．营销战略的内容构成

（1）目标市场战略是指企业将电子电器产品的整个市场视为一个目标市场，用单一的营销策略开拓市场，也就是用一种产品和一套营销方案，运用同一广告主题面向所有消费者，吸引尽可能多的消费者的策略。这个决策过程是由市场细分、目标市场选择、市场定位三个相互联系的环节组成。

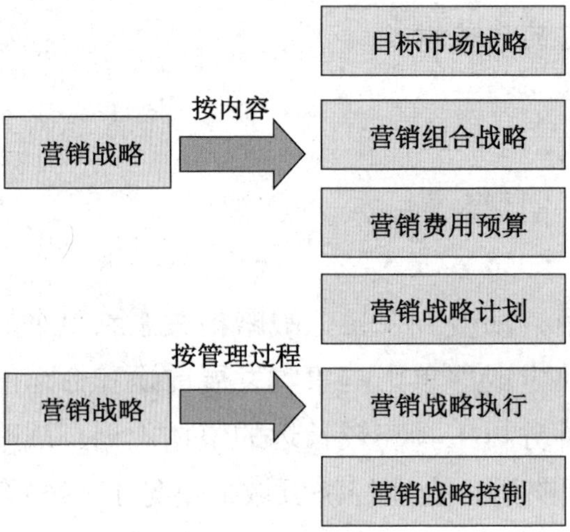

图 9-1　营销战略分类

市场细分是根据消费者的差异需求，将某种电子电器产品或服务的整体市场划分为需求大体相似的子市场。其目的为更好满足目标消费者的需要。市场细分是企业目标市场的选择和市场定位的基础和前提。目标市场选择是预计每个细分市场的吸引消费者的程度，选择进入一个，还是多个细分市场。对于市场规模狭小，有萎缩状态的市场则不宜进入，可根据企业目标和条件、能力，能充分发挥企业资源优势进行选择。电子电器产品市场不仅可以是大中城市，小城镇和农村也会是很好的市场。市场定位是根据企业发展战略目标确定是侧重于产品定位于质量、成本、特征、性能、款式等的产品定位；是通过塑造企业形象品牌、员工知识和能力、可信度等的企业定位；是确定企业相对于竞争者的市场位置的竞争定位；还是为确定企业消费者群的消费者定位等。

（2）营销组合战略是企业通过产品开发、产品定价、产品分销、产品促销四项营销策略结合起来使用实现电子电器产品营销目标的经营战略。产品开发是指设计出独具特色、与竞争对手不同的新产品；产品定价是指产品价格应当兼顾消费者对价格的承受能力和企业利润最大化两个方面；产品分销是指应根据目标市场和产品不同，酌情选择分销渠道，力求以最快速度和最低费用将产品送达消费者；产品促销是指通过广告、宣传等多种手段促进产品销售，提高企业电子电器产品市场占有率。四项营销策略组合应相互配合取得最佳效果。

（3）营销费用预算是指企业为了实现电子电器产品销售计划需支付的费用预算。这是以分析销售收入、销售利润的销售费用预算为基础，力求实现销售费用的最佳使用。营销费用预算包括：产品自销费用，如企业负担的包装费、运输费、保险费等；产品促销费用，如广告费、售后服务费、展销费等；销售部门费用，如专设销售机构发生的人员工资、业务费等；委托代销费用等。营销费用预算是企业营销战略的细化，是企业营销战略服务的特征，是营销战略的重要环节。

2. 营销战略管理过程的三个阶段

营销战略管理过程分为营销战略计划、营销战略执行和营销战略控制三个阶段。

1）营销战略计划

企业营销战略计划是指企业通过制定最佳的市场营销组合，以提高利润，树立良好的企业形象。科学严密的战略营销计划可使企业在变幻莫测的市场中维持生存和发展。营销战略计划可以起到增强企业内部各部门的协作和指导协调各部门工作的核心作用；起到为改进管理创造条件，有助于企业决策者对企业发生的变化做出合理有效的应对，促进企业整体利益的实现等作用。

2）营销战略执行

企业制定出最佳的市场营销组合后，企业就要根据现有资源制定相关营销策略，按照企业的产品能够满足消费者需求对市场细分；如果企业很难同时满足消费者的需求，就要选择最容易进入，相对利润最大的一个或几个目标市场；选择细分市场后还需要对市场定位，定位准确与否直接影响到企业的成败。定位失败会对品牌打击极大，再想重塑受损品牌的成本比建立新品牌的成本还要高得多，所以市场定位非常重要。

3）营销战略控制

企业的营销战略除制定时要有应变性外，在营销战略计划实施过程中，为使企业能应对市场营销环境的变化，还需要制定营销战略控制系统保证市场营销目标的实施。营销战略控制一般包括年度计划控制、盈利能力控制和营销战略控制，以及效率控制、人员控制等。

三个阶段是相互联系相互制约的。营销战略计划是营销活动的指导；营销战略执行是具体实施营销战略计划；营销战略计划的实施需要控制，保证计划得以实现。

小案例：

海尔一把大锤砸出的营销战略

电子电器产品要想赢得消费者，占领市场，扩大销售，其发展战略的基点需同其他产品一样，首先在于“令消费者满意”。令消费者满意首要的是高质量，高质量则是名牌产品的核心。海尔电冰箱之所以享誉海内外，就是因为海尔公司制定了要在市场上创出在同类产品中最优秀的，具有导向性的，起引导消费作用的产品“名牌电冰箱”，这一正确的营销战略。

在 20 世纪 80 年代中期，中国市场面临短缺经济，由“卖方”左右市场，当时只要是电子电器产品，即使是次品都有人抢购。海尔公司却在员工中普及“有缺陷的产品（哪怕是外观上的一道划痕）也等于废品”的观念。时任厂长当着全厂职工的面，用大锤将突击检查出的 76 台不达一等品的电冰箱全部砸毁，而不是在市场上将产品出售。正是严格的立厂之道砸碎了职工陈旧的质量意识，促使员工努力提高自身素质，昔日砸电冰箱的大锤为海尔公司走向世界立了大功，成为海尔公司历史的一段佳话。正是海尔公司不断创立名牌，以满足消费者需求为中心，不断创新的发展战略，使海尔公司能够在国内外市场激烈的竞争中，直到今日，海尔电冰箱仍为中国名牌电冰箱，引导着电冰箱消费的潮流。

项目二 电子电器产品的竞争战略

学习目标

1. 理解电子电器产品竞争的四层含义。
2. 了解海尔公司是怎样制定竞争战略的。
3. 培养竞争意识和创新意识。

学时安排 2 学时

知识模块结构图

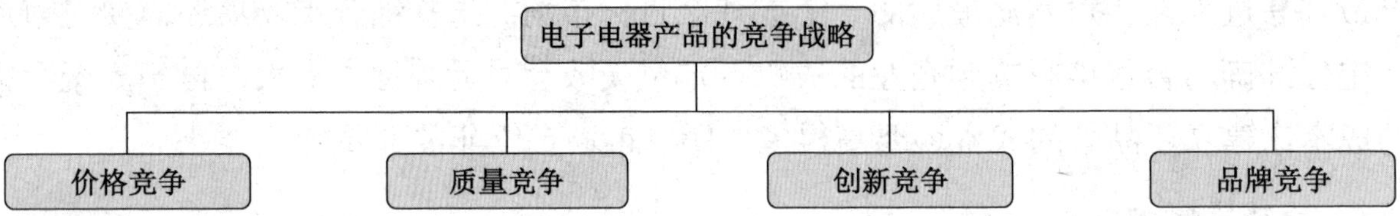

营销案例导入

海尔公司几十年来在国内外家电市场竞争中始终把握世界发展潮流在制冷技术、网络家电技术、控制技术、集成电路、环保、节能技术、智能家居集成技术、新材料、工业设计等领域不断自主研发和创新，同时推进这些技术的产业化转型，形成新的高新技术产业，迎合市场需求不断更新换代。这一系列的研发创新的竞争战略，使得海尔公司在全球化竞争中成为全球举足轻重的跨国企业集团。

基础理论知识介绍

随着企业遇到的竞争全球化和产品的全球化，电子电器产品的竞争进入了白热化阶段。企业不仅要面临来自国内同行业产品的竞争，而且要面对国际巨头企业产品的竞争。在面对全球巨大的市场和市场激烈的竞争压力下，企业必须依据竞争态势制定竞争战略，以应对机遇和挑战，保障企业的生存与发展。

电子电器产品的竞争大体划分为四个层次：价格竞争、质量竞争、创新竞争、品牌竞争。

一、价格竞争

这一层次的竞争是较为低级的，其特征表现为价格因素主导市场。以价格为主导的竞争目标锁定在价格上，只能适应经济发展的一定时期而不具长期性。在 20 世纪 90 年代，电子电器产品多次发生价格大战，这是因为当规模效应和成本控制不再是竞争参数的时候，价格战似乎就成了家电企业竞争不可或缺的手段。在正当的价格竞争中，价格拼杀是靠牺牲利润为代价的低级竞争，是一种涸泽而渔的行为，是一种没有后续力量的竞争。不正当的价格竞争是一种企业为垄断而进行的不法行为。

小贴士：

价格竞争驱使各家电企业通过降低价格来保住市场份额。例如，在2000年8月，中国微波炉第一品牌格兰仕宣布将高档微波炉系列全部降至1 000元人民币以内，并宣称今后格兰仕再高级的微波炉也不会超过千元。这意味着中国微波炉市场已进入微利时代，也意味着格兰仕设置了行业进入的价格壁垒。1 000元的高档微波炉，是当时中国市场残酷竞争的一个风向标，在消费者心中刻下了一条重重的价格参考线。

二、质量竞争

质量竞争的特征表现为市场的主导因素是产品的高质量、高品位。这个层次的竞争是由整个社会的生产、生活方式的发展变化所决定的。由于社会物质的丰富，人们的生活水平的提高，使消费者的购买取向从以要求价廉为主转而以要求物美和高质量为主。高质量产品只要物有所值，即使价格较高也不会影响消费者的购物选择。

在20世纪80年代电子电器产品供不应求时，海尔公司坚持把住质量关，甚至当时一些商业公司恳求海尔公司将残次品给他们，说就这样的产品也比其他企业产品好时，海尔公司也不为其所动，坚持残次品一律不准出厂，他们指出："质量问题不要'亡羊补牢'，而要'未雨绸缪'"。坚持高质量的结果是在20世纪90年代电子电器产品供过于求，各企业纷纷用降价促销、保证市场份额时，海尔公司不为所动，坚持不降价。当时海尔公司对电冰箱的各项技术指标的制定均高于国家标准，其中主要的七项指标实测值均优于发达国家水平，尤其对外观和噪声的要求特别严格。如电冰箱外观，国家标准要求是1.5m以内看不出划痕，而海尔公司则要求在0.5m内不得看出划痕；国家规定噪声为52dB，而海尔公司则控制为50dB。质量的过硬使电子电器市场打价格战时，海尔电器不用降价，就可在彩色电视机、电冰箱等销售中，仍然行情看好。不降价的结果更使人们认识到海尔电器的质量，增强了消费者对海尔公司产品的信任度，提高了海尔公司的品牌知名度，为其参与市场竞争创造了良性循环的条件。

海尔公司在国际竞争中为自己制定的指标是："要在国际市场竞争中取胜，第一是质量，第二是质量，第三是质量。"除了电冰箱，海尔公司在空调、洗衣机及厨房用具上都是后起之秀，但在市场占有率上都名列前茅。海尔公司出口数量大幅增长，产品被越来越多国家的消费者认同，靠的什么？靠的就是产品质量。

三、创新竞争

创新竞争这一层次的特征在于技术含量成为竞争的主导因素。这就是说电子电器产品仅靠价格低、质量好还不够，还要有新意。要将新设计、新性能、新品质、新技术融入产品之中。技术创新是竞争的核心。靠创新把握市场的主动权，引导市场新潮流，保持竞争的强有力的生命力。

创新概念在引入经济发展理论后，创新主要包含以下五种情况。

（1）采用一种新产品——也就是消费者还不熟悉的产品，或一种产品的一种新特性。

（2）采用一种新的生产方法，也就是在有关的制造部门中尚未通过经检验确定的方法，这种方法不需要建立在新的科学发现基础之上，可以存在于商业上处理一种产品的新的方式之中。

（3）开辟一个新的市场，也就是有关国家的某一制造部门以前不曾进入的市场，不管这个市场以前是否存在过。

（4）采取或控制原材料或半成品的一种新的供应来源，不论这种来源是已经存在的，还是第一次创造的。

（5）实现任何一种工业的新的组织，比如造成一种垄断地位或打破一种垄断地位。

创新是一种技术创新，通过知识或技能的重新组合，造就为社会所用的产品、工艺和服务。另外，开辟新市场，实现新的组织的管理创新，也是创新。

小贴士：

创新和发明、创造是不完全一样的。一种发明，只有当它被应用于经济活动时才成为创新。所以创新不是一个技术概念，而是一个经济概念。

在 21 世纪，人类经济正由“短缺”走向“剩余”，使需求的创造以前所未有的速度被提上日程。当前，需求的创造越来越依靠科学技术发展，新需求对增长的贡献周期越来越缩短，这两个特征日益凸显。在创造需求的意义上，技术创新具有举足轻重的地位。这是因为技术创新会形成新的更好的产品，这种产品会引发人们的新需求；技术创新会降低产品成本，致使产品价格下降，而产品价格的下降则会引发更多的需求；技术创新会提高产品的质量，质量的提高又引来消费者新的需求。技术创新这三大功能奠定了在竞争中取胜的基础。

彩色电视机市场上曾出现过有些彩色电视机的价格不断“高台跳水”，仍无人问津；而环保、互动系列等高质量的电视机却销售稳定的“怪”现象。其原因就在于只有开发高技术含量、切合消费者需求的高质量产品才能真正受到欢迎。

在全球经济一体化的压力、挑战下，企业与消费者之间的距离在空间上更远而时间上更近。对于一个企业，提高科技竞争力是当务之急。市场竞争的激烈性和紧迫性决定了在竞争中必须以比对手更快的速度去创新。

小案例：

有这样一段话，“世上没有一成不变之物，我喜欢猎野兔，不断地运动和变更构成了这种狩猎活动的全部内容，你看准了野兔，举枪瞄准，但它却在移动。为了打中它，你也必须移动你的枪”。这一段话的意思是什么呢？

有的企业习惯于“守株待兔”，用一成不变的产品去应对市场，当产品失去竞争力时，不说自己产品有问题，而是讲市场出了问题。有的企业却不是“守株待兔”，而是在引“野兔”出现后一击而中。

竞争、创新都必须和市场结合，这不仅意味着适应市场，更重要的是“创造市场”，即不局限于在现有的市场中争取份额，而且要以自己的优势“重做一块蛋糕”。

联想集团在个人计算机的营销中采取的是通过建构一个高科技产品的营销网络，通过这个网络吸引国外名牌上门主动合资，最后联想集团获得实力开发自有品牌产品的竞争战略。联想集团先代理个人计算机，然后做自己的个人计算机，代理惠普的打印机，然后又做自己的打印机。熟悉市场后，联想集团根据中国国情设计出更符合中国消费者需要的产品。TCL 集团彩色电视机的营销竞争战略是先销售，再研发，后生产。TCL 集团的彩色电视机质量与日本索尼、松下相比差不多，但 TCL 集团的彩色电视机之所以销售量比他们多，除具有较优的性价比外，重要的是 TCL 集团有一个销售网络，能够把销售终端渗透到最基层，甚至到农村的乡镇。海尔公司也正是依靠其遍布全球的营销网络，才使它的电子电器产品走出国门，进入国际市场。

在电子电器产品营销中要想竞争取胜，必须要积极开发市场，海尔公司、联想集团、TCL 集团等企业，最大的竞争力就是创造市场，以市场网络为王，在市场中争取到更大的份额。

创造市场不局限于只在现有市场中争份额，还要以自己的优势去创造新的市场，引导消费来领先市场，这也是竞争战略之一。

创造新的市场就要使电子电器产品要有个性，不断保持创新的活力。亚洲第 1 台四星级电冰箱、中国第 1 代豪华型大冷冻电冰箱、中国第 1 代全封闭的抽屉式冷冻电冰箱、中国第 1 台组合式电冰箱、中国第 1 台宽气候带电冰箱、中国第 1 代保湿无霜电冰箱、中国第 1 台全无氟电冰箱、“小超人”变频一拖二空调、超薄型洗衣机、上开门洗衣机、暖被机等，这些具有鲜明个性的海尔产品，每一个新产品都创造了一个新的市场、一个新的消费高潮和一个新的消费群体，使海尔公司在电子电器产品上独领风骚。海尔公司认为市场竞争的最高境界就是“不竞争”，当别人没想到时，抢先一步想到并以最快速度开发出来，推进市场销售，使海尔公司走在市场前面，也就在竞争中拔得了头筹。

四、品牌竞争

品牌竞争是指在满足消费者某种愿望的同种产品中不同品牌之间在质量、特色、服务、外观等方面的竞争。品牌竞争在 20 世纪后期成为最具有代表意义的营销模式，是更高层次的竞争。这一层次的特征是以产品的精华，囊括了产品的价格、质量、技术等所有的优势，凝结成响亮的牌号，并借此打入市场，赢得消费者对该品牌的偏爱和喜欢，影响、左右市场的消费。在这一层次竞争中，品牌是市场竞争的决定性因素。由于品牌不仅拥有有形资产，还拥有无形资产；不仅具有创造平均利润的功能，还具有创造超额利润的功能，使品牌具有战胜竞争对手的能力。

小贴士：

根据前瞻产业研究院《中国家电行业深度调研与投资战略规划分析报告》2020 年全球主要家电生产企业前五名分别为海尔、LG、惠而浦、美的和 BSH。根据 Statista 披露的数据，2020 年全球主要家电生产企业收入排名第一的是海尔公司，其次为 LG。在 2022 年 4 月 29 日夜，美的、格力、海尔智家三大企业相继发布 2021 年财报。三家企业的营收、利润均实现增长。海尔公司等企业取得如此骄人的成绩靠的就是在全球打出了自己的品牌，在市场上以优质品牌，打破了原由国外品牌独霸市场的局面，其品牌价值上升，市场份额不断拓展。

品牌是在市场竞争中产生的，又参与市场竞争。以市场为导向，围绕不断变化的消费者心理与市场需求，根据企业特点制定品牌竞争战略，不断研发创新增强品牌竞争力，就可以以较高的市场占有率，较高的知名度、美誉度确立起电子电器产品的市场地位。

品牌竞争具有综合性、文化性、形象化、稳定性和时尚性的特点。综合性是指品牌竞争涵盖了企业产品开发、设计、生产、销售、服务、管理、技术、规模、价值观等多种因素，品牌竞争就是这些因素的综合性竞争；文化性是指品牌自身所表达的生活方式、生活态度等精神内涵向消费者传递文化信息，起到实现消费者的价值认同、情感体验等作用；形象化是指品牌通过符号、文字、图案、产品外形等折射品牌的内涵，给消费者留下鲜活印象；稳定性是指产品可能不断更新丰富，而品牌却相对稳定不变；时尚性是指消费者通过品牌所传达的暗示，特别是当品牌知名度、可信度很高时（即名牌）更成为追求一种生活方式的社会定位的特点。正因为有这些特点，所以不能将品牌简单认为就是一种产品、一个商标，品牌是一个综合的系统。

在电子电器产品市场上，品牌有很强的激发功能，品牌所激发的消费者购买欲望受到品牌所创造的商品形象的制约。品牌所代表的产品质量信誉可靠，则带给消费者的购买欲望就强烈，特别是驰名品牌。消费者投入的不仅是信任，而且还有“迷信”。消费者往往一看到这种品牌就会产生兴趣及购买欲望。这就是“品牌偏好”与“名牌效应”。因此，品牌竞争不能陷入低水平的品牌竞争关系中，要想在竞争中脱颖而出，靠价格战也不行，唯有打造具有时代特征、鲜明个性的品牌，提高品牌在市场上的可信度、知名度、美誉度，提供产品和服务的高品质和高质量，将电子电器产品的品质与服务进行完美的结合，让消费者能够从产品或服务上得到有形和无形利益，品牌价值得以体现的品牌竞争才可行，对企业有益。这样的品牌竞争才会支撑企业不断发展，保持业绩增长。

项目三　电子电器产品的全球营销战略

学习目标

1. 结合海尔公司的成功经验理解电子电器产品的全球营销战略。

2. 培养竞争意识和国际化发展的思想。

学时安排 1 学时

知识模块结构图

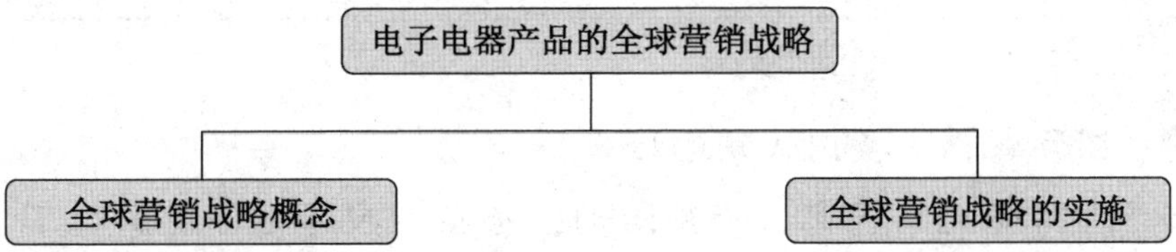

营销案例导入

华为手机创立之初就做出极尽华为技术积累的智能手机，攻坚全球市场，打造全球名牌的长远营销战略部署。当时在华为手机的一个宣传片中，借一位拥有音乐梦想的女孩，诠释了一路克服困境，坚持不懈，始终坚定志向的故事，展示华为手机品牌的本真——对梦想付出就会有可能实现的机遇。形象的比喻拉近与消费者的距离。华为手机的从本土化到步步为营的差异中有统一，跨界合作打破樊篱等营销全球化策略，使 2016 年成为华为手机真正彻底的全球化营销之年，实现了全球四分之三的品牌认知，在全球知名的品牌价值排行榜单中增长迅速，在智能手机市场中完成高端品牌的提升，处于领先地位。

基础理论知识介绍

在经济全球化的今天，企业不仅要面对国内市场，还要面对全球市场。企业要发展，全球市场决不能忽视。电子电器产品要保持领先地位，也要在全球营销中制定战略措施。

一、全球营销战略概念

科技的进步，通信的发展，世界经济社会一体化、全球化已成为必然。企业要在激烈的竞争中生存发展，就必须走进世界市场，采取全球营销战略。

1. 全球营销战略概念

全球营销是指企业营销活动的范围是整个世界。在世界范围内把具有相同需求的潜在消费者纳入一个国际细分市场，在国际范围内实施营销标准化，再根据不同国家、不同文化的独特市场做一些调整，以达到销售产品的目的。全球营销具有全球运作、全球协调、全球竞争三个重要特征。

全球营销战略是指企业从全球市场角度将不同国家的不同企业的生产、流通等全部营销活动按最优化原则以最低成本、最优化营销组织起来满足全球市场需求的方案。全球营销战略通过全球新布局与协调，在全球市场中发展新市场，企业的组织、创建、定位和宣传其产品和服务的营销活动一体化，从而获取企业在全球性综合竞争优势。全球营销战略根据全球运作、全球协调、全球竞争的三个重要特征，在评估市场机会和制定营销战略时，不以国界为限，而是着眼全球，实施标准化战略。实施标准化营销战略时所侧重的营销要素可不尽相同，如可生产标准化，也可在价格、促销、渠道结构等要素实施标准化，标准化营销战略可通过生产和营销规模效应，处理消费者关系的一致性，在全球范围可发掘出新的创意等为企业带来极大的竞争优势，这种全球化标准化的营销才会取得最佳规模效益。

制定全球营销战略时也要注意不要与有关国际和相关国家的法律、文化、语言等相悖。

小贴士：

全球营销、国际营销、多国营销的区别。

国际营销是指跨越几个国家的营销活动，是在“市场延伸观念”下，本国市场是根本，外国市场是补充，目的是为扩大销售产品；多国营销是指多国协调与营销一体化，将本国与外国市场视为同等重要的“等距视角”，通常根据外国市场的盈利能力在外国建厂，设立外国子公司等，依据所在国消费者需求开发营销组合满足所在国市场；全球营销是指全球协调与营销一体化。初期阶段全球营销往往只在如采购或生产某个方面实现全球化。高级阶段全球营销是在几乎各方面实现全球化，如采购、生产、研发、人力资源等，建立全球网络，全球营销更重视全球消费者的共性，当然也会适当做一些调整，某些方面如商标图案、标识、颜色等保持绝对统一。全球营销与多国营销最大的区别是全球营销各企业都要服务于企业整体。

2. 全球营销战略的重要性

在经济全球化的今天，国际市场营销是开放经济和经济国际化的必然趋势。制定全球营销战略首先，可为企业在电子电器产品市场趋于饱和环境下，提供在国际市场，特别是尚未饱和的国外市场中有更多的营销机会，为企业提供新收入来源的新机会；其次，可以延长产品生命周期，还可以提高企业产品的品牌知名度和美誉度；最后，可以使企业有机会获得有关其产品的新知识，有利于企业调整为消费者提供更好的产品和服务。

面对日新月异的激烈竞争，电子电器产品的全球发展战略必须从时间和空间两个方面寻求突破点。一是抢时间，二是抢空间。抢时间即以最短的时间全面达到国际先进水平；抢空间即以最大限度拓展国内与国际市场的生存空间。

电子电器产品的出口若仅为创汇是不够的，如果没有高质量，只能在低价位徘徊，甚至碰到外商的“索赔”。全球经济一体化的经历可以得出：没有名牌就要受欺负。在电子电器产品营销的全球战略中，出口定位必须是为创国际名牌而出口。在国际贸易中，销售第一位的是销售信誉，第二位才是销售产品。这是因为如果将销售产品放在第一位，仅以创汇为导向，企业可能会挣到一些外汇，但不能占领市场，走低价倾销之路，利润微薄，企业还易受到国外的反倾销诉讼影响。在电子电器产品营销中不乏这样的事例。

二、全球营销战略的实施

实施全球营销战略需要注意以下几点。

1. 实施全球营销战略的配置和协调

实施全球营销战略成功与否在于是否满足全球营销的条件。跨国企业在实施全球营销战略时需要将产业链中采购、生产、研发等各项具体活动根据比较优势在全球范围内配置、整合，例如，将产品研发集中在具有先进技术的国家；将产品制造集中于劳动力成本较低的国家等，才可使跨国企业整体取得相对最高的效率。

2. 全球营销市场的竞争性定位

实施全球营销战略不容忽视全球市场竞争性定位。跨国企业为最终获取全球市场的领先地位，必须通过全球品牌在全球获得全球竞争优势。将跨国企业在全球各市场上的竞争资源有效整合。主动进攻是一种竞争定位，就是电子电器产品有了名牌可以采取先打开发达国家的市场，在全球最具成长力、最具有消费能力的市场获取市场占有率和竞争地位，再进入发展中国家市场的战略。这是因为在现已成熟的电子电器产品市场中，与国际品牌竞争过的产品，就一定能占领发展中国家市场。先攻强后打弱，战胜了强者，弱者也就乘势而胜。如海尔公司选择的竞争性定位就是先选取欧美、日本市场作为企业产品营销突破口，利用发达国家市场的效应，继而再走向全球其他市场。也可以根据本企业优势选择先弱后强，“农村包围城市”的竞争战略，先进入竞争性薄弱的发展中国家，避其竞争锋芒，待站稳脚跟后再向发达国家市场发起竞争挑战。

3. 全球营销战略的柔性

实施全球营销战略不仅要有在全球市场的竞争性定位，还要根据全球市场的需求、资源、产业链、竞争的变化保持战略的柔性，通过对资源、产业链等方面的调整、配置、管理，寻求在市场的波动、经济发展的不平衡中依然能够获利。这就需要企业建构起能够敏捷反映市场变化，迅速向总部传递市场信息的职能部门，这涉及如何应对全球消费者与全球竞争者的决策。

4. 有效的整合

实施全球营销战略应对全球市场变化时，需要对各国市场之间的竞争力量进行调整、配置和实施。由于跨国企业在各国营销运作是相互联系的，如在某国市场面临竞争对手的强大压力时，可以在另一个国家的市场上加强竞争进攻、牵制竞争对手。又如跨国企业在某国市场盈利不佳，但可牵制竞争对手，跨国企业仍可予以投资。总之，全球营销战略是跨国企业在各国的企业都必须服务以总部的整体目标，各国外市场的配置、调整不是仅出于其自身的营利，将跨国企业在全球各市场上的竞争资源做有效的整合，其目的是实现跨国企业全球营销战略目标的实现。

小案例：

海尔公司以开展星级服务成为中国家电第一品牌，以市场份额的不断扩大和产品的不断创新为基点，创建世界名牌。海尔公司的电子电器产品很多，但并不是全线推进。而是先用竞争力最强的电子电器产品叩开市场大门之后，其他产品再陆续跟进。其结果是总的交易成本较低。如在美国，先用符合美国规定的全无氟、超节能、大冷冻等技术标准、款式和功能符合美国人的审美情趣和生活习惯的电冰箱打进美国市场，当美国人知道海尔公司是做电冰箱的时候，再打进洗衣机，这时就不再需要大肆宣传，美国消费者就已经能认识海尔洗衣机了。而在欧盟市场上，因为欧洲人过去不太用空调，当空调市场刚起步，无论什么品牌欧洲人都陌生。于是海尔公司先用空调打先锋，随后电冰箱、洗衣机跟着往里冲。一下子，海尔公司的电子电器产品在欧盟市场就占据了一席之地。

课外活动建议

"在全世界用户中的认知度达到10%以上"；"世界级流通、世界级制造、世界级品牌"；"海尔向祖国奉献世界名牌"。请用本模块所学内容分析海尔公司电子电器产品的营销战略。

习题九

1．电子电器产品要把握市场应如何制定发展战略？

2．电子电器产品的竞争经历了哪几个层次？分别是如何进行的？

3．面对国际市场一体化的竞争环境，电子电器产品的全球营销战略应如何制定？

实训九

1．请以比较熟悉的某种电子电器产品为例，以小组为单位试规划该产品的国内发展战略。

2．通过收集材料，小组讨论，试形成一份从海尔公司在国际竞争中取得骄人的成绩中受到何种启示的报告。

模块十

市场营销机会分析及市场需求调研

在本模块的学习中，我们将学习如何确定市场营销的调查方案，以及对市场营销机会的分析；学习调查客流量与消费者购买行为的方法，以及调查客流量与消费者购买行为的意义；学习市场需求调查的方法与步骤，以及市场调查问卷的设计。

项目一 市场营销的调查方案和机会分析

学习目标

1. 了解如何确定市场营销的调查方案。
2. 了解对市场营销机会的分析。
3. 培养实事求是的工作作风。

学时安排 2 学时

知识模块结构图

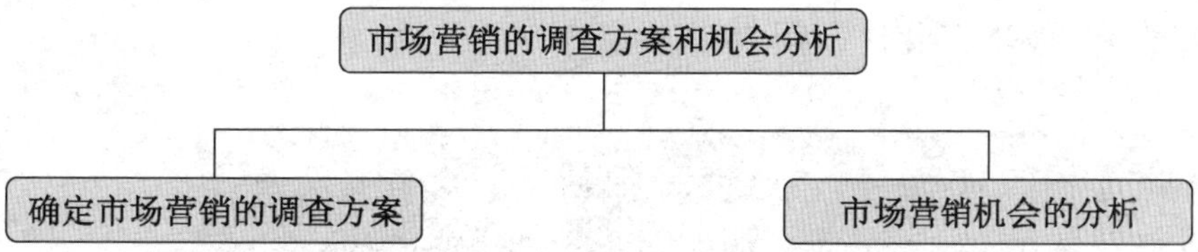

营销案例导入

海尔公司走全球化营销采取的是用自己的品牌电冰箱先打进美国市场，然后借助其市场的影响力再开发其他国家市场的战略。在进入美国市场之前，海尔公司先在美国市场上做了大量的诸如需求能力、需求结构等电冰箱产品营销调研。海尔公司在调研中有针对性很强的目标消费群，充分了解该地区的人口结构和消费习惯；充分考虑竞争者的优劣点，有明确的市场定位。通过调研发现了新的市场机会和需求。1999 年 4 月 30 日在美国的小镇坎姆登举行了海尔公司投资 3000 万美元的海尔生产中心的奠基仪式。一年后第一台带有“美国制造”标签的海尔电冰箱走下生产线，海尔公司从此踏上了全球化营销的征途。

基础理论知识介绍

一、确定市场营销的调查方案

小案例：

市场调研对企业的产品营销意义重大，准确的调查，正确的分析，有针对性地开发满足不同层次消费者需求的产品，可为企业开发出巨大的市场。如海尔公司通过调查，发现市场上基本是大容量电冰箱，而小容量的电冰箱消费者是难以买到的，于是就开发了“小小王子”伴侣全冷冻小电冰箱，一上市便脱销；宽电压电冰箱的问世，则打开了广阔的农村市场，在西北市场被富裕起来的农民抢购一空。通过调研细分了市场，进行了差异性营销，类似的案例比比皆是。谁认真做市场调研，准确地把握了市场，谁就得到发展。反之，则会被市场所淘汰。

有效地管理信息是成功决策的前提。进行市场需求调研，对所获得的信息进行营销机会分析，就可以降低不确定性，不确定性越低，风险越小，决策越好。市场需求调研是营销负责人获取市场信息的重要来源之一。

市场需求调研是向营销人员提供决策信息的系统过程。市场需求调研可以提供有助于识别和解决营销问题的有用信息，以进行深入分析，有助于制定营销决策。

市场需求调研通常有从内部取得和外部取得两种途径。从内部取得，包括从企业现有资料或企业人员收集的资料；从外部取得，包括从社会公众或消费者调查而来的资料。

内部和外部信息来源常常是互补的。一般来说，既可以自己搜集而不是依赖营销调研专家，得到的多数信息是购买和使用企业产品的消费者和中间商及竞争者对企业的印象的“软数据”；也可以依靠营销调研机构为企业开展各种消费者问卷调查和综合追踪资料服务，得到的是数量化的“硬数据”。现在，这两种信息获取方式越来越趋于一致。但无论哪种调查都需先确定调查方案和设计调查问卷。

你知道怎样做市场调查吗？哦，很简单，只需要两步，首先，要确定样本量，即调查对象的数量；其次，确定抽样的方法。

市场需求调查按调查对象的数量多少，可以分为全面调查和抽样调查。全面调查是对调查对象中每一个个体都进行调查。这种方法耗时长，费用高，只可在调查对象较少的情况下采用，不适合一般企业。一般企业通常调查对象较多，宜采用抽样调查方法。抽样调查是从调查对象全体中抽取若干个样本进行调查，并用调查结果来推断调查对象全体的一种做法。一般来说，抽样越多，调查的结果越准确，但抽样越多，人、财、物的耗费也越多。样本以多少为好，这要以保证调查结果的误差不超过允许的范围为前提。在确定样本数量时，可参考表 10-1 所示的数据。

利用表 10-1，基本确定样本数量。例如，在进行电子电器产品需求情况调查时，要求调查结果误差不超过 5%，可信度为 95%，由表 10-1 可知只需抽取 384 名样本即可。若调查结果表明有 70%的调查对象有某一需求，则消费者中实际有此需求的应在 65%～75%，这种调查结果的可信度为 95%。误差的可能性不大于 5%。

表 10-1　确定样本数量表

允许误差	可信度（把握程度）	
	95%	99%
1%	9 600	16 589
2%	2 400	4 147
3%	1 067	1 849
4%	600	1 037
5%	384	663
6%	267	461
7%	196	339

实际操作中确定了样本数量后，还需解决如何抽取样本。抽样方法一般分为：随机抽样和非随机抽样。

随机抽样即按随机原则抽取样本，排除人们有意识的选择，调查对象总体中每一个体被抽取的机会均等。抽取时，可采取简单随机抽样、等距抽样、分层随机抽样和分群随机抽样等方法。简单随机抽样是从总体中随机抽取若干个体为样本，抽样者不做任何有目的的选择，而用纯粹偶然的方法抽取样本。等距抽样是从总体中每隔若干个个体选取一个样本的抽样方法。分层随机抽样是先将调查的总体根据调查目的按其特性分层（分组），然后在每一层（每一组）中，随机抽取部分个体为样本。分群随机抽样是先将调查总体分为若干群体，再从各群体中随机整群的抽取样本，即抽取的样本不是一个，而是一群，然后再在抽中的整群内进行逐一调查。

非随机抽样是按调查目的和要求，根据一定标准来选择抽取样本。常用任意抽样、判断抽样、配额抽样等方法。任意抽样的样本选择完全根据调查人员的方便与否来确定。如在街道上、市场里随意访问来往的行人或消费者。判断抽样要根据调查人员的判断决定选取的样本。如某企业调查各零售商销售其电子电器产品情况，企业负责人根据个人判断选定一些具有代表性的零售商为调查对象。配额抽样是将调查对象按规定的控制特性分层，然后为每一调查人员按规定的控制特性分配一定的样本数目进行调查。

根据以上的决定就可以确定出市场营销调查的最终方案。

二、市场营销机会的分析

机会往往是由于识别出新型消费者，发现消费者未满足的需要或创造出满足消费者需求的新方法和新手段而产生的，机会分析注重发现对组织有利可图的市场。机会评估通常有定性和定量分析两个不同阶段。定性分析阶段注重于将经营机会的吸引力与未覆盖的市场缝隙的潜力相匹配。吸引力取决于竞争对手的活动，消费者的要求，市场需求和供给能力，社会、政治、经济和技术的驱动力组织能力等。将以上各项因素及其对消费者的类型、消费者的需要和满足需要的手段紧密联系起来进行分析。可参考机会评估矩阵：吸引力指标，如表 10-2 所示。

表 10-2　机会评估矩阵：吸引力指标

市场细分标准	竞争活动	消费者要求	需求 / 供给	政治、技术和社会、经济力量	组织的能力
消费者的类型	争夺这个用户群的企业有多少？是哪些	什么因素影响购买意愿和能力	不同类型的消费者其有效需求的水平是否相同？供应来源充足的重要性多大	不同的消费者对于这些因素的敏感程度如何	能否通过营销组合变量接近消费者？能够向这些消费者供货吗
消费者的需要	哪些企业满足哪些消费者的需要	是否存在未满足的消费者需要？这些需要是什么	消费者需要是长期的吗？可以通过获取资源来满足消费者需要吗	消费者需要对这些因素的敏感程度如何	可以满足消费者的哪些需要
满足消费者需要的手段	采用什么策略满足消费者需要	满足消费者需要的技术是否变化	用来满足消费者需要的手段在多大程度上受供应来源的影响？对满足消费者需要的手段的需求是否变化	满足消费者需要的手段对这些因素的敏感程度如何	是否拥有满足消费者需要所需的人、财、技术和营销专长

定量分析阶段需要得出对市场销售潜力的估计和销售预测，同时还要对评估市场机会的盈利所必需的财务、人力资源、市场营销和生产资源做出预算，以便做出准确的回答，而费用比较少。不足的是问卷回收率低，也不适宜于调研较复杂的问题。

项目二　市场专题调查

学习目标

1. 理解对客流量与消费者购买行为的调查方法。
2. 了解对客流量与消费者购买行为调查的意义。
3. 能根据调查结果做出正确的分析。

学时安排　1 学时

知识模块结构图

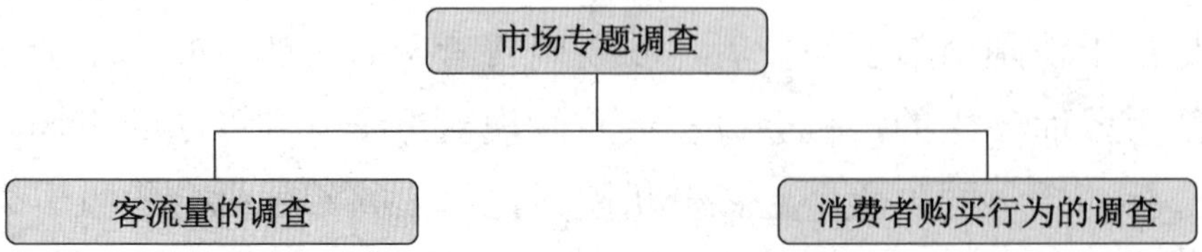

营销案例导入

海尔公司在洗衣机市场上，通过市场调研根据我国不同地区的环境特点和消费需求，采取不同的产品策略。如在江南梅雨季节洗衣不易干，就开发出集洗涤、脱水、烘干于一体的海尔“玛格丽特”三合一全自动洗衣机，销售量迅速增长；又如我国北方水质较硬，洗衣机洗净度低，海尔公司就开发出气泡式洗衣机，利用气泡爆炸破碎软化作用，提高了洗净度20%以上，深受消费者欢迎。

基础理论知识介绍

市场调研目的是了解消费者的购买行为，把握消费者的需求和购买心理，使产品能够满足消费者的心理需求。调研的准确性直接关系产品的市场定位和消费者目标的准确性。这关系到市场的开发，投资的回收，企业的发展。

一、客流量的调查

对专门从事营销电子电器产品的销售企业，进行客流量调查是十分必要的。通过客流量的多少，可以分析出营销企业的产品最大需求量和本企业现有市场占有率及推销潜力。为预测企业产品推销的潜在数量，必须在消费者光顾本企业的数量等方面进行分析。可以从下面的六个需求状态的变化来把握市场发展趋势。

（1）负需求：负需求是指消费者很少光顾本企业及购买本企业营销的产品。原因主要有产品不对路、地理位置不佳、商店环境差、服务不到位、宣传力度不够等。这时营销人员要通过调查采取相应措施扭转需求，使负需求变成正需求，将潜在的消费者吸引到本企业来。

（2）无需求：无需求指消费者基本上不光顾本企业，其原因基本上与负需求相同，这时也需要采取应对措施，将无需求变成有需求。

（3）潜在需求：潜在需求指消费者光顾本企业，在心理上对某种产品有购买欲望，但不付诸实际的购买行为。这时企业应将有潜在需求的消费者转变为有现实需求的消费者。

（4）衰退需求：衰退需求是指消费者光临本企业的数量呈减少或下降的趋势。这时企业的任务是如何将衰退的需求重新恢复起来。

（5）波动需求：波动需求是指消费者对某种产品的需求不规则，随着时间与季节的变化，消费者光临本企业的人数波动性很大。这时企业需要调节需求，使供求大体保持平衡，以保持稳定的客流量。

（6）饱和需求：饱和需求是指消费者对本企业的产品的当前需求在数量上和时间上同预期的需求已达到一致，消费者盈门。这时企业的任何工作都是设法维护现有的销售水平，防止出现客流量下降的趋势。

在客流量调查中，通常采用的方法是统计法。也就是在一定时期内统计光临本企业的人数。统计时可用人力和电子装置。这种方法，花费人力、财力较多。其优点是统计较准确，有助于企业分析消费者流量在不同时间的分布，缺点是客流量大不一定就是销量大。

现在很多企业都通过各种方法将“客流量”大转变为“客留量”大。以延长消费者停留在本企业的时间，将潜在的消费者转变为现实的消费者。

消费者是企业推销活动的中心。企业营销决策、营销策略的研究和制定，以及营销技巧的运用都要围绕消费者这个中心进行。因此，企业要综合地调查消费者的购买行为。

二、消费者购买行为的调查

> **小贴士：**
>
> 行为科学认为，人们的行为是由动机决定的，而动机又是由需要引起的。任何消费者行为都受人为的需要所支配，而人类的需要最终可以从生理、心理、社会等方面找到终极的源头。正是需要的共性决定了行为的共性，由此使我们对消费者行为规律的探索成为可能。

消费者购买行为是指消费者为获得、实用、处理消费物品所采取的行动，及事先决定行动的决策过程。对消费者及其购买行为的调查主要有消费者类别、消费者购买特征、消费者购买动机、消费者购买行为模式。

（1）消费者类别：企业产品的消费者可以分为集团消费者和个人消费者两大类。前者包括工业企业、批发企业、零售企业、机关团体等，后者包括不同民族、性别、年龄、职业、文化程度的消费者个人，他们的购买动机和行为各有不同的特点。

（2）消费者购买特征：集团消费者和个人消费者具有很大的差异，营销决策及策略应根据其特征而确定。

（3）消费者购买动机：购买动机是诱发人们采取某种购买行为的直接原因。消费者的购买动机是多种多样的。机关团体的购买动机通常是实用，受到财政资金的束缚。企业集团的购买动机主要来源于企业盈利的目的，降低成本的目的和在竞争中求得社会生存的目的。个人购买动机主要来源于求实、求廉、求名、求新、求美及好胜等心理动机。

（4）消费者购买行为模式：主要是调查了解“5W2H”，即 What：消费者购买何种产品或品牌；Why：消费者因何购买；Who：消费者是谁；When；消费者何时购买；Where：消费者在何地购买；How Much：购买数量及价格多少；How：如何购买和获得产品的信息。

企业将消费者购买行为的调查信息与消费心理及消费观念相结合，就可对消费者的各种行为进行全面分析，了解消费者对产品或品牌的知名度、购买率、满意度等相关信息的认知度，与企业制定品牌发展策略、产品定位、市场细分、新产品开发、产品定价、分销渠道的选择和促销策略的制定密不可分。

项目三 市场需求调查的方法与步骤

学习目标

1. 掌握市场需求调查的方法与步骤。
2. 能设计市场调查问卷。
3. 能运用所学知识做简单的市场需求调查。

学时安排 1 学时

知识模块结构图

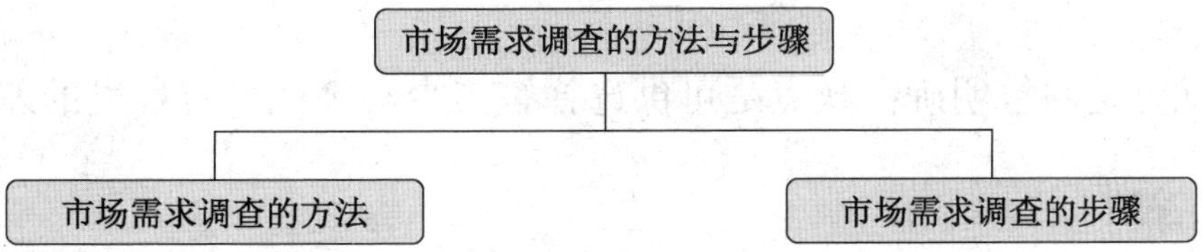

基础理论知识介绍

一、市场需求调查的方法

市场需求调查的常用方法有：访问法、观察法、实验法、日记法、专家评估法、设立联络点调查和通过委托专业调查公司等方法。

访问法包括个人访谈、电话访问和邮寄问卷访问等。观察法是通过调查人员或使用仪器在现场观察调查对象行为的方法。实验法是通过实地进行所需要调查内容的实际实验，以测定效果。如对某种电子电器产品在市场里的不同时间段进行宣传，同时在市场中销售此种电子电器产品，以不同时间的销售量来测定不同时间段的宣传效果。日记法是调查人员选定一些家庭，为每个抽样户发放一本日记本，供他们记录被调查产品使用的有关情况，并付给抽样户一定的报酬。专家评估法是请有经验的专家根据自己的经验和专业知识，对某一问题做出评估，得出结论。设立联络点调查是选定一些居民家庭，或用户单位，或消费者个人，定期联系，收集调查材料。委托专业调查公司调查可保证公平、客观，调查结果比较准确可靠。

在市场需求调研时常用的方法是问卷调查，即请选取的一部分被调查者填写问卷要求的内容，在规定的时间内完成，由调研人员按时回收，进行整理汇总，以取得市场需求信息的方法。调查问卷设计方法一般有多项选择法、二项选择法、自由回答法、顺位法、比较法五种。

1. 多项选择法

多项选择法要求被调查者在事先拟定的若干答案中任选一个或几个。

例：您家的电冰箱是什么牌的？请在□中打“√”。

①××品牌 □ ②××品牌 □ ③××品牌 □

④××品牌 □ ⑤××品牌 □ ⑥××品牌 □

这种方法优点是由于供选择的答案较多，答案较真实；缺点是选择分散，不便归类。

2. 二项选择法

二项选择法又称是非选择法。这种方法将多项询问简化为“是”或“否”，“有”或“无”来回答。

例：您在近期内是否想购一台电冰箱，请在□中打“√”。

打算购买 □ 不打算购买 □

例：您用的电热水器是××牌的吗？请在□中打“√”。

是 □ 否 □

这种方法优点是回答明确；缺点是可供选择答案少，不能表示程度的差别。

3. 自由回答法

问卷只提出问题，不提供拟好的答案，请被调查者不受任何限制地自由回答。

例：您对××牌洗衣机有哪些改进意见？

您计划明年要添置些什么电子电器产品？

这种方法的优点是可以自由提问和回答，可能收集到预计以外的宝贵信息资料；缺点是对资料的整理、汇总比较困难。

4. 顺位法

顺位法又称序列题法。即列出若干项目，由被调查者依自己的爱好程度选定排列顺序。

例：您在购买空调时对下列主要条件的选择顺序是，请在□中填上顺序号。

制冷好 □ 造型美观 □

价格便宜 □ 节能好 □

这种方法需要注意顺位项目不宜过多，要有同种性质的，有可比性。

5. 比较法

比较法是测量同类产品的各种不同品牌在被调查者心中的地位的询问方法。

例：下列四种品牌的电视机，请比较哪一种好，并在您认为好的品牌的□中打“√”。

××牌 □ 与××牌 □ ××牌 □ 与××牌 □

××牌 □ 与××牌 □ ××牌 □ 与××牌 □

若要调查的更加深入一些，还可在两者之间添上一些有关程度的评定标准。如特别、相当、稍微、相同等。调查问卷的优点是调查空间范围大，对象广泛，被调查者有充分的时间来考虑问卷上的问题。

二、市场需求调查的步骤

1. 确定调查任务

这是调查过程的起点，也是调查过程中最重要的和最困难的问题。任务明确，才能为调查确定方向，使调研活动有明确的目的。

2. 选定调查方法

调查方法各有优缺点，选择正确与否，对调查结果会有很大影响，要根据调查任务和所需信息的性质进行决定。

3. 选定样本

确定调查对象的同时，必须决定被调查对象，并从其总体中选取一部分有代表性的对象作为样本。选择的目的是保证样本的代表性和调查结果的准确性。

4. 制定调查计划

调查计划是市场调查的行为纲领。其内容必须具体，应包括：调查目的、数据的收集和处理、调查的内容、调查的方法与技术、调查日程安排、经费估计及人员的安排等。

5. 实地调查

调查人员按计划规定的时间、方法、内容进行具体实地调查，收取所需的信息。

6. 整理和分析资料

整理和分析资料就是把调查收集的信息进行整理与统计分析。经过严格筛选，将不真实的、片面的信息，去粗取精，去伪存真，以保证资料的系统完整和真实可靠。在对资料信息的分析中，要运用正确的统计分析法，通过分析信息之间的内在联系做出合乎客观情况的调查研究结论。

7. 写出调查报告

这是调研结果的文字形式，是用事实材料对所调查的问题做出系统的分析说明，提出结论性的意见。调查报告力求简明扼要，所用统计数据要准确无误，分析问题要客观，并提出解决问题的意见。

课外活动建议

1. 采用问卷法调查消费者对某一电子电器产品的购买行为，并写出调查报告。
2. 采用问卷法调查消费者对某一电子电器产品的需求状况，并写出调查报告。

习题十

1．市场营销调查方案一般如何确定？

2．试述客流量与购买行为调查的内容。

3．市场需求调查有哪几种方法？

4．市场需求调查的步骤是什么？

实训十

以小组为单位对当地电子电器产品市场消费者的购买行为、需求或其他等方面，选择一项调查内容进行调查。

调查目的：通过运用市场调研的相关知识及方法，采集、分析、整理信息，掌握调研内容与方法，并提出本组的调研分析结果。

调查对象：本地市场中消费者需求较大的某类电子电器产品（如洗衣机、空调或手机等产品）。

调查时间：20_年_月_日至20_年_月_日。

调查地点：××商场。

调查方法：实地调查或通过网络等多种方式收集信息资料调查。

调查内容：了解当地消费者对需求较大的×种电子电器产品的购买行为、需求或其他自选内容。

调查要求：通过对所收集资料的整理和分析，找出本地消费者购买行为、需求或其他的原因，提出应对消费者购买行为、需求或其他的促销建议。

如有可能可与该商场的营销人员沟通，听取意见。

模块十一
市场经营实务

在本模块的学习中，我们将一起来学习生产企业和零售企业建立终端零售网点的模式，以及企业营销渠道的分类；学会分析终端零售网点选址应考虑的因素，并能结合实际选择合适的分销方式。学习商品陈列的作用和原则，以及商品陈列的主要方法，并能根据不同产品的特点选择有利于销售的陈列方法。

项目一　建立终端零售网点

学习目标

1. 了解生产企业和零售企业建立终端零售网点的模式。
2. 培养市场竞争的意识。

学时安排　1 学时

知识模块结构图

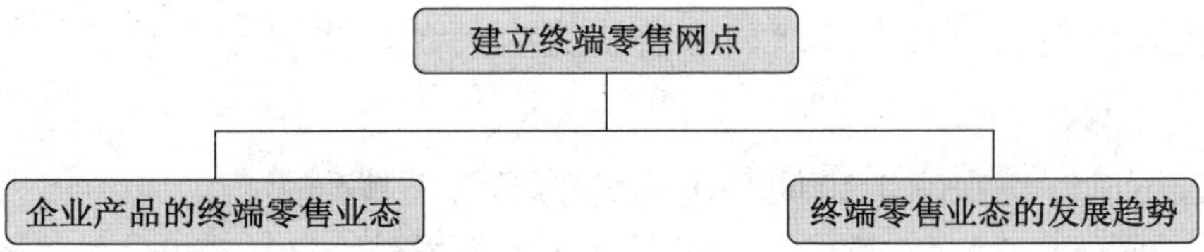

在产品、价格乃至广告都无可奈何的同质化的今天，对终端零售网点的占领也就成了产生差异的竞争优势。终端是指最终用户购买产品或服务的场所。近年来中国市场的终端大战主要体现在两大领域，一为生产企业对终端的抢占；二为零售企业的业态竞争与连锁扩展。

营销案例导入

在商海中有着“红海”“蓝海”和“黑海”的说法。红海指的是企业各方竞争激烈，生存困难；蓝海的竞争激烈程度相对红海较小，但无法摆脱被超越的境地；黑海是通过差异化的体验打造不可模仿的生态。

海尔公司的黑海战略就是要实现保持自我优势的同时，加速场景品牌、生态品牌的发展。2021 年 12 月 22 日海尔公司在青岛召开的以“用户时代　再攀高峰”为主题的海尔专卖店25周年庆典大会，标志着海尔专卖店进入第六个阶段——用户时代。通过设置智能家电场景展示产品，使消费者从场景整体中获得比单件电子电器产品更多的好感，从而赢得用户，海尔专卖店已经成为海尔智家所有渠道的基石。

基础理论知识介绍

一、企业产品的终端零售业态

终端零售是直接将商品或服务销售给个人消费者或最终消费者的活动。零售企业是指直接面向消费者的终端销售渠道。零售业态是指零售企业满足消费者的不同需求而形成的不同经营方式。零售业态对促进生产企业拉动销售，促进消费者消费方面的贡献和作用不可忽视。我国依据《零售业态分类规范意见》将零售商店分为八类：百货店、超级市场、大型综合超市、便利店、仓储式商场、专业店、专卖店、购物中心。这几种业态全部是店铺终端零售形式。随着我国零售业发展新修订的零售业态在原业态基础上又增加了食杂店、网上商店、电话购物等，达到17种。零售终端的形象是企业的最终呈现，零售终端的业绩，决定公司利润。在激烈的市场竞争中，谁拥有终端市场，谁就拥有消费者；谁拥有消费者，谁就能尽可能多的销售产品，在营销大战中取得胜利。正是如此，企业就有了建立终端零售店的要求。

电子电器产品营销的终端零售业态大体有专卖店、专业店、购物中心、百货店、大型综合市场、超级市场、专业连锁店等几种类型。

1．专卖店

专卖店是指专门经营或授权经营制造商品牌，适合消费者对品牌选择需求的零售业态。通常设立在商业区或购物中心内，店内布置讲究有特色，主要销售著名品牌和大众品牌的电子电器产品。

建立专卖店可以解决在家电市场基本饱和的形势下找到用户。通过专卖店的产品体验服务打动消费者的心。也许几件产品无法打动消费者的心，但如果专卖店为消费者提供美好生活的场景，就会引起消费者的兴趣，说服消费者。专卖店可以通过产品和服务感动消费者，口碑相传产生口碑效应，扩大销售。专卖店的过硬产品和优质服务可以留住消费者。一个优秀的有着名牌产品和优质服务能力的企业选择建立专卖店是明智之举。

2．专业店

专业店是指经营某一大类商品为主，满足消费者对某大类商品选择需求的零售业态。店内有具备丰富专业知识的人员提供适当的销售服务。选址同专卖店。专业店具有电子电器产品品种丰富，品牌有特色，消费者选择性大等特色。

3．购物中心

购物中心是指以百货店或超级市场为核心店，以及各类专业店、专卖店、快餐店等组成的集合体的零售业态。其中可设电子电器产品专卖店、专业店。其特点是集零售、餐饮、娱乐于一体，客流量大。

4．百货店

百货店是指店铺较大（通常营业面积在 5000 平方米以上），设置不同类型商品的销售区，可以满足消费者对商品多样化选择需求的业态。特点是选在客流量较大的地区设立，商品结构多。含有销售电子电器产品的百货店通常设在物流不甚发达的地区。

5．大型综合市场

大型综合市场是指采取自选销售方式，以销售大众化实用品为主，消费者可以一次性满足需求的零售业态。也有大型专门销售电子电器产品的综合市场，其特点是市场内电子电器产品和各种部件齐全，由各经销商分别分类进行销售。

6．超级市场

超级市场是指以采取自选销售方式满足消费者日常生活所需的零售业态。这种业态如销售电子电器产品，通常是小家电或某些电子电器产品部件。

7．专业连锁店

专业连锁店是指经营同类商品或服务的若干个企业，以一定形式组成一个联合体，整体规划，专业化分工，在分工基础上集中管理形成规模经营，实现规模效益的一种零售业态。最有代表性的是苏宁、国美。

对终端的占领，扩大终端零售市场，是生产企业取得竞争优势的必然选择。只有扩大了销售，才能发展生产，扩大生产规模，企业才能更好发展。

电子电器生产企业还可以通过设立分公司等方式扩大销售渠道促进企业发展。

分公司是由总公司在其住所以外依法设立的，以自己名义从事营销活动的机构。设立分公司程序较简单。与隶属公司统一核算，承担成本费用比子公司相对节省。经营活动中的负债由隶属公司清偿，没有自己独立的财产，不独立承担民事责任，经营风险相对较小。便于经营，有利于公司的发展。由于设立分公司有着自身的一定优势，在电子电器产品营销中，有的公司为比竞争对手更高更快地将产品卖给消费者，在各地设立分公司。分公司深入到城乡的各个终端，使每一个经销家电产品的商店都能有公司的产品，达到消费者只要购买家电产品，就会优先选择本公司产品的目的。

小贴士：

分公司与子公司的区别

设立分公司应当向公司登记机关申请登记，领取营业执照。分公司不具有法人资格，其民事责任由公司承担。公司可依法设立分支机构，即子公司，子公司依法规定登记，有法人资格，依法独立承担民事责任。

二、终端零售业态的发展趋势

党的十九届五中全会做出“加快构建以国内大循环为主体、国内国际双循环相互促进的新发展格局”的重大部署。扩大内需就需要形成强大的国内销售市场。终端零售业态随着居民可支配收入增加，消费水平持续升级，海外消费回流等利好因素，以及数字化技术助推企业转型升级迎来了新的变革与新的价值，目前传统的终端营销转型为新终端营销已是大势所趋。2021 年网络销售在我国电子电器产品消费中的地位进一步提升，目前电子电器产品零售已经呈现“线上市场主导，线下市场辅助”的新格局。

数字商业从平面走向立体，打造着多元化线上消费场景。随着 5G 商业化运用进程加快，网上直播、全息展示等消费场景会有效刺激消费者的兴趣和购买需求。随着同质化竞争加剧和产能过剩，有必要打通线上线下，既可以线下门店购货，也可以线上下单送货到家。在电商、团购、直播等形式的冲击下，实体店在这种市场环境下，高性价比加仓储式会员模式也不失为一种新的模式选择。在互联网时代弱化卖货功能，增加消费者体验的实体门店+物联网+智能工厂的业态就是一种发展趋势。消费者可以通过实体店的体验，实体店不再主要是销售产品，而是通过服务而盈利。消费者根据体验把自己对电子电器产品的需求通过物联网+传感器设备上传到企业，企业根据消费者的需求定制生产，再将产品配送到消费者指定的地址。新的业态解决的是消费者有什么需求，企业就满足消费者的什么需求。

通过对不同消费群体的分析和研究，电子电器产品终端业态的超级旗舰店、精品店、县镇店等的多种业态同步开发的局面也在形成之中。通过进一步细分市场消费者，加快三、四级市场拓展，推进店面标准化建设，为消费者提供良好购物体验的实体平台也将进一步得到发展。

项目二　终端零售网点的选址

学习目标

1. 了解企业营销渠道的分类。
2. 能分析终端零售网点选址应考虑的因素。
3. 能结合实际选择合适的分销方式。

学时安排　1 学时

知识模块结构图

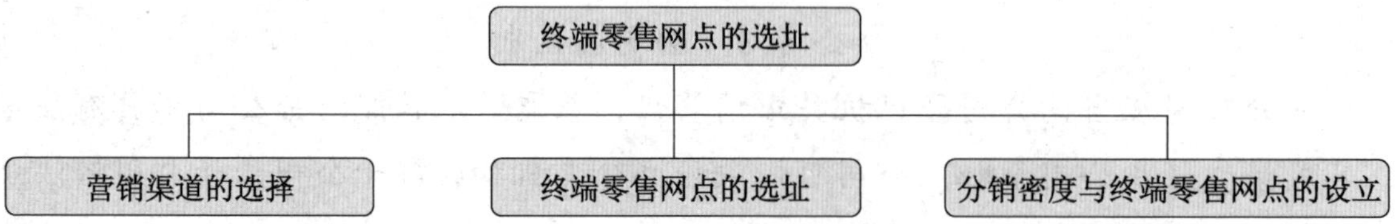

基础理论知识介绍

一、营销渠道的选择

营销渠道是组织营销战略中内在的一部分，渠道将生产者和消费者连接起来。营销渠道决定目标市场的可达性。促销策略的有效性部分取决于渠道中间商的数量、地理集中度等因素。

企业在销售中有直销和分销之分。

（1）直销是企业直接与最终消费者接触而不通过中间商。这种营销目标市场由易于识别，地理位置相对集中的有限的消费者构成，人员促销是企业促销的主要手段，企业具有足够的资源来满足那些通常由中间商提供的服务。特别是当中间商无法抵达目标市场，或不具备满足目标市场要求的能力时，企业必须采用直销，给消费者以指导和服务。有些特殊产品也适合直销。如计算机主机等高技术产品，定制机器等非标准化产品和高价值产品。虽然很多因素有利于直销，但直销意味着企业要承担由分销商从事的所有职能（联系消费者、储存、送货、信用安排等），承担这些职能的成本会很高。

（2）分销可使所选定的分销网点最大限度地覆盖目标市场。这意味着网点应保证在消费者愿意购买的恰当时机，按合适的价格和合适的数量，使产品抵达合适的地点。

分销网点还可满足目标市场的购买要求。被选网点还要使潜在收入最大化，同时能获得足够的市场覆盖面和满足消费者要求的成本最低。

二、终端零售网点的选址

设立电子电器产品终端零售网点时选址是关键。选址的对与否涉及经营的成功与失败。

> **想一想：**
> 既然终端零售网点的作用重要，那么网点选址时必须要考虑到哪些因素呢？

网点的选址取决于目标市场的购买要求和营销商潜在的获利能力，以及网点能否向潜在消费者提供电子电器产品信息。

1. 选择人口聚集地设址

选址前必须调查哪个地段的人口聚集多，这些人口能否给零售网点带来消费的客源。因为那些匆匆过客的流动人口通常不会采购电子电器产品，尤其是大件产品。只有聚集人口才可能是电子电器产品消费的客源。聚集的人口对网点招揽消费者有利无弊。如选择规模大，入住率高、更新需求高的社区，或新开小区楼盘附近设立电子电器产品终端零售网点都是不错的选择。

2．选择稳定成熟的商圈设址

根据自身经营的电子电器产品定位选择稳定的、成熟的、符合定位的商圈会使网点得以发展，提高设置终端零售网点的成功率。商圈内的互补性也很重要，即电子电器产品零售网点能否与商圈的其他零售网点形成互补，满足消费者对电子电器产品和其他物品的一次性购买需求。试想如果选择了一个不稳定的商圈怎么能长期经营下去。如无互补性，消费者专程前来消费的意愿就会降低。如选址在洁具卫浴店、家具城等附近就会起到很好的互补作用。在电子电器产品城设立专卖店也会借电子电器产品城的集聚性吸引消费者。

3．选择成本回报率较高的地方设址

成本多少关系到网点的盈利多少。如店铺租金、人员费用、门店修缮装修支出等都是成本，根据成本计算成本回报率就必不可少了。必须清楚地了解到付出的成本能否确保网点实现盈利，否则得不偿失。一般情况下，租金＝面积成本＋广告费用。好的选址广告费用不会很高，而差的选址则会事倍功半。如购物中心租金相对较高，但方便的交通抵消了相应的成本。低租金，其优势也会随着不断增加的广告成本而消失殆尽。

4．选择停车方便的地方设址

现代人们越来越多地使用私家车代步，停车难制约着人们的购买动机。设立电子电器产品终端零售网点应该调查该地的停车情况，车辆是否容易进入，停车是否安全和方便。

除此以外，选址时还应考虑选址地点是否影响企业的业务；网点的建筑物外表是否影响企业的业务；网点或办公室的面貌能否提升企业的业务形象；网点选址能否突出企业的最大优势；网点的商圈是否在发生变化等问题。

三、分销密度与终端零售网点的设立

网点的选址与企业在特定地域经营企业产品的分销商的数量，即密度，也有很大关系。分销按密度可分为密集分销、独家分销和选择性分销三种，不同的分销策略有不同的终端零售网点的安排。

密集分销意味着必须建立尽可能多的终端零售网点分销产品。

独家分销通常是在某地域内仅有一家分销商经营本企业的电子电器产品，通常形式是按特许经营建立终端零售网点。

选择性分销由于介于密集分销与独家分销之间，一般是在特定地区建立几家终端零售网点销售其产品。选择性分销结合了密集分销的市场覆盖性和独家分销的排他性的优点，是一种通过有限数量的终端零售网点占了当地市场的较大部分的有效分销。例如，一家空调生产企业在某地仅仅通过40%的终端零售网点，就占有当地80%的空调市场。

选择哪种密度的分销渠道取决于消费者的购买行为、企业对分销商的控制、分销商希望的独占市场的程度及分销商能够做出的营销努力。当购买频繁且消费者购买时注重方便性时，常选密集分销渠道；当分销网点需要人员推销时，可选用有限分销策略（包括独家

分销和选择性分销），大型电子电器产品通常选用独家或选择性分销。

项目三　商品陈列

学习目标

1. 理解商品陈列的作用和原则。
2. 了解商品陈列的主要方法。
3. 能根据不同产品的特点选择有利于销售的陈列方法。

学时安排　2 学时

知识模块结构图

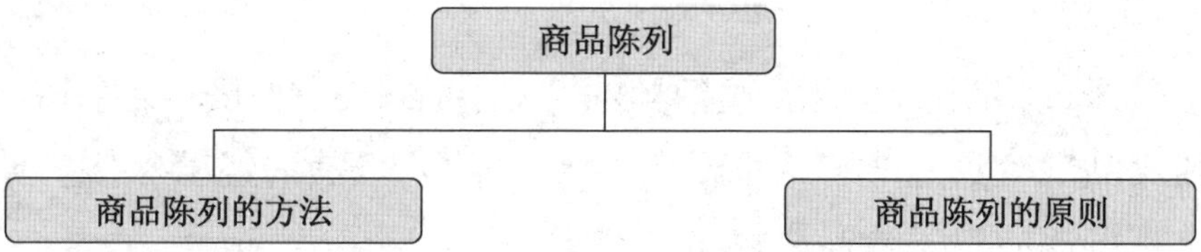

营销案例导入

随着人们生活水平的日益提高，对于家电的需求也日益旺盛。但追求商品品质的生活，却需要为实现家电与家居的完美结合而花费大量时间东奔西走才行。如人们在搬新家时，往往要把整套家电纳入整体家具设计当中。为了顺应这种变化，家电超市在商品的陈列上也就有了相应的变化，推出了“一站式”服务。在商场为家电陈列而布置的数字家庭里，展台布置采取家庭式设计，犹如一个温馨的家庭，其中聚集、陈列着各种家电商品，从电视机、音响到空调机、电冰箱都进行了巧妙的设计。每一间、每一处都做到了视觉上的和谐搭配，给人一种装点家居的灵感。为消费者展现出一个现代时尚的客厅、居室、厨房、卫生间。这种卖场与传统家电卖场相比，最大的区别是空间的设计。用商家的话说，这是“家电联姻家居”的陈列；用消费者的话说，这是“卖家电也流行整体设计”。

基础理论知识介绍

电子电器产品终端零售卖场的布置很有讲究，要与企业形象相符合，企业标识醒目，朴实、美观、整洁、舒适的布置可以达到吸引消费者产生购买兴趣，激发购买欲望的目的。

一、商品陈列的方法

商品陈列是以营业厅为载体，以展台、货柜、货架为依托，以消费者为对象，展示、介绍商品的营销方式。

商品陈列的作用为：美化店堂，规范环境；推荐商品，传播信息；诱导消费，促进销售；便利选购，提高效率。由此可见，商品陈列是一项不容忽视、不可替代的经常性的重要工作。

商品陈列受营业场所的建筑格局、经营商品的种类和款式及展台、柜台、货架等设施的制约，可能有多种形式，形成各自的风格。

陈列方法大体有对比法、对称法、调合法、节奏法、三角形组合法、散点型组合法、混合型组合法、店内平地陈列、张挂陈列（壁面陈列）、柜台陈列（座架陈列）、货架陈列、橱窗陈列等。

（1）对比法是将两种或多种不同色彩、规格、形状、格调各异的商品及背景图案组合起来，造成消费者感观效果上的鲜明差异和矛盾，达到突出渲染商品，烘托某种气氛的目的。这是一种最直接、最简单易行的艺术手法，给人以鲜明醒目、活泼、生动的视觉效果，使消费者形成深刻强烈的印象而引起购买欲望，达到促销的目的。对比法常用色彩、图案对比；光线强弱，明暗对比；鲜艳、素雅格调对比等。如将大屏幕彩色电视机与便携式液晶电视机摆在一起，既可突出显示大屏幕彩色电视机的大家风范，又可显示便携式液晶电视机的小巧精美。

（2）对称法是通过将商品组成形式各异的，如梯形、三角形、金字塔形等多种形式。多层次的对称或商品陈列通过丰富多彩、有序对称的艺术美的经营氛围，给消费者以赏心悦目的感觉。这是广泛应用于商品陈列的方法之一。

（3）调合法是运用合理的组合、调动，运用商品的色块、线条、图案及相应的角度和位置，适当使用灯光、背景和陪衬物，缓和冲突，营造一个主题明确、摆放得体、格调适宜、气氛和谐的商品陈列环境。在商品陈列中，若所经营的电子电器产品体积大小不一，差异较大时，摆放要尽可能将小型商品置于前，大、中型商品置于后，运用近大远小的视觉差异进行商品陈列。

（4）节奏法是在商品陈列中运用声乐中的抑、扬、顿、挫的原理，尽可能做到艳淡相间、疏密得当、错落有致、有张有弛地进行商品陈列和摆放。

（5）三角形组合法由纯几何体和有机形体组成。因为三角形几何形态不受任何对象的束缚，在构思上高度的理念化、数学化的形态，用象征手法唤起人们的联想和回味，有强烈的形式感和装饰性，以鲜明的个性丰富了商品陈列。

（6）散点型组合法是通过单形的正负变化，以及衔接、联合、减缺、分离等方法，在平面构成中用单形构成有二度空间或三度空间变化的基本形体。

（7）混合型组合法就是各种线型、面型、体型、点型的综合利用。混合型组合在大小、高低、厚薄、方圆等方面，要使之得到一种新颖和谐的秩序，可以通过线、面、体的积聚和切割来获得。不同的处理，给人的感受不同。以直线为主，给人以刚劲、坚固、大方、挺拔的感觉；以曲线为主，则给人流畅、圆润、轻柔、活泼的感觉。

（8）店内平地陈列可使消费者选购商品更加自主与自由。这种陈列方法最经济、最简捷、最快速地将商品特色介绍给消费者，从而引发购买欲望。适宜于陈列大件电子电器产品。这种陈列方法是以分类陈列为主线，重要的是方便性，使消费者容易看清商品，易于选购，提高销量。

（9）张挂陈列（壁面陈列）是在道具的垂直面或斜面上进行陈列，适宜于陈列小型电子电器产品，如电热水器、抽油烟机等。

（10）柜台陈列（座架陈列）是在道具的水平面上陈列，立体感较强，能随柜台座架种类的变化而变化，陈列用具大体有各种具有水平面的座架、搁板和各种支架、人体模型等。

（11）货架陈列即柜顶陈列。在设置货架陈列时，使货架布置与整个商店在色彩上与柜台都能统一和谐。货架陈列大体有直接陈列本柜、组出售的商品；采用广告牌形式，点缀、宣传商品的性能质量、用途、品牌和生产企业；制作各种立体道具、模型，配合一些画面、图案，再在这些道具上陈列商品等几种形式。

（12）橱窗陈列是通过商店的橱窗进行陈列。其显著特点是主题突出、新颖多样、装饰性强。是商店销售信息的窗口，能使过路人在通过商店时，诱发其购物的心愿。商品陈列为消费者提供了物质生活需要的信息，也帮助认识新产品及其新特性、新用途，丰富个人生活层次及提高知识水平。还可借陈列、展示的视觉传递，唤起消费者比较与选择商品的购买欲望。

二、商品陈列的原则

终端零售卖场可按陈列以电冰箱、洗衣机、空调、烟灶等为主的静区和以彩色电视机、音响、扫地机器人等演示较多的产品为主的动区进行分区设计。在分区设计时，如有可能还可以按消费者进入卖场的方向路线，按消费者购买习惯和人流走向分配各种电子电器产品在卖场的陈列位置。卖场如无按类别品种分开的设计，就需要按消费者购买比率划分商品陈列场地。例如，对主打商品、购买频率高的商品陈列在卖场最佳位置；对特价品、季节性商品设置在消费者接触频率最高的入口处或出口处位置；对新推出的商品可设置在卖场的最里面，利用消费者求新、求时尚、猎奇的消费心理诱使消费者进入卖场深处等。卖场的配置设计，就是充分利用空间给消费者一个满意的购物环境。

商品陈列中无论使用哪种配置和方法，都应按照“整洁、美观、丰满、定位、安全”的基本要求陈列。

陈列的样品要随时保洁，定期更换，对于脏、残的样品更应及时撤换，使展品、样品处于整洁、完好状态。陈列商品要努力创造美的环境，突出经营特色，以最简洁、美观的方式向消费者展示、介绍商品。商品陈列要丰富、充实，不仅花色品种、规格、款式齐全，数量充足，使消费者有挑选余地。商品陈列还要讲求系统性、连带性、习惯性、民族性等科学定位原则，便利消费者购物，便利提高销售人员的劳动效率和降低销售人员的劳动强度。在商品陈列中要避免商品无序摆放、杂乱无章、货不定位，特别是要避免存在安全隐患的问题。

项目四 进销存业务流程

学习目标

1. 掌握商品进销存业务的流程。

2. 了解经济批量和最佳储存量的影响因素。

3. 培养严谨求实、一丝不苟的工作作风。

学时安排 1学时

知识模块结构图

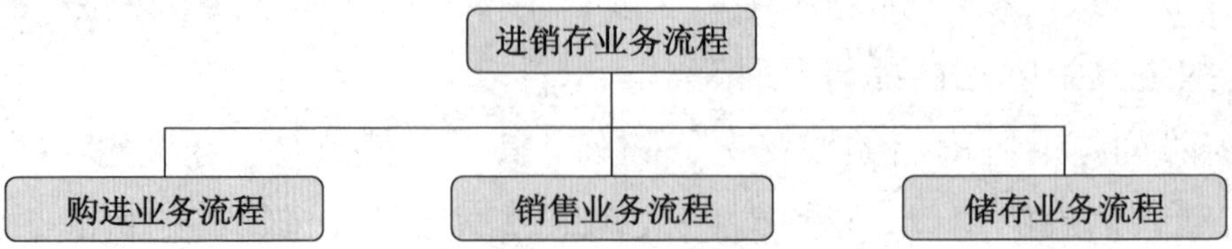

基础理论知识介绍

一、购进业务流程

商品购进业务亦称进货业务，是指终端零售企业通过货币媒介从生产企业或其他商品流通企业取得商品的一种经济活动。

进货业务首先从拟定进货计划开始。进货计划的内容包括确定购进商品的品种、规格、花色、质量、数量、进货时间、进货单位等。拟定进货计划可按以下步骤进行：（1）搞好市场调查和预测；（2）制定小组（部）要货计划；（3）企业计划部门根据各营业组（部）进货计划的汇总，统一核定商品资金定额，做出进货计划金额。

其次，订立进货合同。商品进货合同是不同企业之间为实现一定经济利益，明确相互权利和义务的书面协议，合同一经签订，具有法律效力，双方必须认真履行，从而确保自身的经济利益。

再次，商品验收入库。将商品在入库前和入库中按规定程序和手续进行数量和质量检验。验收的主要依据是订货合同或供货单位的销售发票，验收的程序是先做好人员、设备等验收准备；再核对凭证，检验实验，做好验收记录。

最后，结算货款。验收合格商品入库后，商品流通企业财会部门根据合同约定的结算方式，办理货款结算手续。

为使订货成本和储存成本总和最低，在订购时一般可采用公式法来确定经济批量。经济批量的公式为：

$$\text{经济批量}=\sqrt{2\times\text{全年需要量}\times\text{每批订货成本}/\text{每件年储存成本}}$$

二、销售业务流程

销售业务是指商品所有者通过货币媒介，向货币所有者让渡商品的经济活动。销售业务分为批发企业销售业务和零售企业销售业务。

批发企业销售业务的程序大体有以下几个步骤。

（1）拟定销售计划（包括商品总值、类别和主要品种、数量三项指标）。

（2）签订销售合同（合同要保管存档，用作开票供货依据）。

（3）开销货单（按消费者的要货单或合同的规定及时开单）。

（4）结算货款（按开单员送来的“销售发票”进行数量、单价、金额复核，并按双方协商的结算方式，办理结算）。

（5）交货发运（按时发货到指定货位，办好有关手续）。

零售企业销售业务的程序大体有以下几个步骤。

（1）接待客人。

（2）展示商品。

（3）介绍商品。

（4）包装商品。

（5）收款付货。

（6）送别客人。

三、储存业务流程

储存业务是指商品的储藏和保管。购进商品是手段，销售商品是目的，储存是为购销活动服务的。对于购进的商品必须妥善保管，直至投入到市场中销售出去，以保证市场供应不中断。

商品储存业务流程大体为：（1）商品验收入库；（2）在库商品保管与保养；（3）商品出库。商品储存有量的界限，超过储存量会造成商品积压，低于储存量会出现商品脱销。为保证企业经营活动正常进行，必须确定最佳储存量和储存结构。

最佳储存量受到商品储存时间、商品储存数量和商品储存结构的影响，商品储存时间受商品储存时间的因素（季节变化；商品自身的自然属性；商品再生产周期、销售速度、交通运输条件等）和商品储存最低储存天数、最高储存天数等因素的影响。商品储存数量受经营储备、保险储备、季节储备等因素的影响。商品储存结构受市场需求结构等因素的影响。

进销存业务流程如图 11-1 所示。

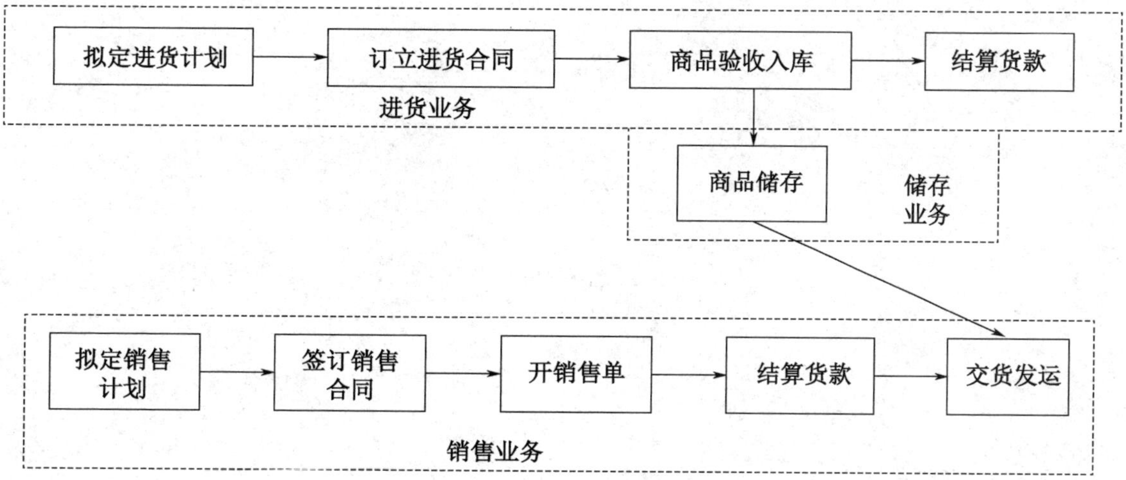

图 11-1　进销存业务流程

课外活动建议

1. 根据本地情况试选一家电子电器产品终端零售网点进行该网点的选址分析，针对该网点选址的优缺点提出自己的见解。

2. 任选某一类电子电器产品进行商品陈列的练习，并对完成的商品陈列做出评述。

习题十一

1．企业对分销网点选址的要求是什么？

2．企业在何种情况下应采用密集分销、独家分销或选择性分销？

3．商品陈列的方法大体有哪几种？分别说明。

4．商品陈列的基本原则是什么？

5．简述进、销、存业务流程。

实训十一

以小组为单位经过调查，选择以下内容之一拟定计划。

1．选择建立哪种类型终端网点，并简述理由。

2．结合当地情况，选择零售网点的地点，并简述理由。

3．零售网点内环境如何布置，并简述理由。

4．结合以前所学内容拟做一份自主创业经营某种电子电器产品的简要计划。